我
们
一
起
解
决
问
题

弗布克工作手册系列

# 仓储管理
## 职位工作手册

余雪杰◎著

### 第2版

人民邮电出版社
北　京

**图书在版编目（CIP）数据**

仓储管理职位工作手册 / 余雪杰著. -- 2版. -- 北京：人民邮电出版社，2023.2（2024.5重印）
（弗布克工作手册系列）
ISBN 978-7-115-60753-9

Ⅰ．①仓… Ⅱ．①余… Ⅲ．①仓库管理－手册 Ⅳ．①F253.4-62

中国版本图书馆CIP数据核字(2022)第252281号

## 内容提要

仓储管理是现代供应链系统管理中的重要环节。如何提升仓储管理水平？如何建立仓储制度规范？如何规划设计仓库？如何选购设置物流装备？如何控制收、发、存差错率？如何做好配送路线规划……基于仓储管理工作的实际需要和规范要求，本书从组织设计、业务运营、管理提升三个层面，对仓储管理的各项工作如团队建设与管理、规划与设计、设备与工具、物资入库与搬运、物资储存与安全、库存盘点与控制、物资出库与配送、智慧仓储、第三方仓储业务与运营等进行了详细介绍。本书兼具时效性、操作性与工具性，在提供相应的仓储管理理论知识的同时，还提供了大量的模板和示例，为仓储管理工作者提供了一套可以落地实施的整体化解决方案，有利于从业者提升业务水平和管理水平。

本书适合仓储从业人员、物流从业人员、企业中高层管理人员、管理咨询师及相关领域的专家学者使用。

◆ 著　　余雪杰
　　责任编辑　程珍珍
　　责任印制　彭志环

◆ 人民邮电出版社出版发行　　北京市丰台区成寿寺路 11 号
　　邮编 100164　　电子邮件 315@ptpress.com.cn
　　网址 https://www.ptpress.com.cn
　　北京盛通印刷股份有限公司印刷

◆ 开本：787×1092　1/16
　　印张：13.5　　　　　　　　　　　　2023 年 2 月第 2 版
　　字数：260 千字　　　　　　　　　　2024 年 5 月北京第 2 次印刷

定　价：69.00 元

读者服务热线：(010) 81055656　印装质量热线：(010) 81055316
反盗版热线：(010) 81055315
广告经营许可证：京东市监广登字 20170147 号

# "弗布克工作手册系列" 序

"弗布克工作手册系列"图书旨在提升从业者的岗位技能、细化工作任务、明确工作规范。在这套书中，作者将岗位工作**目标化、制度化、流程化、技能化、方法化、案例化、方案化**，为相关从业者提供了各种可以借鉴的范例、案例、模板、制度、流程、方法和工具，可以帮助读者提升岗位技能、高效执行工作。

技能是人的立业之本。技能人才是支撑中国制造、中国创造的重要力量。在"**技能提升**"和"**技能强企**"行动中，企业中的每个岗位都急需一套可以拿来即用、学了能用的培训教材，以便企业通过提升人员技能来提高各岗位人员的执行力和工作效能。而只有**落实到位、高效执行、规范执行、依制执行、依标执行**，才能确保企业合规运营，提高企业的运营效能，增强企业的核心竞争力。

但是，企业如果没有一套合理的**执行体系、标准体系、规范体系、制度体系和流程体系**，不去将每项工作通过具体的方法、方案、方式落地，那么一切管理都会浮于表面、流于形式，沦为"**表面化**"管理和"**形式化**"管理。

本系列图书通过岗位**职责清晰化、工作流程化、管理制度化、执行方案化**，使"**人事合一**""**岗适其人，人适其事**"。其中，通过明晰职责，让读者知道自己具体应该干什么事情，需要什么技能，需要哪些工具；通过细化执行，让读者知道自己应该怎么干，思路是什么，方案是什么，应该关注哪些关键环节和关键问题；通过制度、流程、方法、方案设计，让读者知道自己应该遵循哪些标准和程序，应该按照哪些规范去执行工作。

本系列图书具有以下三个鲜明的特点。

（1）拿来即用。本系列图书按照有思路、有规划、有方案、有方法、有工具的"五有

1

原则"进行编写,读者可根据自己企业的实际情况,对适用的内容"拿来即用"。

(2)拿来即改。本系列图书提供的各种模板,包括但不限于制度、流程、方案、办法、细则、规范、文书、报告,读者可以根据自己企业的实际情况修改后使用。

(3)参照学习。对于不能拿来直接使用或者修改后使用的模板,读者可以将其用作自己工作的参考,学习这种设计的思路,掌握各种管理模板背后的设计思维,运用这种思维去解决工作中的实际问题。

因此,本系列图书不仅适合基层员工使用,也适合管理者使用。

北京弗布克管理咨询有限公司

2022 年 7 月

# 前　言

　　《仓储管理职位工作手册》(第 2 版)是"弗布克工作手册系列"中的一本。衷心感谢《仓储管理职位工作手册》上市十几年来广大读者给予的厚爱和支持！我们在充分研究读者反映的问题和意见的基础上，结合市场调研的结果，对《仓储管理职位工作手册》进行了修订和补充，以使其更加符合读者的实际工作需求，更好地实现我们"拿来即用"的承诺。

　　本次修订对《仓储管理职位工作手册》进行了以具体事务和具体工作为中心的重新设计，更加全面地介绍了仓储管理的 3 项主要事务、11 大类工作。本书针对仓储团队建设与管理、仓储规划与设计、仓储设备与工具、物资入库与搬运、物资储存与安全、库存盘点与控制、物资出库与配送、智慧仓储、供应链环境下的仓储管理、电子商务环境下的仓储管理、第三方仓储业务与运营等具体工作，从制度、流程、方案、规范等方面进行了详细、具体的介绍，这些内容可以帮助读者在工作中做到逻辑清晰、事项清晰、执行清晰、问题清晰、结果清晰。

　　本书的具体修订工作主要体现在以下四个方面。

　　1. 重新梳理仓储管理工作的主要事项

　　通过思维导图的形式，对仓储管理工作进行概括梳理，从宏观上对仓储管理工作内容进行了梳理、划分。

　　2. 对具体工作和管理工作进行了区分

　　对具体工作进行了细化，强化了关键点、问题点，提供了执行方案；针对管理工作要求，提供了可以参考的制度、流程、规范。这样的区分使本书内容更加符合仓储管理工作的特点。

### 3. 更新、细化了相关内容

删除了一些不必要的表单和知识，强化了工作技能方面的内容；进一步细化了一些制度、规范，使其更加贴近具体工作；增强了相关知识的实用性和针对性，便于读者将其应用于实际工作。

### 4. 提供附赠资源

本书的大部分章节都提供了二维码，读者扫描二维码，即可查看相关表单、方案和流程模板。在实际工作中，读者可根据自己企业的实际情况和具体工作要求，参考书中介绍的范例、制度、流程、方案、方法并加以适当的修改，制定出适合本企业的范例、制度、流程、方案、方法，不断提高仓储管理工作的效率。

对于书中的不足之处，敬请广大读者指正。

余雪杰

2023 年 1 月

# 目 录

# 第 9 章
# 智慧仓储

# 第1章
# 仓储工作管理

## 1.1 仓储业务的发展趋势

### 1.1.1 标准化趋势

对仓储业务实施标准化管理，可以提升工作效率，降低管理成本，提高企业利润，节省大量人力和物力。仓储管理的标准化，是每个企业在经营过程中追求的目标，从作业流程到目视化管理，再到对接过程，无一不需要标准化的支撑。

仓储业务的标准化是指采用相关法律法规规定的标准或者社会普遍遵循的习惯进行仓储管理。一般采用的标准主要有国际标准化组织（ISO）的推荐标准、国家质量技术监督局发布的中华人民共和国国家标准（GB）、行业主管部门或者行业协会发布的行业标准（HB）、团体制定的团体标准、企业制定的企业标准等。

仓储业务的标准化维度主要包括表1-1所示的三个方面。

表 1-1 仓储业务的标准化维度

| 标准化维度 | 表现形式 |
| --- | --- |
| 工具标准化 | 包装标准化、标识标准化、托盘标准化、容器标准化、计量标准化、条形码标准化、作业工具标准化、仓储信息标准化 |
| 作业标准化 | 采购入库标准化、订单提交标准化、拣货单分配标准化、拣货作业标准化、集货出货标准化、配送作业标准化 |
| 系统标准化 | 架构标准化、模块标准化、数据标准化、技术标准化 |

## 1．1．2　智能化趋势

随着计算机技术与通信技术的迅猛发展，仓储物流装备与新技术的深度融合不断加速，以物联网、人工智能为核心的新一轮科技革命给智能仓储带来了深刻影响，仓储业务智能化趋势凸显。

仓储业务的智能化维度主要包括表1-2所示的两个方面。

表1-2　仓储业务的智能化维度

| 智能化维度 | 表现形式 |
| --- | --- |
| 技术智能化 | ◆ 射频数据通信、条形码技术、扫描技术和数据采集越来越多地被应用于仓库堆垛机、自动导引车和传送带等运输设备上，实现了仓储管理的精准、高效、实时监测和分析<br>◆ 移动式机器人作为柔性物流工具，在柔性生产、仓储和产品发送中日益发挥重要作用 |
| 系统智能化 | 在智能自动化仓储阶段，企业制订生产计划后，仓储系统会自动生成物料和人力需求，这时通过查看存货单和购货单，规划并完成采购。如果物料不够，就无法满足生产要求，系统会自动推荐修改生产计划，以便生产出等值产品 |

## 1．1．3　信息化趋势

随着经济的发展，信息化技术得到了广泛应用，传统的仓库管理模式已满足不了现阶段的工作需求。而仓储的信息化管理为物资管理规范化、高效化的实现提供了契机，大大提高了工作效率。

仓储业务的信息化维度主要包括表1-3所示的三个方面。

表1-3　仓储业务的信息化维度

| 信息化维度 | 表现形式 |
| --- | --- |
| 管理信息化 | 仓储管理中更为广泛地应用信息技术，增加计算机应用的覆盖面，包括以下内容：<br>◆ 大量应用计算机输入／输出设备<br>◆ 利用信息技术对物资进行识别、入库、存放、出库等<br>◆ 利用信息技术进行账目处理、结算处理，提供适时的查询、货位管理、存量控制<br>◆ 利用信息技术制作各种单证和报表，进行自动控制等 |
| 作业信息化 | 更为广泛地使用机械化、自动化装卸搬运技术和分拣技术，提高仓库利用率，保持高效率的物资周转，以实施精确的存货控制 |
| 技术信息化 | 引进和应用先进的仓储治理技术，如看板管理、精益管理、持续改进、平衡计分卡等 |

## 1．1．4　全球化趋势

在全球化供应链管理环境下，仓储作为物流与供应链系统中的重要节点和调控中心，是促进全球经济流通和发展的重要力量，已成为经济全球化进程中不可或缺的环节。在这样的背景下，仓储业务的全球化趋势日益凸显。

仓储业务的全球化维度主要包括表 1-4 所示的两个方面。

表 1-4　仓储业务的全球化维度

| 全球化维度 | 表现形式 |
| --- | --- |
| 资源全球化 | 大型仓储企业结合信息化手段整合世界仓储资源，形成全球分仓体系，并且建设全球化、信息化、一体化的仓储运输配套管理平台 |
| 业务全球化 | 仓储企业除提供基础仓储服务外，还包括了保税进口、保税仓储、备案申报、代理报关、检验检疫、物流配送等业务 |

# 1.2　仓储工作的 11 大模块

## 1.2.1　仓储的 11 大工作模块导图

在仓储管理工作中，企业可以利用思维导图对工作模块重新分析，梳理思路，以采用更符合逻辑思维的方式开展工作。仓储的 11 大工作模块如图 1-1 所示。

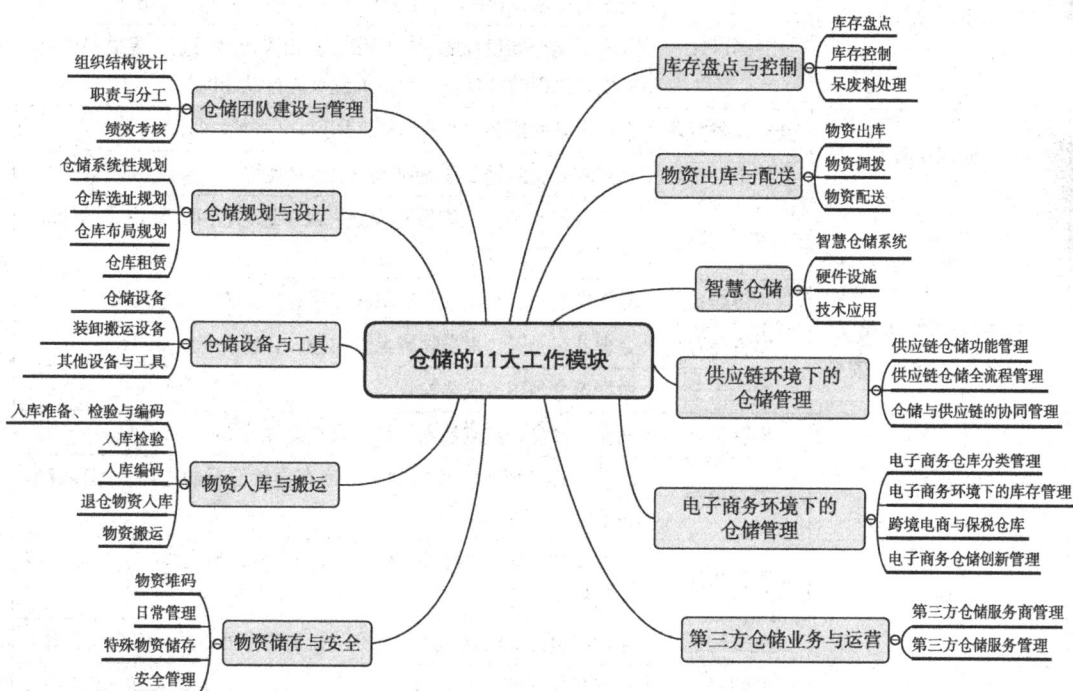

图 1-1　仓储的 11 大工作模块

## 1.2.2　11 大工作任务描述

企业可以将仓储业务各个模块的工作任务细化为独立的、可操作的具体业务活动。在

3

此基础上，企业可以对部门的工作目标进行分解，对工作任务进行详细描述，从而达到提高工作效率、界定职责权限的目的。

仓储的 11 大工作任务描述如表 1-5 所示。

表 1-5　仓储的 11 大工作任务描述

| 序号 | 任务名称 | 子任务 | 工作任务描述 |
| --- | --- | --- | --- |
| 1 | 仓储团队建设与管理 | 组织结构设计 | 根据仓储部的职能设计组织结构框架 |
| | | | 对仓储部所有要开展的工作进行分析，明确各岗位设置的目的，各岗位的工作范围、工作关系和工作环境等事项 |
| | | | 明确沟通方式，如进行管理控制、工作汇报、信息交流、协调等采用的沟通方式 |
| | | 职责与分工 | 根据组织结构，将仓储部工作职能层层分解到各项生产活动中 |
| | | 绩效考核 | 确定关键绩效考核指标、指标值、绩效考核标准、考核方法、数据来源、计分方法等 |
| 2 | 仓储规划与设计 | 仓储规划 | 主要包括仓库选址规划、仓库布局规划、仓储设备设施规划、仓储信息网络系统规划等工作 |
| | | 仓储设计 | 确定具体的设计内容，进行可行性分析，调整设计方案 |
| | | | 分析影响仓储设计的影响因素，找出决定性因素，提取关键点，在设计原则的规范下，针对关键点进行设计优化 |
| 3 | 仓储设备与工具 | 仓储设备管理 | 仓储设备的请购、巡检、规范使用、日常保养等 |
| | | 仓储工具管理 | 仓储装卸、搬运工具的领用与规范性使用 |
| 4 | 物资入库与搬运 | 物资入库 | 入库登记管理、入库检验管理、入库编码管理、储位安排管理、入库稽核管理等 |
| | | 物资搬运 | 对物资装卸、搬运进行组织和控制，保证装卸和搬运质量 |
| 5 | 物资储存与安全 | 物资储存 | 合理储存物资，提高物资保管质量，合理、有效使用仓库 |
| | | 物资安全 | 做好安全预防、安全检查 |
| 6 | 库存盘点与控制 | 库存盘点 | 初盘、复盘、盘点数据统计、盘点差异分析 |
| | | 库存控制 | 库存管理制度和流程的制定，库存异常情况的处理，库存成本的控制 |
| 7 | 物资出库与配送 | 物资出库 | 物资出库凭证核对、拣货、备货、理货、物资检查、物资交接及资料管理等 |
| | | 物资配送 | 物资配送方案设计、送货与交货、处理意外事故、安全培训等 |
| 8 | 智慧仓储 | 智慧仓储的建设与管理 | 根据供求关系确定仓储的建设，依据竞争优势选择仓储地址，以生产的专业化决定仓储专业化分工和仓储功能 |
| 9 | 供应链环境下的仓储管理 | 供应链仓储管理 | 供应链仓储的全流程管理和协同管理 |
| 10 | 电子商务环境下的仓储管理 | 电商仓储管理 | 物资储存、流通调控、数量管理、质量管理、发货配送 |

（续表）

| 序号 | 任务名称 | 子任务 | 工作任务描述 |
|---|---|---|---|
| 11 | 第三方仓储管理 | 第三方仓储服务商管理 | 第三方仓储运营模式的制定，第三方仓储服务商的选择，第三方仓储服务商的评价 |
| | | 第三方仓储服务管理 | 合同管理、货品保管、订单发货、信息管理、投诉处理、库存管理 |

# 1.3　仓储工作的八大风险

## 1.3.1　选址风险

仓储作为配送发运节点，对企业整体物流运营方式影响巨大。仓储的布局与选址直接影响物流服务导向与物流成本情况。而仓储的规划与企业的目标战略、方向、客群密不可分。

做好仓储的选址工作十分重要，一旦选择不当，就会给企业带来很多不良后果，而且难以改变。因此，在进行仓储选址时，必须充分考虑多方面因素的影响，慎重决策。

仓储选址风险点说明如表 1-6 所示。

表 1-6　仓储选址风险点说明

| 序号 | 风险点名称 | 风险点说明 |
|---|---|---|
| 1 | 迁址风险 | 仓储选址若不符合当地政策及政府长远规划，会导致被迫搬迁；或者仓储选址不当，会严重影响企业的经济效益 |
| 2 | 仓储成本增加风险 | 若仓储选址不当，可能会造成仓储成本的增加、资源的浪费 |
| 3 | 服务质量降低风险 | 若仓储选址不当，会造成资源分布不均，导致对部分区域客户的服务质量降低 |

## 1.3.2　安全风险

做好仓储安全生产工作是保证企业健康发展的首要任务。因此，认真分析企业面临的安全生产形势，深入剖析引发安全生产事故的主要环节与风险点尤为重要。

仓储安全风险点说明如表 1-7 所示。

表 1-7　仓储安全风险点说明

| 序号 | 风险点名称 | 风险点说明 |
|---|---|---|
| 1 | 人员安全风险 | ◆ 仓储作业人员未按规定作业，未使用或佩戴劳动保护用品，存在人身安全风险隐患<br>◆ 作业过程中被叉车碰撞或轧到脚，被物资或高空坠物砸伤，对设备操作不当导致危险发生等 |

（续表）

| 序号 | 风险点名称 | 风险点说明 |
|---|---|---|
| 2 | 消防安全风险 | ◆ 仓储作业人员有违章动火、玩火、纵火、燃放烟花爆竹、吸烟、充电等行为，存在火灾隐患<br>◆ 仓储场所圈占、埋压、挪用和关闭消防设施<br>◆ 仓储场所设置的消防通道、安全出口、消防车通道，未设置明显标识；乱堆放物品、乱放置障碍物<br>◆ 存储的物资超出消防资质的范围，导致安全事故发生，如将危险品存储到丙类仓库<br>◆ 仓库内铺设的配电线路未穿金属管或难燃硬塑料管保护，仓库内随意乱接线，存在电气火灾事故隐患 |
| 3 | 设备安全风险 | 主要包括碰撞事故、挤压和剪切事故、倾翻事故、物体坠落事故、漏电事故等 |
| 4 | 物资丢失、损坏风险 | 未做好保卫工作，存在仓储物资丢失、毁坏等隐患 |
| 5 | 自然灾害风险 | 飓风、洪灾、暴雪、地震等自然灾害发生，可能会对仓库整体结构、库存商品造成损害，也可能造成仓储作业人员伤亡 |

## 1.3.3 质量风险

仓储质量风险是指围绕仓储管理流程，与仓库物资有关联的一切质量活动。仓储质量风险点说明如表 1-8 所示。

表 1-8  仓储质量风险点说明

| 序号 | 风险点名称 | 风险点说明 |
|---|---|---|
| 1 | 入库验收质量风险 | ◆ 仓库管理员未按合同和制度的要求对入库物资数量、品种、规格、质量、价格、单据等内容进行审核与检查，导致入库物资中存在不合格品<br>◆ 操作检验仪器的方法不当或检测设备失效，出现对产品质量的误判 |
| 2 | 贮存不当质量风险 | ◆ 温湿度控制不当、垛底未铺防潮层及铺垫不善等原因，致使物资发生霉腐、变质现象<br>◆ 对金属物资未做好防锈工作，使金属物资发生锈蚀，导致物资质量下降，失去使用价值<br>◆ 未做好日常的清洁保养工作及病虫害、鼠害的防治，导致害虫、老鼠进入仓库，使仓库物资遭遇虫蛀、鼠咬<br>◆ 对挥发性物资储存不当，导致其他物资有串味<br>◆ 物资到复验期后未按规定处理，造成过复验期物资被发放使用 |
| 3 | 出库管控质量风险 | ◆ 未对出库作业进行合理安排，物资未按照先进先出的原则出库，使得不易保管和储存的物资积压、腐蚀变质<br>◆ 在包装过程中，由于操作不慎，进入异物或出现包装物错误、包装封闭不严、包装破损、包装未达到要求等情况，致使物资变质<br>◆ 刷印或粘贴条码标签时，没有清除原有标识，造成标识混乱；在出库过程中，出库人员未按规定要求储存搬运物资，造成物资的质量风险 |

## 1. 3. 4　配送风险

为了顺利开展物资配送工作，提高物资配送的效率，保证物资配送的安全，仓库管理员在进行配送管理时，应准确识别风险点，采取预防措施，降低仓储管理成本。

仓储配送风险点说明如表1-9所示。

表1-9　仓储配送风险点说明

| 序号 | 风险点名称 | 风险点说明 |
|---|---|---|
| 1 | 运输调度风险 | ◆ 选择不合时宜的运输方式，导致运输成本的增加<br>◆ 选择不具备资质认证的承运商，给运输物资带来风险<br>◆ 规划的运输路线不合理，导致运输成本的增加<br>◆ 运输车辆和人员安排错误，导致运输安全风险和运输成本的增加 |
| 2 | 物资运输风险 | ◆ 物资在运输途中可能夹进火种，如运输人员吸过的烟蒂、外来飞火、车辆排出的火星，引发火灾或爆炸<br>◆ 物资可能由于高温、低温、运输时间过长或保管不当导致变质，冷链运输物资可能由于温控不当导致不符合验收标准<br>◆ 运输包装不合格导致物资洒、漏，或者运输途中物资被盗<br>◆ 长途运输物资，有可能因驾驶员疲劳驾驶，导致交通事故的发生 |
| 3 | 运输外包风险 | ◆ 运输外包管理不善，可能导致外包控制不足，发生物资丢失等危险<br>◆ 长期运用运输外包的形式，对第三方物流服务管理不善，造成客户满意度降低<br>◆ 因运输外包造成物资成本提高，导致企业利益受损 |

## 1. 3. 5　法律风险

随着仓储业向正规化、专业化、系统化的方向发展，企业的法律风险防范意识在逐步提高，正确识别仓储工作中的法律风险，可以有效降低法律风险带来的损失。

仓储法律风险点说明如表1-10所示。

表1-10　仓储法律风险点说明

| 序号 | 风险点名称 | 风险点说明 |
|---|---|---|
| 1 | 客户资信风险 | ◆ 对客户资信状况缺乏了解，如客户信用、资产状况、担保情况及是否属于关联企业；未对客户进行资信风险评级<br>◆ 赊销和预付额度与客户的资信状况不匹配。未根据客户资信风险评级、客户权益总额、交易量等因素，制定每位客户的赊销和预付额度上限 |
| 2 | 合同文本风险 | ◆ 在合同文本中对双方相关事项未进行明确的约定或约定不准确，如对仓储人、保管人和货权人的权利与义务划分不明确，对拟制交付情况下仓储登记过户的程序和仓储费用的承担办法未做约定或约定不明，约定的违约金计算方法难以覆盖违约损失等<br>◆ 可能存在风险的合同文本条款主要包括权利和义务条款、入库条款、物资数量条款、物资质量条款、仓储装卸条款、出库条款、错误扣押条款、货权转移条款、支付与结算条款、违约责任条款等 |

（续表）

| 序号 | 风险点名称 | 风险点说明 |
|---|---|---|
| 3 | 欺诈风险 | ◆ 存货人可能会采取多种手段隐瞒事实，如在货物的质量上弄虚作假，以次充好，虚报货物数量等<br>◆ 有些存货人为了节省仓储费用故意隐瞒危险物品或其他需要特别储存的化学品，从而使仓库的其他货物遭受损失 |

## 1.3.6 作业风险

仓储作业风险直接关系到物资的安全、作业人员的人身安全、作业设备和仓库设施的安全。因而，识别作业风险是仓储管理的重要组成部分。

仓储作业风险点说明如表 1-11 所示。

表 1-11 仓储作业风险点说明

| 序号 | 风险点名称 | 风险点说明 |
|---|---|---|
| 1 | 入库作业风险 | ◆ 仓库进货时，未对库位进行科学、合理的划分或库位划分不明确，造成各种物资存放无序，不利于后续仓储工作的开展<br>◆ 物资入库时没有做好入库的准备工作，造成接运不及时、仓促入库等问题，对以后的理货、发货工作产生不利影响 |
| 2 | 出库作业风险 | ◆ 仓储管理人员在出库作业时，未进行严格验货，配货错误及包装错误未被及时发现，受到客户的投诉<br>◆ 出库凭证出现假冒、复制、涂改、有疑问或遗失的情况，造成账务管理人员不能及时记账、漏记账或数据不准确<br>◆ 仓储管理人员工作疏忽或对物资种类规格不熟悉，将客户的物资配错货<br>◆ 包装材料选用不当、包装方法不合理、包装标识混乱和错误，使物资在搬运过程中发生损坏 |
| 3 | 装卸搬运作业风险 | ◆ 未制订装卸搬运作业计划、未安排相应人员在搬运现场统一指挥，造成装卸搬运作业现场混乱，发生安全事故<br>◆ 装卸搬运人员未按规定操作，导致物资在搬运过程中发生损坏、散失、渗漏、爆炸等<br>◆ 相关人员在进行装卸搬运作业之前，没有做好准备工作，也未穿戴相应的防护用具，在装卸搬运作业过程中，突发安全事故造成人员伤亡<br>◆ 装卸搬运作业结束之后，未对场地、设备、工具进行相应的清扫处理，耽误下道工序的开展，或者使残留物资相互混合发生化学反应 |
| 4 | 存储作业风险 | ◆ 在物资存储期间，仓库温湿度控制不当，或防霉腐、防锈蚀、防蛀虫、防鼠工作不到位，使物资发生霉变、锈蚀、虫蛀、鼠咬、熔化、挥发、燃烧、爆炸等<br>◆ 检查盘点不到位，没有及时发现实际库存物资与仓储管理系统信息不一致，导致物资缺失时不能及时补充，影响生产经营工作 |

## 1．3．7　政策风险

为了推动现代仓储物流行业的发展，国家及相关部门陆续出台了一系列政策，以营造宽松环境，但在具体实施过程中，潜在的风险仍不可低估。

仓储政策风险点说明如表 1-12 所示。

表 1-12　仓储政策风险点说明

| 序号 | 风险点名称 | 风险点说明 |
|---|---|---|
| 1 | 反向性政策风险 | 是指在一定时期内，由于某些政策导向与仓储行业内在发展的方向不一致而产生的风险 |
| 2 | 突变性政策风险 | 是指由于政策口径发生突然变化而给仓储行业带来的风险 |

## 1．3．8　经济环境风险

经济环境的变化会导致仓储需求量发生变化，随之影响到整个仓储行业的发展。当与仓储行业密切相关的产业发生变动时，仓储行业的发展也会受到影响。因此，经济环境变化带来的风险也是仓储行业的主要风险之一。

仓储经济环境风险点说明如表 1-13 所示。

表 1-13　仓储经济环境风险点说明

| 序号 | 风险点名称 | 风险点说明 |
|---|---|---|
| 1 | 市场变化风险 | 由于市场变化导致存货严重跌价或滞销 |
| 2 | 不可抗力风险 | 仓储行业深受多重不利因素的影响，如地震、暴雨等 |

# 第2章
# 仓储团队建设与管理

## 2.1 仓储组织结构

### 2.1.1 电子商务企业仓储组织结构

随着电子商务的迅猛发展，电子商务企业在进行网络交易时，不仅需要较高的运输与配送服务水平，还需要一个响应及时、高效配合的仓储系统。而这样的系统需要一个完善的组织结构支撑，图2-1展示了一种常见的电子商务企业仓储组织结构。

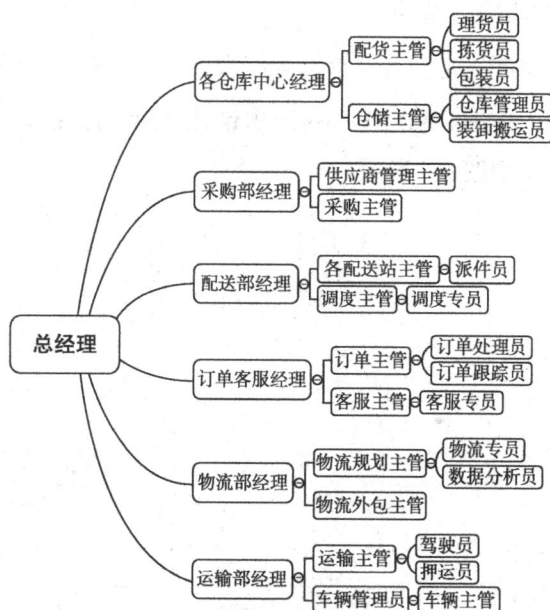

图 2-1　电子商务企业仓储组织结构

### 2. 1. 2　跨境电商仓储组织结构

在电子商务迅速发展的背景下，跨境电商已成为电子商务的一大增长板块，跨境电商仓储的主要职能是对世界范围内的物资进行存储、打包和物流配送。因此，跨境电商企业需要对不同组织、人员进行安排，图2-2展示的是一种常见的跨境电商仓储组织结构。

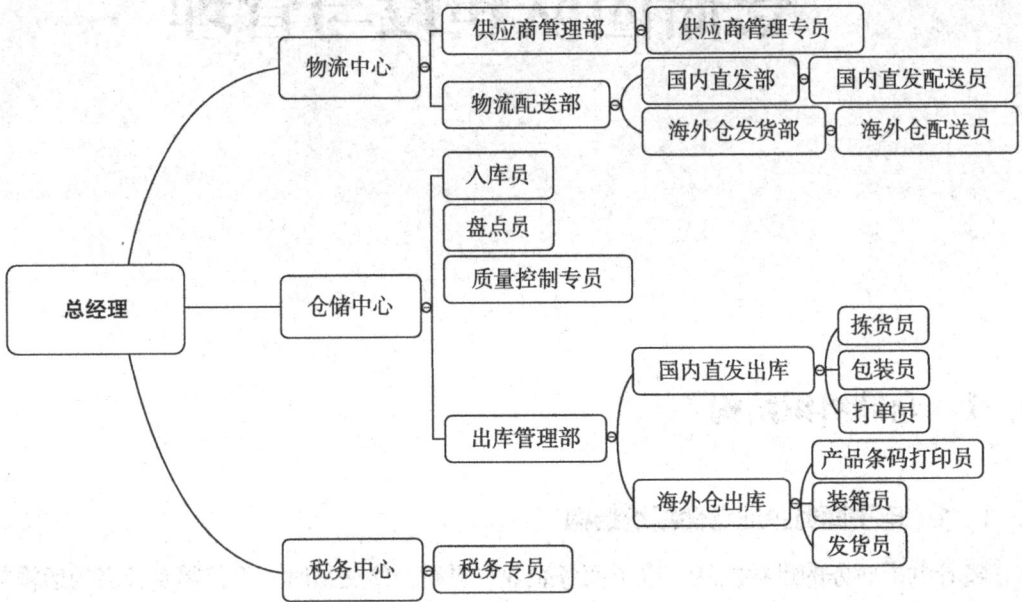

图2-2　跨境电商仓储组织结构

### 2. 1. 3　物流企业仓储组织结构

物流企业仓储的主要职能是为客户提供仓储服务、配送服务，以及物资经销、流通加工等服务。因此，物流企业的仓储组织结构应根据各自经营管理活动的需要和各自经营分工的内容进行设计，具体如图2-3所示。

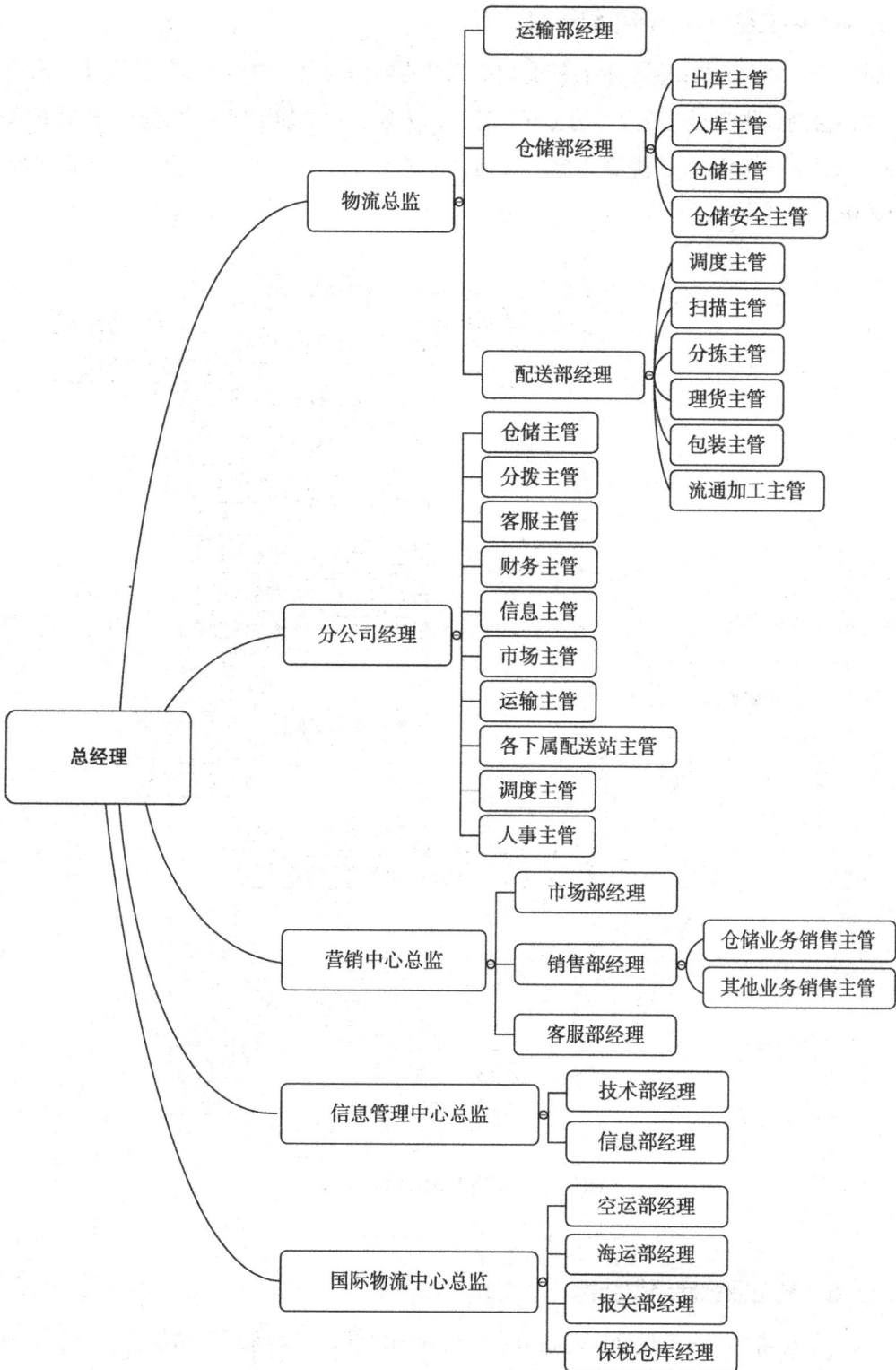

图 2-3 物流企业仓储组织结构

### 2.1.4 供应链企业仓储组织结构

供应链企业仓储组织结构在传统仓储组织结构的基础上，增加了对需求设计、采购计划、库存控制、物流配送等内容的协同管理，以方便企业更加了解客户需求，同时降低仓储成本、改善仓储服务、提高仓储的灵活性和响应能力。供应链企业仓储组织结构如图 2-4 所示。

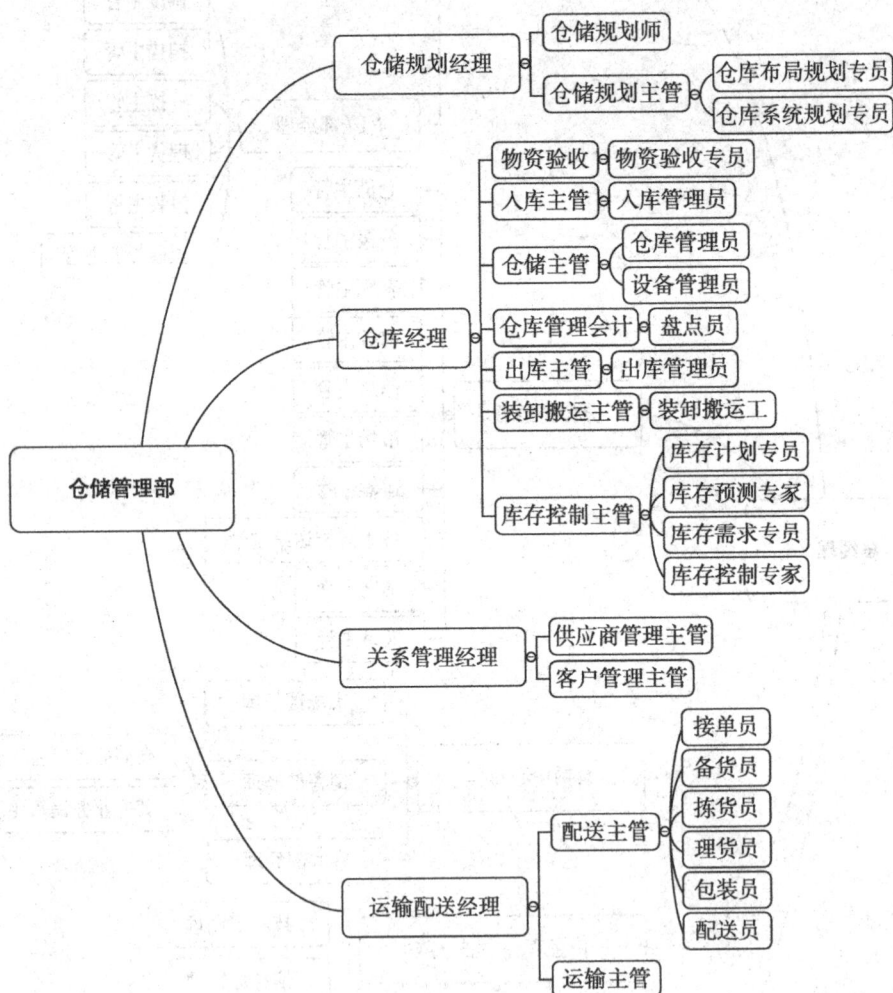

图 2-4　供应链企业仓储组织结构

### 2.1.5 制造业仓储组织结构

制造业仓储管理是通过仓库对物资进行储存和保管，以确保所存储物资的完整性和生产作业的顺利运营。在此基础上，企业可以对各类物资的流动情况分类记录，并对其进行分类管理。因此，在设计制造业仓储组织结构时应设置不同的管理层次、职能工作组，具体如图 2-5 所示。

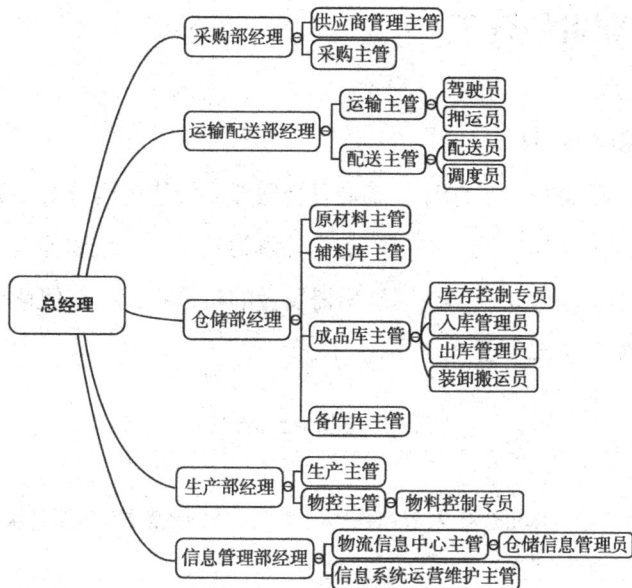

图 2-5　制造业仓储组织结构

## 2.1.6　连锁企业仓储组织结构

连锁企业仓储的主要职能是对物资进行存储、配货、快速流通和调拨等。企业可以依据自身的规模、类型、经营范围和管理体制选择不同的组织结构模式。连锁企业仓储组织结构如图 2-6 所示。

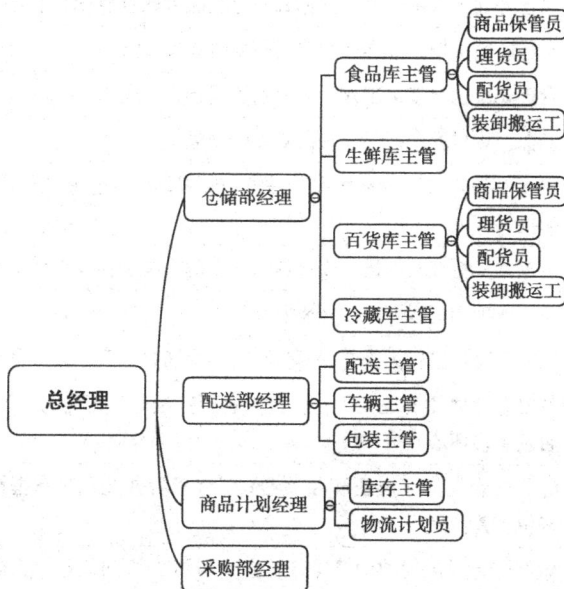

图 2-6　连锁企业仓储组织结构

## 2.2 仓储部职责与分工

### 2.2.1 仓储部职能分解

仓储管理人员在开展仓储工作时，需要对仓储部的职能进行分解，并编制仓储部职能分解表（见表2-1）。一般情况下，部门职能可分解为三级。一级职能是这个部门所应该承担的主要职能，二级职能是完成一级职能所需要做的具体工作，三级职能是为了完成二级职能所做的一些具体的工作事项。

表2-1 仓储部职能分解

| 一级职能 | 二级职能 | 三级职能 |
|---|---|---|
| 仓储规划管理 | 仓储战略规划 | 合理制定仓储发展战略规划，确定仓库的经营方针和运作模式，制定各项仓储业务的目标 |
| | 仓库系统规划 | 根据仓储业务的发展需要，设计仓储系统，并且确保系统模块的完整性 |
| | | 合理设计仓储存放区域，提升仓库空间利用率 |
| | 仓储作业规划 | 运用搬运分析、动作分析等方法，优化仓储人员的作业，提升作业效率 |
| | | 优化仓储区域、作业现场的作业顺序，提升作业效率 |
| 物资验收管理 | 验收工作规范 | 制定物资入库验收作业流程及规范 |
| | | 开展验收方法、制度、规范的培训工作 |
| | 验收工作实施 | 组织物资入库验收工作，安排验收人员、场地及工具等 |
| | | 开展物资验收工作，做好验收记录并编制验收报告 |
| | 验收结果处理 | 妥善处理不合格物资，根据其质量状况采取退换货等不同的处理措施 |
| | | 对物资数量短缺等异常情况进行妥善处理 |
| 物资入库管理 | 接运 | 合理安排物资接运工作，确保物资妥善到达仓库 |
| | | 确保接货过程中损坏物资的数量降到最低 |
| | 储位安排 | 对入库物资进行合理编码，并将物资编码录入仓储系统，确保入库信息更新的及时性 |
| | | 根据物资特性及编码，安排储位，及时将物资存储在合理区域 |
| | 入库手续办理 | 审核各项物资入库手续及验收凭证 |
| | | 对入库物资进行记录并妥善保存，为仓储管理工作提供重要依据 |
| 物资存储保管 | 仓储日常管理 | 做好仓库物资的巡检工作，检查物资数量是否正确、包装是否完整，查看物资是否发生损坏或质变 |
| | | 保管好仓储作业设备和相关器具，要求各作业人员掌握设备和器具的使用方法，确保妥善使用 |
| | 仓储环境控制 | 做好仓库温湿度的调节工作，充分利用通风、降温、吸湿等措施，将仓库温湿度控制在适宜物资存储的范围内 |
| | | 定期对仓库及周边的垃圾进行清理，确保仓库整洁、有利于物资存储 |

| 一级职能 | 二级职能 | 三级职能 |
|---|---|---|
| 物资存储保管 | 物资保养 | 定期对仓库物资进行保养，确保物资的完好率 |
| | | 对仓储物资进行防霉、防腐处理，并进行病虫害和鼠害防治 |
| | | 定期对仓库进行除尘处理，防止其对物资造成损害 |
| 盘点管理 | 制定盘点工作规范 | 根据实际情况合理制定仓库盘点工作规范 |
| | | 学习盘点规范，并将其落实到盘点工作过程中 |
| | 实施盘点工作 | 做好盘点工作的组织，并认真落实盘点工作 |
| | | 记录盘点过程的数据，确保盘点结果与实际相符 |
| | 盘点结果处理 | 将盘点结果与系统数据进行核对，并计算误差 |
| | | 及时对盘点的盈亏状况进行处理 |
| | | 通过分析盘点结果准确掌握库存信息，了解库存状况 |
| 库存控制管理 | 库存控制 | 根据生产计划和历史库存信息等，制定库存消耗定额，对库存水平进行控制 |
| | | 及时汇总、分析各项库存成本和费用，对库存成本进行核算，根据成本现状制订成本节约计划并积极落实 |
| | | 根据仓库及物资消耗的实际情况，选择合适的库存成本控制方法，降低库存成本 |
| 物资出库管理 | 制定物资出库规范 | 仓储部负责制定各项出库作业规范并积极落实 |
| | | 对仓储部工作人员开展出库规范的培训工作，使其掌握出库作业流程及各项工作规范 |
| | 做好物资出库工作 | 对出库凭证及领取凭证进行严格审核，确保凭证真实有效 |
| | | 对出库物资进行捆绑和包装，减少在运输过程中造成的质量损害 |
| | | 安排人员仔细核对出库物资的品名、数量等，确保出库物资与出库单据相符 |
| 物资搬运管理 | 搬运工作规划 | 制定搬运工作规范并积极落实 |
| | | 根据作业需求制订搬运计划，并且组织搬运员实施 |
| | 实施搬运工作 | 做好物资入库、出库及库内的搬运工作，提高作业及时完成率 |
| | 设备维护 | 根据搬运设备的需要，提出搬运设备和器具的采购需求 |
| 仓储安全管理 | 制定安全管理规范 | 制定仓库作业的安全管理规范并积极落实，杜绝安全责任事故的发生 |
| | | 开展仓库安全教育培训工作，要求员工具备安全意识，掌握安全基础知识 |
| | 仓库防盗管理 | 做好仓库出入人员登记工作，严格控制出入库人员数量 |
| | | 做好仓库各个区域的监控工作，杜绝仓库物资的失窃 |
| | | 贵重物资仓库应做好物资／人员出入库的检查工作，防止盗窃事件的发生 |
| | 仓库消防安全管理 | 管理仓库中的危险品，杜绝安全事故 |
| | | 严禁仓库内出现各类火种、明火等，防止发生火灾 |

## 2.2.2 仓储部业务目标分解

仓储部业务目标分解的具体内容如表2-2所示。

表2-2 仓储部业务目标分解

| 总目标 | 主要事项 | 主要指标 |
|---|---|---|
| 仓储规划目标 | 设置仓库网点的布局，确定合理的数量、规模等，保证服务的及时性和经济性 | 仓储服务的及时率达到 ____% |
| | 合理规划、设计仓库储位，扩大仓库容量 | 确保仓库空间利用率达到 ____% |
| 物资出入库管理目标 | 严格执行入库物资的检查与验收工作 | 保证入库物资的合格率达到 ____% |
| | 做好入库物资的编码及储位安排工作，确保入库物资放置于指定储位 | 储位查询及时率达到 ____% |
| | 做好出库物资的备货、拣货、配货、包装等工作，确保物资出库的准确性与及时性 | 出库准确率达到 ____% |
| | 严格履行出入库物资的检查记录手续 | 保证出入库物资的账、卡、物相符率达到 ____% |
| 物资在库保管目标 | 做好物资的储存、防护和日常检查工作 | 确保在库物资的完好率达到 ____% |
| | 做好仓库的清洁工作 | 确保每年、每季、每月仓库卫生的检查合格率达到 ____% |
| 搬运管理目标 | 做好物资入库、出库及库存的搬运工作 | 作业及时完成率达到 ____% |
| | 合理使用和维护搬运设备，并且定期对其进行维护，确保器具完好 | 确保设备维护率达到 ____% |
| 库存控制目标 | 调查仓库内各类物资的存储状态，依据库存定额及时发布库存预警 | 预警及时率达到 ____% |
| | 合理控制库存，保证物资先进先出 | 将年库存总成本降低至 ____ 元以下 |
| | 在保证库存需求的前提下，尽量降低库存量，提高库存周转率 | 库存周转率达到 ____% |
| 仓储安全管理目标 | 严格执行仓库安全防范措施及管理制度 | 确保每年盗窃事故发生次数为0 |
| | 做好仓库的水、电管理和防火工作 | 确保仓库安全责任事故次数为0 |
| | 对员工进行安全管理培训 | 确保安全培训计划完成率达到 ____% |

## 2.2.3 仓储部岗位职责描述

仓储部岗位职责描述主要包括岗位的基本信息及工作职责。下面是仓储部六个岗位的职责描述，具体如下。

（1）仓储部经理岗位职责如表2-3所示。

表 2-3　仓储部经理岗位职责

| 岗位名称 | 仓储部经理 | 所属部门 | 仓储部 |
|---|---|---|---|
| 上　级 | 仓储总监 | 下　级 | 仓储主管 |
| 职责概述 | 负责制定仓储管理的各项制度与规范，协调与管理各项仓储业务工作，确保仓储物资的安全及仓储业务的顺利进行 | | |
| 工作职责 | 职责细分 | | |
| 拟定、落实制度计划 | ◆ 负责编制企业各项仓储管理制度，完善各种流程、规范、操作标准，并且监督执行<br>◆ 根据企业年度经营计划及战略发展规划，制定仓储部工作计划及业务发展规划，并且组织落实 | | |
| 物资出入库管理 | ◆ 负责企业物资出入库业务的监督与检查工作，制止不合规行为，提出处理意见及合理化建议，改进仓储作业<br>◆ 负责企业物资出入库凭证、单据的审核工作<br>◆ 督导仓库管理员建立物资的入库、出库台账，及时登记出入库物资 | | |
| 物资存储保管管理 | ◆ 督促下属做好仓储物资的保管工作，达到防虫、防鼠、防霉、防火等管理要求<br>◆ 检查库存物资的存储状态，及时处理受损物资<br>◆ 负责审批仓储设备的采购申请，监督与检查仓储设备的使用、维护工作，督促下属制订仓储设备维修计划，并且监督落实 | | |
| 仓库盘点管理 | ◆ 定期组织库存物资盘点工作，发现盘盈、盘亏、丢失、损坏等情况时，要查明原因及责任人，及时提出处理意见<br>◆ 负责废旧物资的管理工作，并提出对呆滞料、废料、不合格品的处理意见<br>◆ 组织相关人员编制盘点报告，并且及时上报相关领导审批 | | |
| 库存控制管理 | ◆ 负责合理规划仓储空间，保持合理库存<br>◆ 核定和掌握仓库各种物资的储备定额并进行严格控制，根据实际情况及时修改定额，并将修改后的定额及时通知相关人员<br>◆ 负责组织建立库存管理系统，并监督库存管理系统的运行情况 | | |
| 搬运管理 | ◆ 及时组织人力、物力，做好物资的搬运工作<br>◆ 负责搬运设备采购申请的审批工作，对于不合理的采购申请不予审批 | | |
| 仓库安全卫生管理 | ◆ 编制并落实仓库的消防安全与卫生管理规定，做好防火、防盗等安全工作<br>◆ 改善仓储环境，定期检查仓储安全与卫生措施的落实情况并提出改进意见 | | |
| 部门事务管理 | ◆ 负责本部门人员的招聘、培训、考核与管理工作，不断提高本部门员工的素质及业务能力<br>◆ 严格审核本部门费用支出，控制本部门管理费用 | | |

（2）仓储主管岗位职责如表 2-4 所示。

表 2-4　仓储主管岗位职责

| 岗位名称 | 仓储主管 | 所属部门 | 仓储部 |
|---|---|---|---|
| 上　级 | 仓储部经理 | 下　级 | 仓储专员 |
| 职责概述 | 熟悉仓储业务基础知识，掌握储位规划的原理和方法，掌握库存物资保管方法和库存成本核算方法，确保库存物资安全 | | |

（续表）

| 工作职责 | 职责细分 |
|---|---|
| 物资入库管理 | ◆ 在物资到达前，做好堆放场地、物资储位的安排，并且确保仓库整洁、干净<br>◆ 组织物资入库验收，清点件数、称重，若无误则签字确认，并交质量管理部进行检验，及时对异常物资进行处理<br>◆ 对入库物资外包装进行检查，发现外箱破损、湿损及打包带断裂等要及时处理 |
| 储位安排管理 | ◆ 根据入库物资的特性，及时做好储位安排规划和设计<br>◆ 根据物资属性，审核相应的垫垛和堆垛方案<br>◆ 做好危险品隔离工作，确保物资存储安全 |
| 物资在库管理 | ◆ 指导仓库管理员按物资标签的填写要求和张贴标准，填写、张贴物资标签，并且检查与完善物资的标签张贴情况<br>◆ 及时进行在库物资保养，保证物资无腐烂、变质、生锈等情况<br>◆ 加强仓库和物资的安全管理，保持仓库环境干净、整齐，并且做好防火、防盗、防潮等工作 |
| 物资出库管理 | ◆ 根据发货单的内容组织仓库管理员清点出库物资，通知配送部进行配货，通知运输部安排运输<br>◆ 核查出库物资的数量、质量，指导仓库管理员做好出库物资的标签填写工作 |
| 物资搬运管理 | ◆ 物资到达后，在物资清点、包装检查等验收工作完毕的情况下，组织物资搬运作业<br>◆ 监督、指导搬运作业人员，防止不规范操作<br>◆ 出库物资备妥后，组织人员将物资搬运至指定位置 |
| 仓库安全管理 | ◆ 监督仓库安全管理措施的执行情况<br>◆ 配合上级处理仓库内的各类安全事故 |

（3）低温仓储主管岗位职责如表2-5所示。

表2-5　低温仓储主管岗位职责

| 岗位名称 | 低温仓储主管 | 所属部门 | 仓储部 |
|---|---|---|---|
| 上　级 | 仓储部经理 | 下　级 | 低温仓储专员 |
| 职责概述 | 了解低温仓储的入库作业、储存作业、出库作业、环境控制、安全控制及信息处理等相关内容 | | |
| 工作职责 | 职责细分 | | |
| 入库作业 | ◆ 负责协调做好入库准备工作；低温物资入库前，应确认入库通知书，做好各项准备工作，明确储存货位<br>◆ 做好入库检查，负责协同工作人员按照正常入库检查程序做入库检查，并索取相关合格证明和入库许可文件<br>◆ 协助保管人员及时、快速卸载低温物资，记录卸货时间，监督卸货作业人员是否按照低温物资的特性、包装标识和低温仓库设施要求进行操作<br>◆ 在入库检查、卸货、搬运过程中，核对低温物资信息，发现问题及时联系存货人，确认无误后，在入库交接记录凭证上签字确认 | | |

（续表）

| 工作职责 | 职责细分 |
|---|---|
| 储存作业 | ◆ 负责根据低温物资特性确定检查重点和频次，发现问题应做好记录<br>◆ 负责对超过保质期的低温物资做好标识，通报存货人尽快处置，并做好相应的记录<br>◆ 负责对库存低温物资按批次盘点，并且进行月度、季度和年度定期盘点。低温物资的盘点包括品名、品种、规格、批号、数量、保质期等内容，应查验是否与库存管理信息系统记载内容一致 |
| 出库作业 | ◆ 负责做好低温物资出库所用、设备、作业空间的准备工作<br>◆ 负责核实库存情况，发现问题立即与相关负责人协调、沟通<br>◆ 负责检查出库低温物资的数量及包装情况，并且记录结果<br>◆ 负责及时将相关信息录入库存管理信息系统<br>◆ 负责查询有效凭证，安排交货。与提货人核对交接的低温物资，无误后在交接记录凭证上签字确认 |
| 环境控制 | ◆ 负责对低温仓库配置的温度检测仪器、相对湿度检测仪器、增湿或除湿装置进行校准和维护<br>◆ 负责监督相关人员是否根据低温物资特性适时调节低温仓库温度、相对湿度，以及是否定期通风换气 |
| 安全控制 | ◆ 负责对低温仓储作业人员进行安全、技术培训，使其了解制冷设备装置使用和维护的相关知识，以及防灾和救护知识<br>◆ 负责购买防寒用品、防滑安全靴、防砸安全帽、防雾眼镜等<br>◆ 定期对低温仓库除霜，根据低温物资特性和保管要求对低温仓库、作业设备、托盘和工具进行清洁与消毒 |
| 信息处理 | ◆ 通过库存管理信息系统处理低温仓储作业信息<br>◆ 负责及时、准确地记录相关作业信息并传递给存货人，未经存货人同意不得向第三方透露<br>◆ 负责以信息技术为手段，识别、记录和处理低温物资的相关数据 |

（4）危险品仓储主管岗位职责如表 2-6 所示。

表 2-6　危险品仓储主管岗位职责

| 岗位名称 | 危险品仓储主管 | 所属部门 | 仓储部 |
|---|---|---|---|
| 上　　级 | 仓储部经理 | 下　　级 | 危险品仓储专员 |
| 职责概述 | 加强对危险品的安全管理，做好危险品的搬运、存储、保养等管理工作，确保人员安全，避免事故发生 | | |
| 工作职责 | 职责细分 | | |
| 入库管理 | ◆ 负责检查危险品的名称、数量、规格、型号与入库凭证是否一致，负责检查危险品的包装是否完好无损，负责检查危险品的保质期是否在有效期限内<br>◆ 负责办理入库手续，根据订单如实填写入库单据，并签字确认。将所入库的危险品及时放到储存点的对应位置 | | |
| 搬运管理 | ◆ 负责对装卸、搬运作业人员进行安全教育培训，使其具备一定的危险品装卸知识和自我保护意识，并且对参训人员进行考核，考核合格后方能开展工作 | | |

| 工作职责 | 职责细分 |
|---|---|
| 搬运管理 | ◆ 负责检查装卸工具的各种机件是否完好<br>◆ 负责监督搬运作业人员是否按照安全规定要求做好自身的安全防护，在搬运过程中，是否注意轻搬轻放 |
| 存储管理 | ◆ 协助危险品仓库的专业技术人员对仓库进行管理<br>◆ 负责检查危险品是否有相关的危险标识 |
| 出库管理 | ◆ 负责对危险品的出库单进行签字确认<br>◆ 负责检查出库的危险品包装是否完好，是否有安全标签及搬运标识<br>◆ 负责监督搬运员是否按照危险品搬运规范进行搬运作业 |
| 废弃危险品处理 | ◆ 负责按照国际规定处理废弃危险品，不得随意丢弃、掩埋<br>◆ 安排专人销毁处理有燃烧、爆炸、中毒及其他危险的废弃危险品<br>◆ 负责指定专人到专门地点对废弃危险品进行处理，并做到不随便乱堆乱放危险品 |

（5）出库管理员岗位职责如表2-7所示。

表2-7 出库管理员岗位职责

| 岗位名称 | 出库管理员 | 所属部门 | 仓储部 |
|---|---|---|---|
| 上　　级 | 仓储部经理 | 下　　级 | / |
| 职责概述 | 熟悉物资出库的基本流程和方法，掌握科学的包装方法和计算机基本操作知识 | | |
| 工作职责 | 职责细分 | | |
| 出库准备 | ◆ 根据出库单据或者订单的要求，及时制订出库计划，并且做好出库准备工作<br>◆ 为物资出库选择合理的机械设备，并且说明设备的操作方法 | | |
| 拣货作业 | ◆ 根据订单、拣货单及时完成拣货作业，备好出库物资<br>◆ 熟练掌握拣货作业流程，认真、按时完成每日拣货作业任务 | | |
| 出库检查、包装 | ◆ 对出库物资进行检查，确保出库物资完好<br>◆ 视具体情况，对出库物资进行简单包装、整理或打捆<br>◆ 严格核查出库凭证，确保出库物资与出库凭证相符 | | |
| 出库手续办理 | ◆ 为物资贴好标签或单据，确保收货地址准确<br>◆ 合理安排装货顺序，监督装车数量和装车质量，确保物资在装车过程中无毁损<br>◆ 做好出库记录，编制出库台账<br>◆ 做好信息系统数据的录入、填写和传递，以及相关单证、报表的整理和归档 | | |
| 出库场地清理 | 出库作业完成后，必须对出库场地进行清理和清洁，并及时将出库设备归位 | | |

（6）入库管理员岗位职责如表2-8所示。

表2-8 入库管理员岗位职责

| 岗位名称 | 入库管理员 | 所属部门 | 仓储部 |
|---|---|---|---|
| 上　　级 | 仓储部经理 | 下　　级 | / |
| 职责概述 | 熟悉入库物资的验收方法，掌握入库手续办理流程和不合格物资的处理办法 | | |

（续表）

| 工作职责 | 职责细分 |
|---|---|
| 入库准备 | ◆ 根据物资入库通知，切实做好入库准备和入库计划<br>◆ 准备入库过程中需要的各类资料、计量器具、检验仪器、苫垫、搬运工具等 |
| 核对凭证 | ◆ 核对入库凭证等是否和仓库系统中的相关信息一致，所填内容是否正确<br>◆ 根据入库单核对物资数量、种类等<br>◆ 验收物资外观、质量是否完好，并及时上报不合格物资的情况 |
| 办理入库手续 | ◆ 物资入库完毕，要及时、准确地登记物资入库台账，并且做好入库记录<br>◆ 做好信息系统数据的录入、填写和传递，以及相关单证、报表的整理和归档<br>◆ 办理入库的交接手续 |
| 入库编号 | ◆ 为已经入库的物资编号，并且做好储位规划工作<br>◆ 将物资按编号及时地录入仓储系统 |
| 物资堆码 | ◆ 组织相关人员将已经入库的物资运送至指定的存储位置<br>◆ 将已通过验收的物资进行堆垛和码放，并且做好防损准备 |

## 2.2.4　仓储部管理权限设计

为了规范仓储部的各项权责，明晰仓储部各岗位的职责，需要对仓储部的管理权限进行设计，具体如表 2-9 所示。

表 2-9　仓储部管理权限设计

| 职位 | 管理权限 |
|---|---|
| 仓储部经理 | 有权参与企业仓储相关制度、政策的制定工作，并提出相应建议 |
| | 有权对企业的库存管理控制、采购计划提出意见和建议 |
| | 有权拒绝办理手续不全、质量不合格的物资的出入库作业 |
| | 有对不合格品、变质品和废品进行处理的建议权和执行权 |
| | 有对仓储部内部组织结构设立的建议权和对内部员工聘任、考核、解聘的建议权 |
| | 有对仓储部内部员工的违规行为及影响仓储管理工作的人员提请处罚的权力 |
| | 有提交改进仓储管理制度、工作流程的建议并获得答复的权力 |
| | 其他有关仓储管理工作的权力 |
| 仓储主管 | 有对入库物资的质疑权和报告权 |
| | 有权安排仓库管理员的当天工作，监督仓库管理员的日常工作，督促物资的进仓、验货 |
| | 有权核查物资的出入库记录 |
| | 有权对仓库库存物资进行盘点 |
| | 有权监督仓储部的各项规章制度的执行情况 |
| | 有权依据企业相关制度对下属人员进行绩效考核 |

（续表）

| 职位 | 管理权限 |
|---|---|
| 仓库管理员 | 自觉遵守企业制定的各项规章制度 |
| | 有权对不合格物资提出质疑 |
| | 有对不符合质量标准的物资停止入库的建议权 |
| | 有对仓储管理的建议权 |

## 2.3 仓储部绩效指标与量化考核

### 2.3.1 仓储业务考核指标设计

为了推进各项仓储业务的发展，提高工作准确率，需要对仓储部各项业务的考核指标进行设计，具体如表2-10所示。

表2-10 仓储业务考核指标设计

| 序号 | 考核业务 | 考核指标 | 指标说明 | 权重 |
|---|---|---|---|---|
| 1 | 仓储规划 | 仓库面积利用率 | $\dfrac{仓库可利用面积}{仓库建筑面积} \times 100\%$ | 10% |
| | | 仓容利用率 | $\dfrac{仓库物资实际数量或容积}{仓库应存数量或容积} \times 100\%$ | 10% |
| 2 | 出入库 | 进发货准确率 | $\dfrac{（期内物资吞吐量-进发货差错总量）}{期内物资吞吐量} \times 100\%$ | 10% |
| | | 入库物资合格率 | $\dfrac{入库物资合格品数量}{入库物资总数量} \times 100\%$ | 10% |
| 3 | 物资保管 | 仓储物资完好率 | $\dfrac{仓储物资完好数量}{仓储物资总数量} \times 100\%$ | 10% |
| | | 一年内过期的仓储产品金额 | 一年内过期的所有仓储产品数量 × 相应进价 | 10% |
| | | 重大仓储事故发生次数 | 考核期内发生重大事故的次数 | 10% |
| | | 仓储设备完好率 | $\dfrac{仓储设备完好数量}{仓储设备总数量} \times 100\%$ | 10% |
| 4 | 物资台账 | 物资台账出错率 | $\dfrac{物资台账出错次数}{物资台账总数} \times 100\%$ | 5% |
| | | 账货相符率 | $\dfrac{账货相符笔数}{库存物资总笔数} \times 100\%$ | 5% |
| 5 | 低温储藏 | 低温储藏品合格率 | $\dfrac{低温储藏品合格数量}{低温储藏品总数量} \times 100\%$ | 5% |
| 6 | 危险品管理 | 危险品储藏合格率 | $\dfrac{危险品储藏合格数量}{危险品储藏总数量} \times 100\%$ | 5% |

## 2.3.2　仓储部岗位量化考核设计

为了进一步加强对仓储部各岗位的考核，不断推进仓储工作，进一步提高仓储部的工作效率，需要对仓储部各岗位进行量化考核设计。下面介绍五类岗位的量化考核，具体如下。

### 1．仓储部经理量化考核

仓储部经理的主要职责是组织仓储部人员实施物资的储存、保管工作，加强库区和运输工作的管理，优化库存结构，保证各类物资的供应及时。仓储部经理量化考核如表 2-11 所示。

表 2-11　仓储部经理量化考核

| 岗位名称 | | 仓储部经理 | | 所属部门 | | 仓储部 | |
|---|---|---|---|---|---|---|---|
| 被考核人姓名 | | | | 考核时间 | | | |
| 维度 | 量化指标 | 权重 | 绩效目标值 | 考核频率 | 数据来源 | 得分 | |
| 财务 | 仓储管理费用控制 | 5% | 不超过____元 | 季度 / 年度 | 财务部 | | |
| | 单位库存成本降低率 | 5% | 不低于____% | 季度 / 年度 | 财务部 | | |
| 内部运营 | 仓储物资损耗率 | 15% | 不超过____% | 月度 / 季度 / 年度 | 财务部 | | |
| | 库存盘点账实不符次数 | 15% | 不超过____次 | 月度 / 季度 / 年度 | 仓储部 | | |
| | 仓储事故损失额 | 10% | 不超过____元 | 月度 / 季度 / 年度 | 财务部 | | |
| | 仓库现场 5S 检查合格率 | 5% | 达到____% | 月度 / 季度 / 年度 | 仓储部 | | |
| | 仓储设施设备完好率 | 5% | 达到____% | 季度 / 年度 | 仓储部 | | |
| | 物资运输事故率 | 10% | 0 | 月度 / 季度 / 年度 | 仓储部 | | |
| 客户 | 出库工作延迟投诉次数 | 5% | 不超过____次 | 月度 / 季度 / 年度 | 仓储部 | | |
| | 物资配送及时率 | 5% | 达到____% | 月度 / 季度 / 年度 | 仓储部 | | |
| | 部门协作满意度 | 5% | 达到____% | 年度 | 相关协作部门 | | |
| 学习与发展 | 下属相关仓储知识考核合格率 | 5% | 达到____% | 季度 / 年度 | 人力资源部 | | |
| | 仓储培训计划完成率 | 5% | 达到____% | 季度 / 年度 | 人力资源部 | | |
| | 核心员工离职率 | 5% | 不超过____% | 年度 | 人力资源部 | | |
| 考核得分总计 | | | | | | | |
| 被考核人（签字） | | | | 日期 | | | |
| 考核人（签字） | | | | 日期 | | | |

### 2．运输主管量化考核

运输主管的主要职责是合理安排运输配送人员、调度车辆、指导和监督运输配送工作等。运输主管量化考核如表 2-12 所示。

表 2-12　运输主管量化考核

| 岗位名称 | 运输主管 | 所属部门 | | 仓储部 | 被考核人姓名 | |
|---|---|---|---|---|---|---|
| 直接上级 | | 考核阶段 | | | | |
| 量化项目 | 考核指标 | 权重 | | 评分标准 | | 得分 |
| 运输业务管理 | 运输任务完成率 | 10% | 目标值为 ____%，每降低 ____ 个百分比，减 ____ 分 | | | |
| | 运输任务完成及时率 | 10% | 目标值为 ____%，每降低 ____ 个百分比，减 ____ 分 | | | |
| | 运输路线计划编制及时率 | 10% | 目标值为 ____%，每降低 ____ 个百分比，减 ____ 分 | | | |
| | 车辆调度及时率 | 10% | 目标值为 ____%，每降低 ____ 个百分比，减 ____ 分 | | | |
| | 运输费用结算准确率 | 5% | 目标值为 ____%，每降低 ____ 个百分比，减 ____ 分 | | | |
| | 平均运输费用预算准确率 | 5% | 目标值为 ____%，每降低 ____ 个百分比，减 ____ 分 | | | |
| 配送业务管理 | 配送路线设计方案更改次数 | 5% | 目标值为 ____ 次，每增加 ____ 次，减 ____ 分 | | | |
| | 配送及时率 | 10% | 目标值为 ____%，每降低 ____ 个百分比，减 ____ 分 | | | |
| | 配送货损率 | 5% | 目标值为 ____%，每增加 ____ 个百分比，减 ____ 分 | | | |
| | 配送差错率 | 5% | 目标值为 ____%，每增加 ____ 个百分比，减 ____ 分 | | | |
| | 客户满意率 | 5% | 目标值为 ____%，每降低 ____ 个百分比，减 ____ 分 | | | |
| 文档管理 | 运输报告提交及时率 | 5% | 目标值为 ____%，每降低 ____ 个百分比，减 ____ 分 | | | |
| | 配送报告提交及时率 | 5% | 目标值为 ____%，每降低 ____ 个百分比，减 ____ 分 | | | |
| | 运输资料档案完好率 | 5% | 目标值为 ____%，每降低 ____ 个百分比，减 ____ 分 | | | |
| | 配送资料档案完好率 | 5% | 目标值为 ____%，每降低 ____ 个百分比，减 ____ 分 | | | |
| 量化考核得分 | | | | | | |
| 考核人（签字）： | | | | 审核人（签字）： | | |
| 考核日期： | | | | 审核日期： | | |

## 3. 低温仓储主管量化考核

低温仓储主管的主要职责是组织做好低温仓储物资的入库与出库工作，对低温仓库做好安全和环境控制。低温仓储主管量化考核如表 2-13 所示。

表 2-13　低温仓储主管量化考核

| 岗位名称 | 低温仓储主管 | 所属部门 | | 仓储部 | 被考核人姓名 | |
|---|---|---|---|---|---|---|
| 直接上级 | | 考核阶段 | | | | |
| 量化项目 | 考核指标 | 权重 | | 评分标准 | | 得分 |
| 入库 | 入库检查合格率 | 10% | 目标值为 ____%，每降低 ____ 个百分比，减 ____ 分 | | | |
| | 装卸物资完好率 | 10% | 目标值为 ____%，每降低 ____ 个百分比，减 ____ 分 | | | |
| | 入库验收及时率 | 10% | 目标值为 ____%，每降低 ____ 个百分比，减 ____ 分 | | | |
| | 堆码作业安全距离合格率 | 10% | 目标值为 ____%，每降低 ____ 个百分比，减 ____ 分 | | | |
| 储存 | 问题发现及时率 | 10% | 目标值为 ____%，每降低 ____ 个百分比，减 ____ 分 | | | |
| | 定期盘点及时率 | 10% | 目标值为 ____%，每降低 ____ 个百分比，减 ____ 分 | | | |

（续表）

| 量化项目 | 考核指标 | 权重 | 评分标准 | 得分 |
|---|---|---|---|---|
| 出库 | 出库准备完成率 | 5% | 目标值为____%，每降低____个百分比，减____分 | |
| | 交接物资准确率 | 5% | 目标值为____%，每降低____个百分比，减____分 | |
| 环境 | 低温仪器设备保养率 | 5% | 目标值为____%，每增加____个百分比，减____分 | |
| | 低温环境维持率 | 5% | 目标值为____%，每增加____个百分比，减____分 | |
| 安全 | 低温事故发生次数 | 5% | 目标值为____次，每增加____次，减____分 | |
| | 低温仓库消毒次数 | 5% | 目标值为____次，每减少____次，减____分 | |
| 信息 | 低温库存信息记录及时率 | 5% | 目标值为____%，每降低____个百分比，减____分 | |
| | 低温库存信息保存完整率 | 5% | 目标值为____%，每降低____个百分比，减____分 | |
| 量化考核得分 | | | | |
| 考核人（签字）：<br><br>考核日期： | | 审核人（签字）：<br><br>审核日期： | | |

## 4. 危险品仓储主管量化考核

危险品仓储主管的主要职责是做好危险品的搬运和储存工作，合理规划仓库布局，做好废弃物的处理。危险品仓储主管量化考核如表 2-14 所示。

表 2-14　危险品仓储主管量化考核

| 岗位名称 | 危险品仓储主管 | 所属部门 | 仓储部 | | 被考核人姓名 | |
|---|---|---|---|---|---|---|
| 直接上级 | | 考核阶段 | | | | |
| 量化项目 | 考核指标 | 权重 | 评分标准 | | | 得分 |
| 储存管理 | 危险品储存合格率 | 10% | 目标值为____%，每降低____个百分比，减____分 | | | |
| | 危险品储存发生危险次数 | 10% | 目标值为____次，每增加____次，减____分 | | | |
| | 危险品专有人员配备率 | 5% | 目标值为____%，每降低____个百分比，减____分 | | | |
| | 危险品标志符合率 | 10% | 目标值为____%，每降低____个百分比，减____分 | | | |
| 场所管理 | 消防设备配备率 | 10% | 目标值为____%，每降低____个百分比，减____分 | | | |
| | 场所防护及时率 | 5% | 目标值为____%，每降低____个百分比，减____分 | | | |
| | 场所储存合格率 | 5% | 目标值为____%，每降低____个百分比，减____分 | | | |
| 养护管理 | 危险品检验及时率 | 10% | 目标值为____%，每降低____个百分比，减____分 | | | |
| 出入库管理 | 出入库登记及时率 | 5% | 目标值为____%，每降低____个百分比，减____分 | | | |
| | 出入库检验合格率 | 5% | 目标值为____%，每降低____个百分比，减____分 | | | |
| | 危险品搬运完好率 | 5% | 目标值为____%，每降低____个百分比，减____分 | | | |
| 废弃物管理 | 废弃物处理合格率 | 10% | 目标值为____%，每降低____个百分比，减____分 | | | |
| | 废弃物泄露次数 | 10% | 目标值为____次，每增加____次，减____分 | | | |
| 量化考核得分 | | | | | | |
| 考核人（签字）：<br><br>考核日期： | | | 审核人（签字）：<br><br>审核日期： | | | |

### 5．仓库管理员量化考核

仓库管理员的主要职责是参与物资验收工作，对所管辖区域内物资的储存管理、清洁、消防、安全及出入库办理工作负责。仓库管理员量化考核如表2-15所示。

表2-15　仓库管理员量化考核

| 岗位名称 | | 仓库管理员 | 所属部门 | | 仓储部 | | 被考核人姓名 | |
|---|---|---|---|---|---|---|---|---|
| 直接上级 | | | 考核阶段 | | | | | |
| 量化项目 | 考核指标 | | 权重 | 评分标准 | | | | 得分 |
| 物资验收 | 物资验收及时率 | | 5% | 目标值为____%，每降低____个百分比，减____分 | | | | |
| | 物资验收合格率 | | 10% | 目标值为____%，每降低____个百分比，减____分 | | | | |
| 出入库管理 | 物资入库差错率 | | 10% | 目标值为____%，每增加____个百分比，减____分 | | | | |
| | 物质出库差错率 | | 10% | 目标值为____%，每增加____个百分比，减____分 | | | | |
| | 出入库单据填写差错次数 | | 10% | 目标值为____次，每增加____次，减____分 | | | | |
| 物资在库保管 | 在库物资完好率 | | 10% | 目标值为____%，每降低____个百分比，减____分 | | | | |
| | 仓储事故发生次数 | | 10% | 目标值为____次，每增加____次，减____分 | | | | |
| | 在库物资平均年周转次数 | | 5% | 目标值为____次，每减少____次，减____分 | | | | |
| | 仓库环境良好率 | | 5% | 目标值为____%，每降低____个百分比，减____分 | | | | |
| | 仓储设备完好率 | | 5% | 目标值为____%，每降低____个百分比，减____分 | | | | |
| | 仓储设备利用率 | | 5% | 目标值为____%，每降低____个百分比，减____分 | | | | |
| 台账管理 | 台账更新及时率 | | 5% | 目标值为____%，每降低____个百分比，减____分 | | | | |
| | 账物卡相符率 | | 5% | 目标值为____%，每降低____个百分比，减____分 | | | | |
| | （库存盘点）账实不相符次数 | | 5% | 目标值为____次，每增加____次，减____分 | | | | |
| 量化考核得分 | | | | | | | | |
| 考核人（签字）：<br><br>考核日期： | | | | 审核人（签字）：<br><br>审核日期： | | | | |

# 2．4　仓储部管理体系设计

## 2．4．1　仓储部制度体系设计

一个完善的仓储部制度体系是仓储经营活动的体制保证，是仓储部有序化运行的体制框架，也是员工的行为准则。仓储部制度体系设计如图2-7所示。

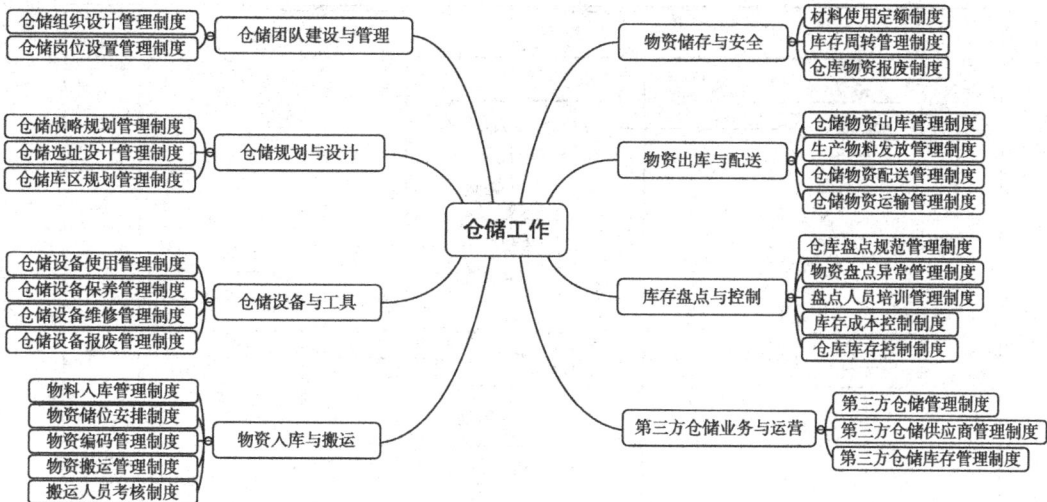

图 2-7　仓储部制度体系设计

## 2.4.2　仓储部流程体系设计

不同的企业有不同的业务流程模式，它们都是在战略目标与业务架构的指导下，形成的一套体系化的流程规范。仓储部流程体系设计如图 2-8 所示。

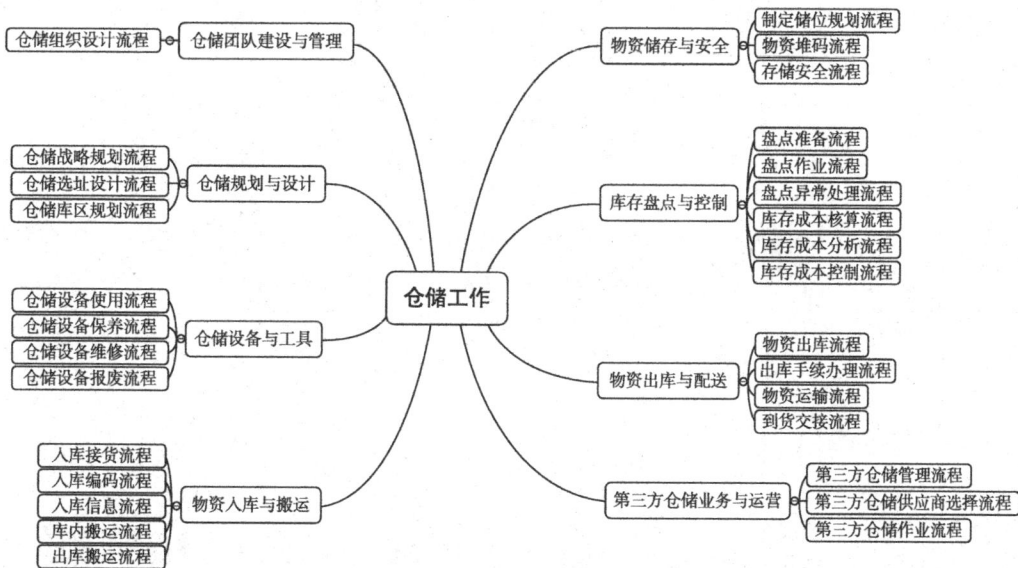

图 2-8　仓储部流程体系设计

## 2.4.3　仓储部作业体系设计

设计仓储部作业体系要围绕仓储管理的各个环节进行，从采购开始，经过验收入库、储存、拣货、出库，最后配送给客户。仓储部作业体系设计如图 2-9 所示。

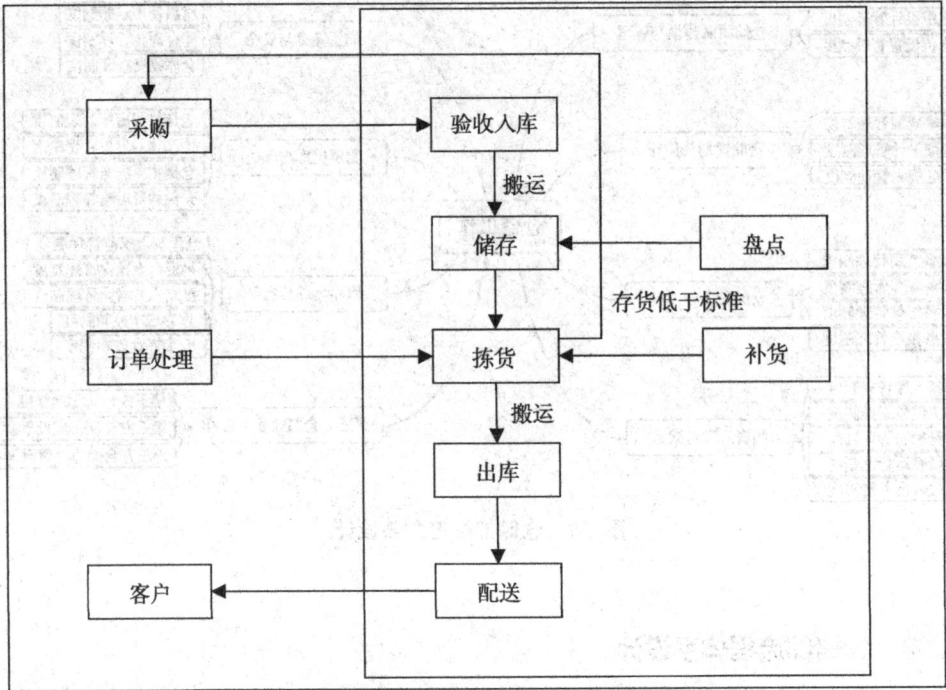

图 2-9　仓储部作业体系设计

# 第3章
# 仓储规划与设计

## 3.1 仓储系统性规划

### 3.1.1 从运营模式角度规划

随着仓储行业的快速发展,企业间的竞争日益激烈,市场上出现了不同的仓储运营模式。为了科学有效地进行仓储管理,企业可以根据自身情况,采用不同的运营模式。

1. 自建仓库 + 自建团队运营

一般来说,超大型、大型企业或者上市企业可以自建仓库并自建团队运营,因为这类企业规模大、订单量大,采用这种运营模式可以把控产品的出入库情况或对物资有严格特殊的管理要求,更好地维护品牌形象。但这种运营模式需要大量的资金投入,不适合中小企业。

2. 自建仓库 + 委托第三方团队运营

"自建仓库 + 委托第三方团队运营"模式是指仓库由企业自建,委托第三方团队进行管理的模式。这种仓储运营模式比较灵活,是大多数企业常用的。

3. 租赁仓库 + 自建团队运营

企业租赁仓库并自建团队进行仓储管理,可以降低企业一次性的资金投入,满足企业各种产品的储存要求,降低管理难度,减少仓储成本。

4. 第三方仓库 + 第三方团队运营

"第三方仓库 + 第三方团队运营"模式是将物资储存和配送外包给第三方仓储企业。对中小型企业来说,这种仓储运营模式的优点是省时、省力、省钱。第三方仓储企业能提供仓储场地、信息化的库存管理服务、高效的订单管理服务及物流运输服务。

### 3.1.2 从仓储功能角度规划

仓库最基本的功能是储存物资，并对储存的物资实施保管和控制。但随着消费者需求的不断变化，市场对仓库功能的要求也越来越多样化，逐渐承担了物资处理、流通加工、物流管理和信息服务等功能。因此，从仓储功能的角度出发，应有以下五种仓储规划。

#### 1. 集货中心

将零星物资集中成批量物资称为"集货"。集货中心可以设在生产点数量很多，但每个生产点产量都有限的地区，只要这一地区某些产品的总产量达到一定水平，就可以设置这种有"集货"功能的仓库。

#### 2. 分货中心

将大批量运到的物资分成批量较小的物资称为"分货"。分货中心即主要从事分货工作的仓库。企业可以采用大规模包装、集装货散装的方式将物资运到分货中心，然后按企业生产或销售的需要进行分装，这样可以降低运输费用。

#### 3. 中转中心

中转中心的主要工作是承担物资在不同运输方式、不同目的地之间的转运。例如，"卡车转运中心""华北转运中心"一般承担的都是转运的功能。

#### 4. 加工中心

加工中心的工作主要是进行流通加工。设置在供应地的加工中心主要进行以物流运输为目的的加工，设置在消费地的加工中心主要进行以销售、强化服务为目的的加工。

#### 5. 配送中心

配送中心，即利用流通设施和信息系统平台，对物资进行分拣、设计运输路线和确定运输方式等，进而为客户提供配送服务的仓库。

### 3.1.3 从保管条件角度规划

仓库的保管条件包括温度、湿度等多个要素，企业在对仓储进行系统规划时，要考虑实际需要，即"有什么样的物资就选择什么样的仓库"。常见的由于保管条件不同而性质不同的仓库如下。

#### 1. 普通仓库

普通仓库是用于存放无特殊保管要求的物资的仓库。普通仓库的作业区应包括库区、辅助作业区等，并且有效地进行隔离。普通仓库的棚跟月台的高度至少要达到3米，并且与地面的高度至少要达到 4.5 米，天花板高度应为 5 ～ 6 米。

### 2．保温、冷藏、恒湿恒温仓库

保温、冷藏、恒湿恒温仓库是指对环境温度、湿度有严格控制要求的储存场所。在建设保温、冷藏、恒温恒湿仓库时要尽量减少外界气候条件的干扰，并且必须做一些特殊设计，如仓库恒温恒湿系统、实验室仓等。

### 3．危险品仓库

危险品仓库是存放易燃、易爆、有毒、有腐蚀性或有辐射性等危险品的仓库。危险品仓库墙体应采用砌砖墙、混凝土墙及钢筋混凝土墙，并设有隔热层。仓库门应为具有防爆、防静电、不产生火花、防腐的材料（铁门或木质外包铁皮），采用外开式。

### 4．气调仓库

气调仓库是在冷藏的基础上，增加气体成分调节，通过对贮藏环境中温度、湿度、二氧化碳、氧气浓度和乙烯浓度等条件的控制，抑制果蔬呼吸作用，延缓其新陈代谢过程，更好地保持果蔬新鲜度，延长果蔬贮藏期和保鲜期。气调仓库安装的地坪应干燥、平整、硬实，地表一般为混凝土，也可用三合土。

仓储规划调研报告样例，扫描下方二维码即可查看。

## 3．2　仓库选址规划

### 3．2．1　选址的策略与方法

仓库选址的合理与否不仅会影响企业的服务和工作效率，还会对物资流转速度和流通费用产生直接的影响。企业要根据自身情况，选择合适的策略，运用科学的方法，做好仓库选址工作，为仓储业务的高效运营打好基础。

### 1．仓库选址的策略

一般情况下，企业可以根据市场定位、中间定位和制造定位三项策略进行仓库选址，具体策略如表 3-1 所示。

表 3-1　仓库选址策略

| 策略 | 概述 | 特点 |
|------|------|------|
| 市场定位策略 | 是指将仓库选在离终端用户最近的地方，常用于食品分销仓库的建设 | ◆ 可提升客户满意度<br>◆ 适用于小批多次的供应<br>◆ 适用于分销仓库和零售仓库 |
| 中间定位策略 | 是将仓库选在终端用户和制造商之间的中点位置 | ◆ 能够加快对终端客户需求的反应速度，提升客户服务水平<br>◆ 有利于加强制造场地和终端客户的衔接 |
| 制造定位策略 | 是将仓库选在接近产地的地方，通常用来集运制造商的产成品 | ◆ 原料保存方便<br>◆ 可以增加产品组合数<br>◆ 产品接运方便<br>◆ 会降低终端反应速度 |

### 2．仓库选址的方法

对仓库进行初步选址后，接下来就需要选用合适的方法和模型进行具体的选址决策，以确定仓库的确切位置。

一般情况下，常用的仓库选址方法包括因素评分法、重心法、线性规划法、德尔菲分析模型等。下面以重心法为例说明仓库的选址模型。

首先，假设有多个生产地（Pi）和需求地（Mi），有一定量的物资需要以一定的运输费率运向位置为 C 的（C 位置待定）仓库或从仓库运出；然后，以某点的运量乘以到某点的运输费率，再乘以到某点的运送距离，所得乘积最小的点，则为所求。

仓库位置的计算公式为：$\mathrm{Min}TC=\sum V_i R_i d_i$。

式中：$TC$——总运输成本；

$V_i$——$i$ 点的运输量；

$R_i$——$i$ 点到仓库的运输费率；

$d_i$——从 $i$ 点到仓库的距离。

仓库 C 的位置坐标的计算公式为：$X_c=\dfrac{\sum V_i R_i X_i/d_i}{\sum V_i R_i/d_i}$，$Y_c=\dfrac{\sum V_i R_i Y_i/d_i}{\sum V_i R_i/d_i}$。

式中：$X_c$——仓库的 $X$ 坐标；

$Y_c$——仓库的 $Y$ 坐标；

$X_i$——第 $i$ 个地点 $X$ 坐标；

$Y_i$——第 $i$ 个地点 $Y$ 坐标。

## 3．2．2　选址的影响因素

企业进行仓库选址规划时，主要考虑自然环境因素、经营环境因素、基础设施状况和其他因素，具体如表 3-2 所示。

表 3-2  影响仓库选址的因素

| 影响因素 | 主要内容 | 详细说明 |
|---|---|---|
| 自然环境因素 | 气象条件 | 主要考虑年降水量、空气温湿度、风力、无霜期长短、冻土厚度等 |
| | 地质条件 | ◆ 主要考虑土壤的承载能力，仓库是大宗物资的集结地，物资会对地面形成较大的压力<br>◆ 如果地下存在着淤泥层、流沙层、松土层等不良地质环境，那么不适宜在此建设仓库 |
| | 水文条件 | ◆ 搜集选址地区近年来的水文资料，远离容易泛滥的大河流域和上溢的地下水区域<br>◆ 地下水位不能过高，故河道及干河滩区域也不适宜建设仓库 |
| | 地形条件 | 仓库适宜建在地势高、地形平坦的地方，尽量避开山区及陡坡地区，最好选长方地形 |
| 经营环境因素 | 政策环境背景 | 主要考虑选择建设仓库的地区是否有优惠政策对物流产业进行扶持，以及当地的劳动力素质状况 |
| | 客户需求分布 | 仓库尽量选择建在接近物流服务需求地，如大型工业区、商业区，以便缩短运输距离，降低运费等 |
| | 服务水平 | 在选择仓库地址时，要考虑物资能否及时送达，并且要保证客户向仓库提出的合理需求能够获得满足 |
| 基础设施状况 | 交通条件 | 仓库的位置必须交通便利，最好靠近交通枢纽，如港口、车站、交通主干道（国道、省道）、铁路编组站、机场等 |
| | 公共设施状况 | 要求仓库所在城市的道路畅通，通信发达，有较强的水、电、气、热的供应能力及污水、垃圾处理能力 |
| 其他因素 | 国土资源利用 | 建设仓库时应充分利用土地，考虑地价的影响及区域与城市的发展规划 |
| | 环境保护要求 | 要保护自然与人文环境，尽可能降低对城市生活的干扰，不影响城市交通，不破坏城市生态环境 |
| | 地区周边状况 | ◆ 仓库周边不能有火源，仓库不能靠近住宅区<br>◆ 仓库所在地的周边地区的经济发展情况，以及其对物流产业的促进作用 |

## 3.2.3  普通仓库选址

普通仓库选址时，应遵循图 3-1 所示的标准化流程，并关注相关步骤的执行关键节点，保证仓库选址工作的顺利进行。

| 部门名称 | 仓储部 | | 流程名称 | | 普通仓库选址流程 | |
|---|---|---|---|---|---|---|
| 关键节点 | 总经理 | | 仓储部经理 | | 仓储规划人员 | 相关人员 |
| | A | | B | | C | D |

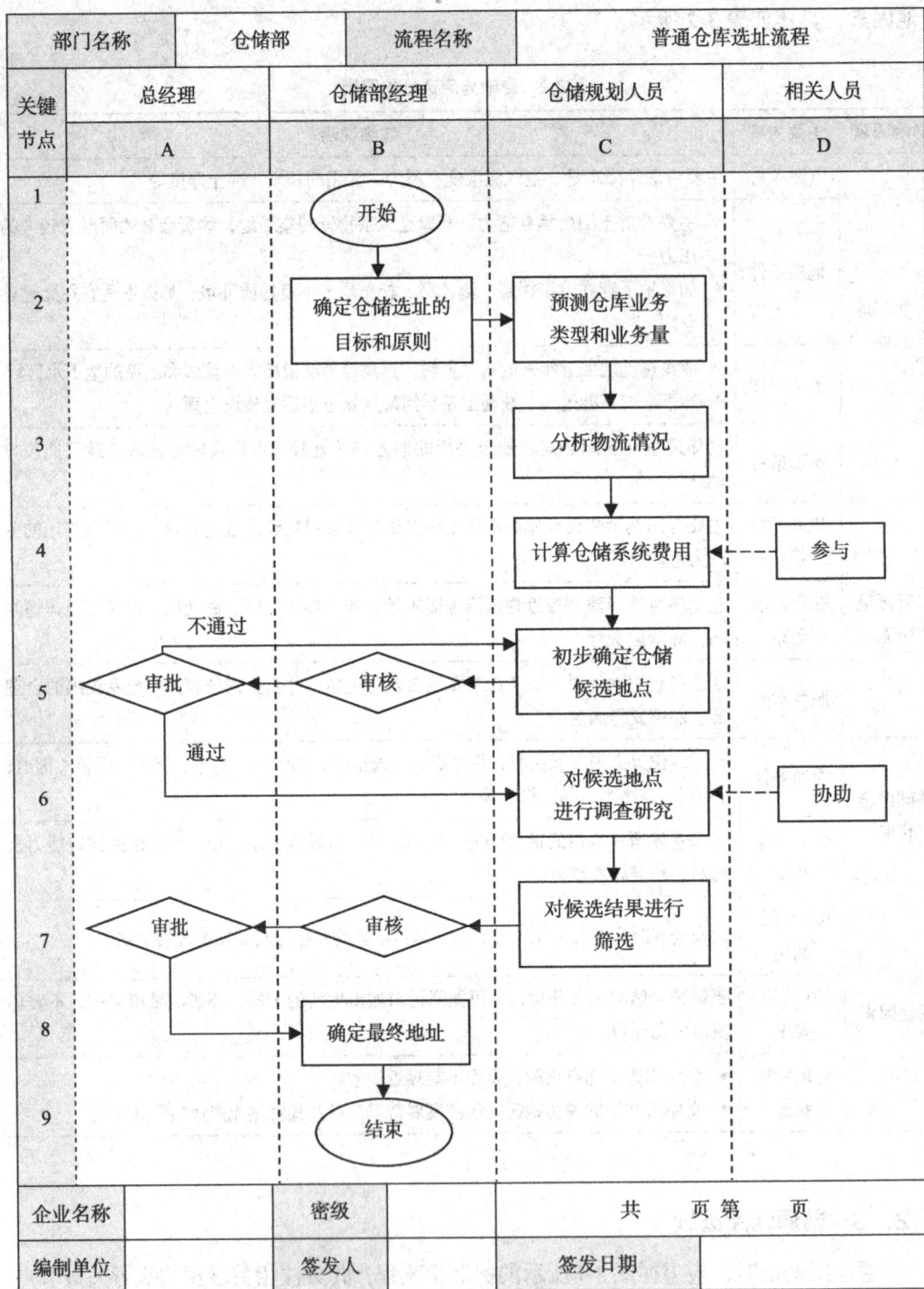

图 3-1　普通仓库选址流程

根据图 3-1，汇总的关键节点如表 3-3 所示。

表 3-3　关键节点细化执行内容

| 关键节点 | 细化执行 |
| --- | --- |
| B2 | 仓库选址的基本原则主要有以下几点：<br>◆ 符合所在地区、城市、乡镇总体规划布局<br>◆ 符合土地管理、水土保持等法律法规的有关规定，节约用地，不占用良田及经济效益高的土地<br>◆ 保护环境与景观，不污染水源，并符合现行环境保护法律法规的规定<br>◆ 便于利用当地自然条件、资源条件、运输条件及公共设施等 |
| | 根据仓储的作业环节，分析业务量，通常需要分析运输作业量、库存作业量、终端配送作业量和装卸搬运作业量 |
| B3 | 主要包括物流需求分析、物流路线分析、物流费用分析、约束条件分析等 |
| B4 | 仓储费用主要包括工厂到仓库之间的运输费、仓库到客户之间的配送费、与设施和土地有关的费用及人工费等，选址时应综合考虑这些费用 |
| B7 | 经多方案比较论证，选出能实现用料省、建设快、运营费用低，具有最佳经济效益、环境效益和社会效益的库址 |

## 3. 2. 4　低温仓库选址

低温仓库有较大的市场需求空间，在当今的经济生活中所起的作用越来越重要，尤其是生鲜类物品的贮藏，基本都离不开低温仓库。低温仓库的选址直接关系到施工工程的成本、建设时间、后期仓库的管理、经济效益及其他成本，因此企业在为低温仓库选址时应注意四个方面的内容。

### 1. 低温仓库的地面

低温仓库要选择在地面平整的地方。地面平整有利于施工及设备的安装，也有利于物资的进出；相反，如果地面平整度不够，那么可能会影响机器设备的陈设，甚至在机器运转的过程中出现移位等情况。如果必须在不平整的地方建设低温仓库，那么第一步就是要对土地进行平整。

### 2. 低温仓库的交通

低温仓库要选择在交通便利的地方。交通便利一方面有利于贮藏物资进出的方便，另一方面有利于缩短物资从低温仓库到市场的时间，有利于物资的保鲜，同时也能节省运输的时间成本。

### 3. 低温仓库的层高

低温仓库选址时必须考虑仓库的层高。低温仓库有时会建成多层，这就需要在选址时考虑是否满足建成多层的条件。一般来说，低温仓库每层的高度为 3 米左右，总高度不能超过 20 米。

### 4．低温仓库的水源

低温仓库选址时要考虑水源问题。低温仓库很多是用来贮藏海鲜产品的，需要大量的水，因此选址时一定要考虑靠近水源或者供水比较方便的地方。

## 3．2．5　危险品仓库选址

危险品仓库是储存和保管易燃、易爆、有毒、有害等物品的场所。根据建设面积的不同，危险品仓库可分为大型危险品仓库（库房总面积大于 10 000 平方米）、中型危险品仓库（库房总面积在 1 000 ~ 10 000 平方米）和小型危险品仓库（库房总面积小于 1 000 平方米）。危险品仓库选址的注意事项主要有五点。

（1）大型危险品仓库、液化石油气储备仓库等应当建在远离住宅区、城镇、工业企业，以及影剧院、体育馆等重要公共建筑物的地区，并且应当选择在常年主导风向的下风向。

（2）厂矿企业的生产附属仓库不应该建在城市的住宅区与公共建筑区域，适合建在厂区周边的安全地带。

（3）小型危险品仓库可以建在企业单位的区域周边，并且需要达到防火间距的要求。

（4）甲、乙类物资专用仓库，甲、乙、丙类液体储罐区和易燃材料堆场等，应当建在市区的周边，如郊区地势较低的安全地带。

（5）液化石油气罐的储存仓库应当建在本单位或是本地区全年最小频率风向的上风侧，并且选择通风较好的位置独立建设。

# 3．3　仓库布局规划

## 3．3．1　仓库总平面布局

仓库总平面布局是指企业对一个仓库的各个组成部分，如库房、货棚、货场、辅助建筑物、库内道路、附属固定设备等进行的位置安排与设计。仓库总平面布局要符合仓储作业过程的要求，要有利于提高仓库的经济性，并且达到安全、卫生的要求。

### 1．建筑结构规划

在进行仓库布局规划时，应先规划仓库的建筑结构，包括仓库常用建筑结构规划、仓库的跨距、柱距、层高规划等。

这部分设计一般由专业的仓库建筑设计人员来做。仓库规划人员应对仓库高度、站台参数等提出具体的要求。

（1）仓库高度的确定

一般情况下，使用叉车或堆高机时，仓库高度应比叉车、堆高机的提升高度多 1.5～2 米；使用吊车时，应在最高堆高垛位的高度上加上吊车安装高度，再加上过梁、屋顶等的高度。

（2）站台数量的确定

仓库站台数量由站台货位的卡车数量和停靠时间确定，即站台数量 = 卡车数量 × 平均停靠时间，站台的高度应和卡车车厢高度持平。

## 2．仓库总平面布局规划

仓库总平面布局是根据仓库的总体设计，科学、合理地对库区、业务区、辅助生活区、办公场所进行具体布置，其目的是充分利用储存空间、提高存货的安全性、有效利用搬运设备、提升仓库的运作效率和服务水平。

仓库总平面布局可划分为 12 个区域，具体如表 3-4 所示。

表 3-4　仓库总平面布局划分的区域

| 大区 | 区域 | 功能说明 |
|---|---|---|
| 库区 | 备货区 | 又称栈板区、囤货区，该区域可放置一些不适合上架管理的货品，企业可根据产品备货周期或生产周期，确定本区域的空间大小 |
| | 货架区 | 又称拣货区，该区域是物资储存区域和订单拣货区域，企业可根据仓库 SKU 数确定区域大小 |
| 业务区 | 收货检验区 | 该区域为货品入库的第一站，可降低经营成本，减少不必要的损失；货品要先质检后入库，对于不合格产品，退回厂家或做其他处理；将其设置在仓库的门口处，并根据采购规模明确该区域的大小；根据产品属性决定是否设置专用卸货台 |
| | 出库检验区 | 该区域为物资出库前的审核及赠品放置区域，根据流水线作业人数确定区域大小，并要留置相应弹性扩充区域，以便放置待检验订单 |
| | 退货区 | 该区域为质检不合格的产品放置区域，等待相关人员处理 |
| | 包装区 | 将出库审核后的订单或领料单中的物资送到该区域进行包装，根据产品包装属性和员工效率配置空间，要留置相应扩充区域 |
| | 出库区 | 物资在该区域进行出库暂存、清点，并且办理出库手续 |
| 办公场所 | 办公区 | 该区域为进行订单处理、信息传递、单据清点及储存等的场所 |
| | 控制室 | 该区域为对仓库设备、机械进行控制的区域，此处还经常设置信息系统设备 |
| | 维修场所 | 该区域为对仓库设备、物资进行维修的区域，还包括储存维修工具和设备的区域 |
| 辅助生活区 | 更衣室 | 作业人员在此更换作业服并穿戴防护用品 |
| | 休息室 | 作业人员休息的场所 |

### 3.3.2 仓库区域规划

规划的仓库区域要符合仓储作业过程的要求，并且有利于仓储作业的顺利进行。合理的仓库区域规划可以提高作业人员的效率。仓库区域规划样例如图3-2所示。

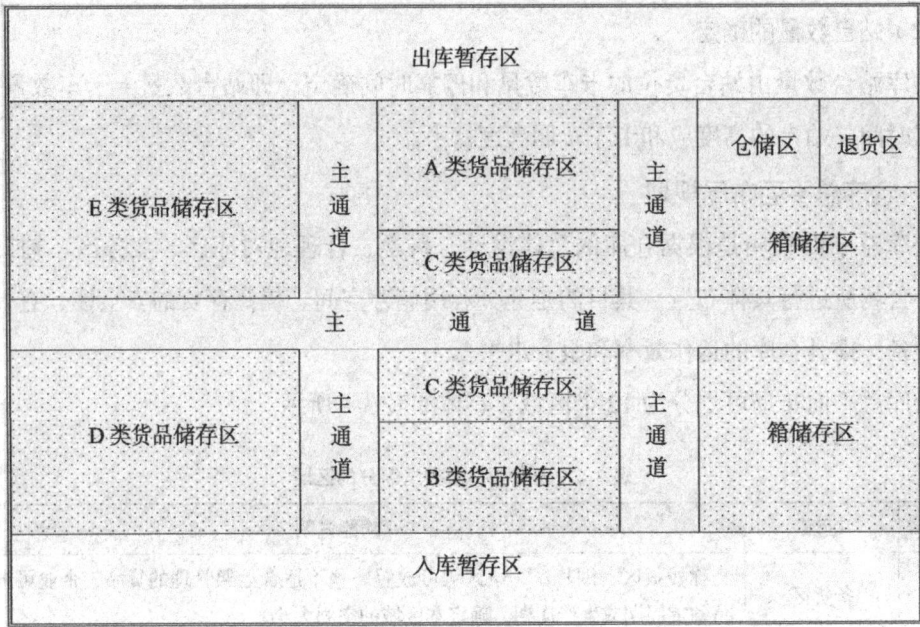

图3-2 仓库区域规划样例

### 3.3.3 仓库货位规划

规划仓库货位时，应遵循以下原则：紧凑货位布置，提高仓容利用率；便于收货、发货、检查、包装及装卸车；灵活合理、堆垛稳固、操作安全；通道流畅便利，叉车行走距离短。

#### 1. 货位的布置方式

（1）横列式，即货垛或货架与库房的宽向平行排列，采用这种布置方式的货垛整齐美观，存取查点方便，通风采光良好。

（2）纵列式，即货垛或货架与库房的宽向垂直排列，采用这种布置方式，仓容利用率高，主干道存放周转期短的物品，支干道存放周转期长的物品。

（3）混合式，即在同一个库房采用横列式与纵列式混合布局。

（4）货垛倾斜式布局，即货垛或货架与库房的宽向成一定角度排列，这种布置方式便于叉车作业，能提高作业效率。

（5）通道倾斜式布局，即仓库的通道斜穿保管区，将仓库划分为不同特点的区域，使货位和进出库路径较多。

### 2．货位的确定方式

企业可以通过四种方式来确定货位。

（1）根据物资的储备定额确定货位

为了保证物资有足够的空间存储，仓库规划人员需要根据物资储备定额，规划其在仓库中的库位。对于储备定额量较大的物资，应该规划出较大货位对其进行存放；对于储备定额量较小的物资，可以适当地减少储存货位。

（2）根据物资的使用频率确定货位

为了加快物资的流转速度，对于那些使用频率较高、周转速度较快的物资，应该将其货位设在距离仓库进出口较近、便于装卸及搬运的位置；而对那些使用频率较低的物资，可以将其货位设在仓库的中央。

（3）根据物资的保管要求划分货位

为了方便物资的保存及养护，仓库规划人员可以根据物资的保管要求对物资的货位进行划分，将需要相同的温湿度、保养方法及灭火方法的物资进行分类保存。

（4）根据物资分类目录规划货位

为了便于仓库中储存物资的管理，仓库规划人员可以根据物资的分类目录对货位进行规划。例如，对建筑材料仓库货位进行规划时，可以按照储存物资的属性将其分为五金机电水暖类、手动工具和机具及配件类、日杂防护劳保用品类等，并对其进行分类保存。

### 3．货位的编号方法

货位的编号方法及说明如表 3-5 所示。

表 3-5　货位的编号方法及说明

| 编号方法 | 说明 |
| --- | --- |
| 地址编号法 | 利用库区现成的参考单位如建筑物第几栋、区段、排、行、格等相关顺序编号 |
| 区段编号法 | 先将储存区分成几个区段，再对每个区段进行编号 |
| 品类群编号法 | 将一些相关性物资经过集合后区分成几个品项群，再对每个品项群进行编号 |
| 三号定位法 | 采用三个数字号码对应仓间、楼层、库房进行统一编号 |
| 四号定位法 | 采用四个数字号码对应库房（货场）、货架（货区）、层次（排次）、货位（垛位）进行统一编号 |

仓储物流网络规划方案样例，扫描下方二维码即可查看。

### 3.3.4 基于智能化的仓库布局方案

随着仓储行业的发展，越来越多的企业采用智能化的仓库布局，利用先进的物流系统提高企业管理水平。智能化的仓库布局可以提高仓库利用率和生产效率，是现代化仓储企业的标志。下面是一则基于智能化的仓库布局方案。

---

**基于智能化的仓库布局方案**

**一、智能化仓库布局概要**

**（一）仓库现状简介**

A仓库建在B物流园区，占地面积5 000平方米，总体为一块矩形区域，为单层仓库，长度约80米，宽度约60米，采用钢筋混凝框架结构。A仓库场地南侧与东侧区域对外连接，交通便利，北侧与西侧为道路，地理位置极佳。A仓库是根据生产企业、供货商、代理商对物资进行仓储、包装、加工和配送等要求设计的物流仓库。A仓库为大型室内仓库，主要开展库内物资的包装、分拣、堆存及信息处理等增值服务，为物资配送提供综合物流服务，可满足全天候24小时物流服务需求。

**（二）智能化仓库布局设计目标**

1. 仓库应采用立体化堆放、自动化设备辅助进行自动储存作业，以提高空间利用率，节约有限且宝贵的土地。

2. 实现信息化管理。仓库储存的物品种类、库存数量、出入库流水账、储存位置等由计算机统一进行管理，由系统自动生成作业指导方案。

3. 实现自动出入库。根据计算机传递的信息，将入口处的货箱自动送入相应的货位或从相应货位处取出货箱送至出口处，尽量减少人工搬运。

**二、智能化仓库系统设置**

1. 资产管理系统，实现设备工器具生命周期的全程信息化管理，辅助管理人员管理及决策。资产管理包括资产的新增、调拨、闲置、报废、维修和盘点等操作，实现资产的跟踪管理。

2. 门禁系统，自动识别并检查通过门禁的资产的合法性，即自动对待通过的资

---

产上的射频信息卡进行检查与逻辑判断，给出相应通过与否的语音提示。

3. 视频监控系统，实现安防监控一体化、集成化，前端视频采集，智能分析，包括人员流动等。

4. 温湿度管控系统，能实现温湿度测控、温湿度设定、超限报警及温湿度自动记录、显示、查询、报表打印等功能，一般设有显示器，以显示温湿度。

5. 烟雾报警系统，烟雾传感器通过监测烟雾的浓度来实现火灾防范。

6. UPS，采用高性能，高容量 UPS 为系统供电，避免停电时系统无法工作的情况，为门禁、监控等安防单元提供了后备电源。UPS 包含备用电源与监控单元两部分。

7. 无线报警系统，对其他设备采集的信息进行分析，仓库内发生异常状况则即时报警通知管理中心。

8. 直播电视墙，所有设备采集的信息、当前状态都可在本系统中实时显示。

9. 巡检巡更系统，采用基于 PDA 的巡检数据移动采集技术，解决了传统巡线存在的问题。在实现无纸化办公的同时，使得维护、更新更简便。强大的网络覆盖优势使系统不受地域和时间的限制。

10. 智能货架，基于 RFID 的智能货架，更加方便管理。

11. 钥匙管理系统，通过该系统，存取钥匙会自动登记记录，钥匙状态会实时显示，可查询当天所有使用记录。

### 三、智能化仓库区域划分

仓库计划设置储存区、拣货区、出库暂存区、入库暂存区、设备区和办公区，另外还会根据安全需要设置安全区域，根据作业需要设置通道区域，针对残损物资设立残损区和退货区。

1. 储存区以产品类型为划分单位，按照单位储存量分布比例进行规划，确定库存库位的大小。根据产品类型在确定库存库位的基础上，（在本区域内）再按照品牌、规格划分存储区域。

2. 拣货操作全部在库位进行，采用"托盘 + 叉车"管理模式，搬运设备为机动叉车。

3. 设备区域主要用于存放各种作业设备和清扫工具，这些作业设备和清扫工具不会单独占用仓库面积，会根据仓库规划统一放置。

4. 办公区域主要设置在仓库的外部专门的办公室里，仓库里会为仓库保管员设

（续）

立一个小型工作台。办公区域还需设计一个计算机房，靠墙放置仓库配电柜及输送系统的电气控制柜，在两侧的墙上设置若干消防栓箱及灭火器箱。

5. 安全区域和通道区域。

（1）安全区域主要按五距划分，货距5～20厘米、墙距30～50厘米、柱距10～20厘米、灯距60厘米、顶距50厘米。

（2）通道区域要求划排位线进行区域划分，主通道、支通道是仓库的必备通道。

（3）通道中应当安装有传送装置，以减少人工的搬运作业。

6. 残损区：主要放置到货后发现的残损物资、在库作业发生的残损物资。

7. 退货区：主要放置退回来的物资。

### 四、主储存区布局及主要功能区域设计

仓库使用面积包括入库暂存区、仓库存储区、出库暂存区，具体的布局如下图所示。

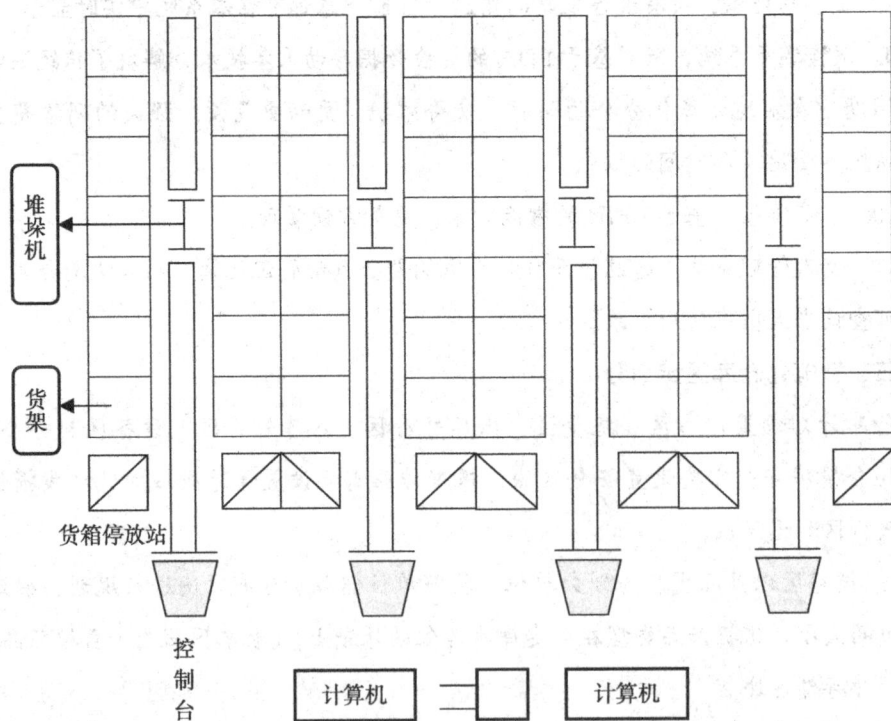

主储存区布局及主要功能区域设计

### 五、其他说明

在仓储物流技术高度发达的今天，A仓库的智能化水平与行业内领先企业相比还存在较大差距，若采用智能化仓库布局，则能大大提高物资的处理能力，有助于加快生产运营效率，为企业创造更多利润。

# 3.4　仓库租赁

## 3.4.1　租赁预算与选址

仓库是企业储存产品和设备的场所，企业要租赁一个适合自己的仓库，需考虑多方面的因素。企业租赁仓库可以减小自身的资金压力，降低风险。当企业决定租赁仓库时，首先应做好仓库租赁成本预算，其次要做好仓库租赁的选址。

### 1．仓库租赁成本预算

租赁成本是承租人为取得租赁物所支付的全部费用。租赁成本预算涉及的基本要素包括保证金、年租息率、租赁期数，具体说明如表 3-6 所示。

表 3-6　仓库租赁成本预算说明

| 基本要素 | 说明 |
| --- | --- |
| 保证金 | 保证金是为保证租赁合同的履行，承租人在合同订立时按应付租赁标的价款（或租金）的一定比例，付给出租人的担保金 |
| 年租息率 | 年租息率 = 基准利率 ×（1+ 浮动比率）+ 保险费率（精确到 0.001%） |
| 租赁期数 | 一般指承租人租赁的年限 |

仓库租赁成本的计算公式如下。

仓库租赁成本 = 保证金 + 年租金 ×（1+ 年租息率）× 租赁期数

### 2．仓库租赁的选址

要做好仓库租赁的选址工作，企业主要应考虑五个方面的因素。

（1）位置。仓库的位置对仓库租赁价格、物流成本、周转时效有着直接的影响。但确定仓库位置时，首先要考虑运输车辆是否进出方便。

（2）功能。租赁仓库可以做流动型的仓库，也可以做仓储型的仓库。流动型的仓库如物流企业、配货站选择的比较多，而经销商、厂家等大多会选择仓储型的仓库。

（3）大小。仓库面积的大小要根据存货量或者周转量的多少来确定，并考虑是否需要高层货架等来提高仓库的利用率，是否需要升降机来移动物资，同时还要预留适当的面积设置消防通道和区域配置通道。

（4）安全。选择有门卫或者有值守人员的仓库，或者在仓库内外安装监控设备。另外，自然灾害、突发事故等因素也要考虑在内。

（5）配套设施。水、电、网络、消防等配套设施是否完善，室内是否干净、整洁，地面是否平整。

### 3．4．2  租赁业务的洽谈

企业在租赁仓库时，需了解清楚租赁费用和其他与租赁相关的事项，避免发生纠纷。

**1．仓库租赁费用的洽谈**

企业要根据自身的租赁预算与出租方洽谈租赁费用，主要包括四个方面的内容。

（1）库位费（也叫仓库租赁费）。该费用主要是根据租赁的仓库大小来计算的。

（2）仓库保管操作费。该费用主要包含入库、分拣、打包、贴单、出库等服务流程，主要根据产品的 SKU、体积大小、质量、操作难易程度来确定。

（3）物流配送费用。该费用是单独收取的，主要根据储存物品的体积大小、质量、配送距离来确定。

（4）仓储增值服务费用。该费用主要包括代收发的相关业务费用，如给产品代打标、贴牌等服务，会收取相应的费用。

**2．其他租赁事项的洽谈**

（1）明确设施设备的交付验收手续及管理责任

出租人可以在合同中明确约定，设施设备由承租人管理，并且在交接单中详细列明设施设备的品名、数量、状况。一旦承租人签字确认，即表明承租人确认设施设备交付时没有故障，是能够正常运行的，如果设施设备出现故障引发事故，那么便是承租人管理不善，与出租人无关。

（2）出租人可以监督、管理承租人使用仓库

出租人将仓库交付给承租人，并不意味着可以任由承租人随意使用。承租人有合理使用并确保仓库安全的义务，出租人也有监督、管理承租人使用仓库的权利。一旦承租人有超过合同约定的范围使用行为，可能就会增加仓库损毁的法律风险。

### 3．4．3  租赁合同的模板

企业确定租赁仓库的地址并与出租方洽谈完毕后，应及时签署仓库租赁合同，同时注意审查相关条款。下面是一则仓库租赁合同的模板，仅供参考。

---

**仓库租赁合同**

出租人（甲方）：_____

承租人（乙方）：_____

甲乙双方本着自愿、平等的原则，就乙方承租甲方仓库事宜，根据《中华人民共和国民法典》及有关法律、法规的规定，经双方友好协商，达成如下条款，以资

---

（续）

遵照履行。

**第一条　租赁物位置、面积、功能及用途**

甲方将位于 ＿＿＿ 的仓库（以下简称租赁物）租赁给乙方使用。租赁物面积经甲乙双方认可确定为 ＿＿＿ 平方米。

本租赁物的功能为 ＿＿＿，包租给乙方使用。如乙方需转变使用功能，经甲方书面同意后，（因转变功能所需办理的全部手续）由乙方按国家的有关规定申报，由此产生的全部费用由乙方自行承担。

**第二条　租赁方式**

1. 乙方对租赁物采用包租形式。乙方在租赁期内必须遵守国家的有关法律、法规规定。

2. 甲方保证对上述租赁物拥有完全的处置权，将租赁物依本合同的约定进行出租不存在任何事实与法律上的障碍，并保障乙方或使用单位在本合同有效期内能够持续有效地按上述用途使用上述租赁物。

**第三条　租赁期限**

1. 租赁期限为 ＿＿＿ 年，自 ＿＿＿ 年 ＿＿ 月 ＿＿ 日起至 ＿＿＿ 年 ＿＿ 月 ＿＿ 日止。

2. 租赁期届满后，本合同即终止，甲方有权收回租赁物，乙方应于租赁期届满后当天将租赁物返还甲方。

3. 租赁期届满如乙方拟续租，则乙方需在本合同租赁期届满前三个月内书面通知甲方，在同等条件下乙方享有优先承租权。

**第四条　租金及支付方式**

1. 该租赁物每月租金为 ＿＿＿ 元人民币（大写 ＿＿＿＿＿＿）。

2. 租金实行先付后用的方式支付，每 ＿＿＿ 个月支付一次，并提前 ＿＿＿ 个月支付下阶段的房租，每年租金以 ＿＿＿% 的幅度递增。

3. 乙方向甲方支付租金，此租金不含税费等相关费用。

4. 乙方应向甲方支付租赁保证金 ＿＿＿ 元人民币（大写 ＿＿＿＿＿＿）。

**第五条　公用事业费用**

乙方在租赁期内实际使用而发生的物业管理费、水费、电费、通信费等费用由乙方自行承担，并在接到上述费用的账单后在相关部门规定的期限内付清，如发生欠费等情况与甲方无关。

（续）

**第六条　甲乙双方的权利和义务**

1. 甲方应当尽早办妥租赁物房屋产权证，并及时向乙方租赁。

2. 甲方提供并确保水、电等基础设施相应配置独立计量表具，若乙方对该基础设施需扩容升级的，则承担增加的费用，甲方应予以积极配合。

3. 甲方负责保持／维护该租赁物及其基础设施，使之能够满足乙方或使用单位正常使用，并且确保安全。

4. 乙方在租赁期间须严格遵守《中华人民共和国消防法》等相关法律、法规规定，配备消防部门所规定的消防设施，并且和甲方签订安全责任状，接受甲方的检查。

5. 在租赁期内，乙方应当购买乙方存货及甲方租赁物的火、盗等各种保险，费用由乙方承担，若乙方未购买上述保险，由此而产生的所有损失及责任由乙方承担。

6. 乙方在租赁期满或合同提前终止时，应提前将租赁物清洗干净，搬迁完毕，将租赁物完好无损地交给甲方。若乙方归还租赁物时不清理杂物，则必须支付清理该杂物所产生的费用。

7. 乙方在使用租赁物时必须遵守我国相关法律、法规规定，如有违反，应承担相应责任，而甲方有权提前终止合同，租赁保证金不予退还。由于乙方违反上述规定而影响周围其他用户的正常运作或造成周围用户损失的，所造成的损失均由乙方赔偿。

**第七条　租赁物的装修**

1. 在租赁期内，如乙方必须对租赁物进行装修、改造，要事先向甲方提交装修、改造设计方案，并经甲方书面同意。如需相关政府部门同意的，须同时向政府有关部门申报审批或备案。

2. 如装修、改造方案可能对公用部分、租赁物结构及其他相邻用户造成影响，乙方应对方案予以修改，否则甲方有权制止乙方施工，装修、改造等费用由乙方承担。

3. 合同期满后，装修、改造增加的附属物产权无条件属甲方所有，乙方不得拆除、损坏，亦无权要求甲方予以补偿，同时甲方也有权要求乙方将房屋恢复原样。

（续）

**第八条　防火安全**

1. 乙方在租赁期间须严格执行《中华人民共和国消防条例》及 ____ 有关制度，积极配合甲方主管部门做好消防工作，否则，由此产生的一切损失由乙方承担。

2. 乙方应在租赁物内按有关规定配置灭火器，严禁将租赁物内的消防设施挪作他用。

3. 在租赁期内，乙方确因维修等事务需要进行一级临时动火作业时（含电焊、风焊等明火作业），须经甲方主管部门批准。

4. 乙方应按消防部门的有关规定全面负责租赁期内的防火安全，甲方有权于双方同意的合理时间内检查租赁物的防火安全，但应事先向乙方发出书面通知。乙方不得无理由拒绝或延迟给予同意。

**第九条　合同终止**

未经甲方书面同意，乙方不得提前终止本合同。如乙方确需提前解约，须提前六个月书面通知甲方，并且履行完毕以下手续，方可提前解约。

1. 向甲方交回租赁物。

2. 交清实租期的租金及其他因本合同所产生的费用。

3. 应于本合同提前终止前一日或之前向甲方支付相当于当月租金两倍的款项作为赔偿。

甲方在乙方履行完毕上述义务后五日内将乙方的租赁保证金无息退还乙方。

**第十条　免责条款**

1. 若因国家有关租赁行为的法律、法规的修改或政府行为导致甲方无法继续履行本合同时，将按本条第 2 款执行。

2. 凡因发生严重地震等自然灾害、战争或其他不能预见的、其发生和后果不能防止或避免的不可抗力致使任何一方不能履行本合同时，遇有上述不可抗力的一方应立即通知对方，并且应在 30 日内提供不可抗力的详情及合同不能履行或不能部分履行或需延期履行理由的证明文件。该证明文件应由不可抗力发生地区的公证机关出具，若无法获得公证出具的证明文件，则提供其他有力证明。遭受不可抗力的一方由此而免责。

**第十一条　合同的变更、解除和终止**

1. 本合同条款的变更须经甲乙双方协商后另行签订书面补充协议。

2. 甲乙双方同意在租赁期内，有下列情形之一的，本合同即予终止，双方均不

（续）

承担违约责任。

（1）该租赁物因社会公共利益被依法征用。

（2）该租赁物因城市建设，列入动迁范围。

（3）该租赁物因自然灾害而损毁或被鉴定为危险房屋的。

（4）甲乙双方如有一方因故不能履行本合同，并征得对方书面同意的。

（5）本合同提前终止或有效期届满，甲乙双方未达成续租协议的，乙方应于终止之日迁离租赁物，并将其返还甲方。

**第十二条 违约责任**

1. 乙方逾期支付租金的，除应当及时付清该部分租金外，还须向甲方支付该部分租金的滞纳金（以每天1%计算），如乙方逾期超过30日且在甲方书面催告后60日内仍未支付的，甲方有权单方面解除本合同。

2. 甲方未按本合同约定及时将该租赁物及其附属基础设施移交乙方使用的，应以每天1%的月租金向乙方支付赔偿金（可在租金中扣除）。如逾期超过30日且在乙方书面催告后60日内仍未移交的，乙方有权要求甲方赔偿双倍租赁保证金，并可以单方面解除本合同。

3. 乙方逾期不迁离或不返还租赁物的，应向甲方加倍支付租金，但甲方有权坚持收回租赁物，强行将租赁场地内的物品搬离租赁物，并且不负保管责任。

**第十三条 索赔**

1. 如因甲方原因导致本合同无效或者被撤销或者出现任何第三方就该租赁物使用权向乙方主张权利致使乙方（包括前述使用单位）无法按本合同使用或者继续使用的，甲方应当赔偿乙方（包括前述使用单位）由此造成的经济损失。

2. 如因乙方原因造成该租赁物及附属基础设施损坏、毁坏的，乙方除应当及时修复外，还应当予以赔偿。

**第十四条 双方约定的其他事项**

1. 甲乙双方同意将该租赁物的租赁交接日定为 ＿＿＿ 年 ＿＿ 月 ＿＿ 日。

2. ＿＿＿＿＿＿＿＿＿＿＿＿＿＿＿＿＿＿＿＿＿＿＿＿＿＿＿＿＿＿＿＿。

**第十五条 生效**

本合同及附件一式两份，经甲乙双方代表签字并加盖公章后生效，双方各执一份，具有同等法律效力。

（续）

**第十六条　其他条款**

本合同未尽事宜，经甲乙双方协商一致后，可另行签订补充协议。如协商不成，任何一方有权向具有相应管辖权的人民法院通过诉讼解决。

出租方（印章）：＿＿＿＿＿＿＿＿＿　　承租方（印章）：＿＿＿＿＿＿＿＿＿

　　　　　　　　　　　　　　　　　　证件号码：＿＿＿＿＿＿＿＿＿＿＿

授权代表（签字）：＿＿＿＿＿＿＿　　授权代表（签字）：＿＿＿＿＿＿＿

联系电话：＿＿＿＿＿＿＿＿＿＿＿　　联系电话：＿＿＿＿＿＿＿＿＿

日期：＿＿＿年＿＿＿月＿＿＿日

# 第4章
# 仓储设备与工具

## 4.1 仓储设备

### 4.1.1 货架

仓储货架系统一般由单元、立柱、托盘、层板、拉杆及支柱组成，有的还配有钢制或木制的层板。根据单元载重量的不同，每层可以设计若干单元。目前应用广泛的仓储货架有表4-1所示的几类。

表4-1　货架分类

| 货架分类 | 详细介绍 | 适用情况 |
| --- | --- | --- |
| 中型货架 | ◆ 主要部件层板为冷板钣金，可以按50毫米/75毫米间距自由上下调整，承载能力通常为100～800千克/层<br>◆ 主要由立柱、横梁、托板和层板组成，组装、拆卸简便，外形美观、大方 | 适用于人工存取物资情况，可以满足大部分使用要求，广泛应用于工厂、企业仓库及事业单位 |
| 重型货架 | ◆ 是以存取托盘物资为目的的专业仓库货架，每个托盘为一个货位，因此又称为货位式货架<br>◆ 货架由柱片（立柱）、横梁组成，横梁式货架结构简单、安全可靠、可塑性大<br>◆ 在重型货架基础上搭建模具货架、阁楼货架、立体库货架等，还可做成特殊的油桶货架等 | 造价低，适用于任何搬运工具，因而是应用最广泛的一种货架 |
| 抽屉式货架 | ◆ 抽屉式货架又称模具货架，顶部可配置移动葫芦车（手拉或电动），抽屉底部设有滚轮轨道，承载后依然能轻松自如地拉动，附加定位保险装置，安全可靠<br>◆ 根据承载能力可分为轻量型货架和重量型货架两种 | 主要用于存放各种模具物品，占地面积仅为1.8平方米，可存放几十套中型模具，有效节省空间 |

（续表）

| 货架分类 | 详细介绍 | 适用情况 |
|---|---|---|
| 悬臂式货架 | 悬臂式货架立柱和底座多采用 H 型钢或冷轧型钢，悬臂采用方管、冷轧型钢或 H 型钢，悬臂与立柱间采用插接式或螺栓连接式，底座与立柱间采用螺栓连接式 | 适用于存放长物资、环型物资、板材、管材及不规则物资 |
| 流利式货架 | ◆ 流利式货架又称滑移式货架，采用辊轮铝合金、钣金等流利条，利用物资台架的自重，从一边通道存货，从另一边通道取货，实现先进先出，储存方便，以及一次补货多次取货<br>◆ 可配电子标签，实现物资的轻松管理，常用滑动容器有周转箱、零件盒及纸箱 | 储存效率高，适合大量物资的短期存放和拣选，广泛应用于配送中心、装配车间及出货频率较高的仓库 |
| 贯通式货架 | ◆ 贯通式货架又称通廊式货架或驶入式货架，可供叉车驶入通道存取物资<br>◆ 贯通式货架在同样的空间内比通常的托盘货架多一倍的储存能力，取消了位于各排货架之间的巷道，将货架合并，使同一层、同一列的物资连接，最大限度地提高库容利用率 | 适用于品种少、批量大的物资储存，广泛应用于批发、冷库及食品、烟草行业 |
| 压入式货架 | ◆ 压入式货架也叫后推式货架或推入式货架，采用轨道和托盘小车相结合的原理，轨道呈一定的坡度，利用物资的自重运送，物资被规定于单端储存，实现先进后出<br>◆ 储运物资时叉车只位于货架通道水平较低的一端作业，无须进入存储通道 | 适用于大批量、少品种的物资储存，空间利用率很高，存取也较灵活方便 |
| 移动式货架 | ◆ 每排货架有一个电机驱动，由装置于货架下的滚轮沿铺设于地面上的轨道移动，两排背靠背货架安装在一个移动底盘上，呈多组排列<br>◆ 每个底盘附设多个滚轮和驱动电机，通过按动控制按钮，由驱动电机通过链条传动带动整个底盘及其上货架物资，沿铺于地面上的两条或多条轨道移动，从而叉车可进入已移动开的场地进行存取货 | 在相同的空间内，移动式货架的储存能力比一般固定式货架高得多，通常适用于品种多样、出入库频率小及储存率较高的仓库 |
| 自动化立体库 | ◆ 立体库又称高架库或高架仓库，一般是指采用几层、十几层乃至几十层高的货架储存单元物资，用相应的物资搬运设备进行物资入库和出库作业的仓库<br>◆ 一般由高层货架、巷道堆垛机、输送机、控制系统和计算机管理系统等构成，可以在计算机系统控制下完成单元物资的自动存取作业 | 应用范围很广，几乎遍布所有行业，其主要应用于机械、冶金、食品加工、配送中心等仓库 |

## 4.1.2 托盘

托盘是指一种便于装卸、运输、保管、使用的，由可以承载单位数量物品的负荷面和供叉车作业的插入口构成的装卸用垫板。

托盘的种类有很多，目前国内外常见的实物托盘大致可分为平面托盘、立柱式托盘、箱式托盘、塑料垫板托盘、滑板托盘、轮式托盘及特种专用托盘七大类，具体如表 4-2 所示。

表 4-2　托盘分类

| 名称 | 具体说明 |
| --- | --- |
| 平面托盘 | ◆ 根据台面分类，有单面型、单面使用型、双面使用型和翼型四种<br>◆ 根据叉车叉入方式分类，有单向叉入型、双向叉入型和四向叉入型三种<br>◆ 根据材料分类，有木制平托盘、钢制平托盘、塑料制平托盘、复合材料平托盘及纸制托盘五种 |
| 立柱式托盘 | 立柱式托盘分为固定式和可拆卸式两种，其基本结构是托盘的四个角有钢制立柱，柱子上端用横梁连结，形成框架型 |
| 箱式托盘 | ◆ 箱式托盘的基本结构是由托盘四个边（有板式、栅式和网式等拦板）和下部平面组成的箱体，有些箱体有顶板，有些箱体没有顶板<br>◆ 箱体有固定式、折叠式和可卸下式三种 |
| 塑料垫板托盘 | 塑料垫板托盘用塑料聚乙烯压成垫板，垫板上面以双面胶条粘瓦楞纸箱固定而成 |
| 滑板托盘 | ◆ 使用滑板托盘集装搬运包装物资，是将滑板托盘作为底板，将包装物资堆放在滑板托盘上，然后用带有推拉器的叉车夹住滑板托盘的翼板，缓缓叉起并推入运输车辆或集装箱中，进行带板运输<br>◆ 按折翼的个数不同分为单折翼型滑板托盘、双折翼型滑板托盘、三折翼型滑板托盘、四折翼型滑板托盘 |
| 轮式托盘 | 轮式托盘与立柱式托盘和箱式托盘相比，下部多了小型轮子，因而轮式托盘能短距离移动、自行搬运或滚上滚下式地装卸 |
| 特种专用托盘 | 根据产品的特殊要求专门设计制造的托盘，主要有冷冻托盘、平板玻璃集装托盘、轮胎专用托盘、油桶专用托盘等 |

# 4.2　装卸搬运设备

## 4.2.1　搬运车辆

搬运车辆是指用于短途搬运物品、运输物资的器械。搬运车辆是广泛应用的物料搬运机械，主要包括叉车、人力搬运车和机动搬运车。

1. 叉车

叉车是装卸搬运中最常见的具有装卸、搬运双重功能的搬运设备，可由司机单独操作。叉车可根据物资的特征更换取货用具，实现短距离运输，快速堆垛装卸物资。

常用的叉车包括平衡重式叉车、前移式叉车、侧面式叉车和插腿式叉车，具体如表 4-3 所示。

表 4-3　常用叉车的特点及适用情况

| 叉车类型 | 特点 | 适用情况 |
|---|---|---|
| 平衡重式叉车 | 车身普遍较大，需要较大的作业空间，可以实现长时间的连续作业 | 适用于所有物资，动力大，底盘高，对仓库地面要求低，适合室外作业 |
| 前移式叉车 | 车身小、自重轻、操作灵活 | 适合通道较窄的室内仓库进行前后作业 |
| 侧面式叉车 | 货叉位于叉车的侧面 | 适合在狭窄通道搬运规格较长的大型物资，如木条、钢筋等 |
| 插腿式叉车 | 结构简单、车速低 | 适用于通道狭窄的仓库 |

### 2．人力搬运车

人力搬运车包括手推车、手动叉车、货架车等。其具有方便灵活、成本低、易操作等优点，是短距离运输小物品的一种既方便又经济的搬运工具。

### 3．机动搬运车

机动搬运车主要包括无人搬运车和牵引车。

无人搬运车具有电磁或光学等自动引导装置，沿着规定的导引路径行驶，可实现物资运输的自动化。

牵引车可拖挂多辆挂车运转，牵引载重大、灵活性强，可实现长距离、多区间物资转运，适用于厂区、机场、物流仓库等地区物资搬运。

装卸搬运优化方案样例，扫描下方二维码即可查看。

## 4．2．2　运输机

运输机是指在一定线路上连续均匀输送物资的搬运器械。运输机能够连续、循环运作，速度快、稳定，消耗的功率小，但是输送线路固定，输送的物资有局限性，通用性差。

运输机主要包括辊子运输机、带式运输机、斗式提升机和螺旋输送机，具体如表 4-4 所示。

表 4-4　运输机类型和具体说明及适用情况

| 运输机类型 | 具体说明 | 适用情况 |
|---|---|---|
| 辊子运输机 | 如果物资的体积小、不规则或者是散料，那么需要放在托盘上或者是周转箱内进行运输。如果物资单件体积大且较重，那么也可以利用辊子运输机运输 | 适合运输各种以箱、包、托盘为单位的物资 |
| 带式运输机 | 是利用摩擦驱动进行不间断输送的机械装置 | 既可以运输散料，也可以运输整件物资 |
| 斗式提升机 | 能将物资从低处提升到高处，其结构简单、维护成本较低、运输效率高、使用范围广 | 对物资的种类、特性要求少，既可以用于粉状、颗粒状物资的提升，也可以提升一些较大的物资 |
| 螺旋输送机 | 可水平、倾斜或者垂直输送。螺旋输送机根据输送形式的不同可分为轴螺旋输送机和无轴螺旋输送机 | 无黏性的干粉物资和小颗粒物资可用轴螺旋输送机，如水泥、石灰、粉煤灰。有黏性和易缠绕的物资可使用无轴螺旋输送机，如污泥、垃圾等 |

## 4.2.3　起重机

起重机又称吊车，是指在一定范围内垂直升降物资或使物资水平移动，以满足物资的装卸、转载等作业要求的搬运机械。它主要用来吊运成件物品，配备适当吊具后也可吊运散状物资和液态物资。

起重机的工作特点是做间歇性运动，即在一个工作循环中完成取料、运移、卸载等动作的相应机构是交替工作的。各机构经常处于起动、制动和正反方向运转的工作状态。

起重机按结构形式，主要分为轻型起重设备、桥式起重机、门式起重机、臂架式起重机和缆索式起重机，具体如表 4-5 所示。

表 4-5　起重机类型和具体介绍及适用条件

| 起重机类型 | 具体介绍 | 适用条件 |
|---|---|---|
| 轻型起重设备 | ◆ 主要有电动葫芦、手拉葫芦、环链电动葫芦、微型葫芦等<br>◆ 结构轻巧、紧凑，自重轻，体积小，零部件通用性强 | 适用于小型设备和物资的短距离吊运，起重量一般不超过 100 吨 |
| 桥式起重机 | 一般由桥架、大车运行机构、起重小车（装有起升机构和小车运行机构）等组成 | 使用最为普遍，它架设在建筑物固定跨间支柱的轨道上，常用于车间、仓库等。在室内或露天场所做装卸和起重搬运工作。工厂内一般称其为行车 |

（续表）

| 起重机类型 | 具体介绍 | 适用条件 |
|---|---|---|
| 门式起重机 | 又叫龙门吊，是桥式起重机的一种变形，它的金属结构像门形框架，承载主梁下安装两条支脚，可以直接在地面的轨道上行走，主梁两端可以安装外伸悬臂梁 | 主要用于室外货场、料场物资的装卸作业 |
| 臂架式起重机 | ◆ 包括起升机构、变幅机构、旋转机构<br>◆ 依靠这些机构的配合动作，可使重物在一定的圆柱形空间内起重和搬运 | 可在圆形场地及其上空作业，多用于露天装卸及安装等工作 |
| 缆索式起重机 | ◆ 缆索式起重机主要指升降式起重机，俗称升降机，特点是重物或取物装置只能沿导轨升降<br>◆ 升降机虽然只有一个升降机构，但在升降机中，还有许多其他附属装置，所以单成一类 | 主要应用于电梯、货梯、升船机等 |

## 4.2.4 打包机

利用打包机进行物资包装，既能够提高效率、保证质量，又能够完成手工操作不能做到的充气、真空与热成型等。打包机分为填充包装类机械、裹包和捆扎机械及特殊包装机械。

### 1. 填充包装类机械

填充包装类机械是指将物资用容器包装起来的机械，比较常用的有以下几类，具体说明如表4-6所示。

表4-6　填充包装类机械类型和说明

| 填充包装类机械类型 | 说明 |
|---|---|
| 装箱机械 | 利用纸箱包装物资，同时可黏合接口 |
| 装盒机械 | 包括纸盒供给、产品输送、装填、折盒和成品运输等，有的还附设打印、印刷、封口和检测 |
| 装袋机械 | 主要结构为张袋设计、计量装置、填充装置和风带装置，可以自动完成打开袋口、填充物资、封口的工作 |
| 灌装机械 | 用来灌装液体、半液体、固液混合制品，所用容器主要有桶、罐、瓶和软管等 |
| 填充机械 | 用来把干燥粉状、颗粒状、块状物资填充在盒、瓶、罐等容器中 |

### 2. 裹包和捆扎机械

裹包和捆扎机械是直接使用包装材料来包装物资的器械，常用的有裹包机械、捆扎机械和封条机械，具体说明如表 4-7 所示。

表 4-7　裹包和捆扎机械类型与说明

| 裹包和捆扎机械类型 | 说明 |
| --- | --- |
| 裹包机械 | 主要是用纸、蜡纸、牛皮纸及复合材料对物资进行包装 |
| 捆扎机械 | 利用纸、塑料、纺织纤维或金属的绳、带对物资进行捆扎 |
| 封条机械 | 采用机械气动和电气控制来完成封贴工序，如可作为人工装箱后的封箱、贴封条的单机使用 |

### 3. 特殊包装机械

特殊包装机械包括收缩包装机械、热成型包装机械和拉伸包装机械，具体说明如表 4-8 所示。

表 4-8　特殊包装机械类型和说明

| 特殊包装机械类型 | 介绍说明 |
| --- | --- |
| 收缩包装机械 | 对薄膜进行适当加热，使薄膜收缩从而紧裹产品。适合各种形状的产品，尤其是形状不规则的产品包装。成本低，包装后体积小、内置物不松动，便于进行集装包装 |
| 热成型包装机械 | 根据成型工艺的不同可分为泡罩式包装机、贴体包装机、热压成型填充机和真空包装机等。应用范围广，具有透明美观、防潮隔气、防渗透等优点 |
| 拉伸包装机械 | 通过机械装置，利用弹性塑料薄膜；将产品缠绕、裹紧，并在末端进行封合。一般用聚乙烯薄膜，通常用于集装在托盘上成堆物资的包装 |

## 4.3　其他设备与工具

### 4.3.1　检验设备

仓储检验设备主要用于检验仓库温度、湿度、仓库物资质量等，主要检验设备有温湿度记录仪和物资质量检验仪。

#### 1. 温湿度记录仪

仓库温湿度记录仪是专门用于超低功耗、超长时间温湿度数据记录的产品。

仓库温湿度记录仪可以按照组态时间间隔定时采集记录温湿度参数，并可将采集记录的数据传送给监控平台进行处理，绘制图表。目前所使用的温湿度记录仪基本都有液晶显示屏和超限警报功能。

#### 2. 物资质量检验仪

要检验不同的物资，需要分别配置相应的物资质量检验仪。常用的物资质量检验仪有药品检验仪、食品检验仪、成品出厂检验仪等。

## 4.3.2 计量工具

计量工具主要包括仓库在入库验收环节、在库质量检查环节和出库交接环节中使用的称量设备和量具。

### 1. 称量设备

根据仓库收发物资的性质及收发量的不同，仓库一般利用案秤、台秤、汽车衡等称量设备，它们的特点及适用范围如表4-9所示。

表4-9 不同称量设备的特点及适用范围

| 称量设备类型 | 特点 | 适用范围 |
| --- | --- | --- |
| 案秤 | ◆ 案秤能够实现远距离操作，可实现自动化控制<br>◆ 案秤的数字显示直观<br>◆ 称量范围较小，仓库常用的案秤最大称量一般在10~20千克<br>◆ 维护简单，体积小 | ◆ 适用于称量小件、重量轻的物资<br>◆ 适用于配发小件或轻质物资次数频繁的仓库 |
| 台秤 | ◆ 台秤是一种复试杠杆组成的称量设备<br>◆ 测量精度不如案秤<br>◆ 双层台秤设计，缓冲避震，预防偏载 | ◆ 仓库应用最广泛和必备的称量仪器<br>◆ 适用于储存小吨位物资的仓库 |
| 汽车衡 | ◆ 汽车衡是一种小型的无轨地下磅秤，当汽车停在其上时，能够迅速称出汽车及其上所载物资的总重<br>◆ 最大称重量一般为15吨 | 适用于使用各种非轨行车辆进行收发料搬运作业的仓库 |

### 2. 量具

量具是仓库必备的设备。量具不仅可以用来计量以长度为单位的物资，也可以用于测量物资的尺寸规格，判断物资的质量是否符合标准。常用的量具包括普通量具和精密量具，具体如表4-10所示。

表4-10 不同量具的量具名、特点及注意事项

| 量具类型 | 量具名 | 特点 | 注意事项 |
| --- | --- | --- | --- |
| 普通量具 | 直尺 | ◆ 直尺的材质有多种，如木制、钢制、塑料制等<br>◆ 通常用的直尺上刻有公制和英制两种刻度，其精度可以精确到毫米<br>◆ 测量的总体长度较短，一般为1米以下 | ◆ 直尺一般用来测量长度较短的物资<br>◆ 当物资所要求的精确度超过直尺的精确度时，不能用直尺测量 |

（续表）

| 量具类型 | 量具名 | 特点 | 注意事项 |
|---|---|---|---|
| 普通量具 | 卷尺 | ◆ 尺身由较薄的钢片制成<br>◆ 长度有1米、2米、10米、15米、20米、30米、50米、100米等，一般以毫米为测量单位<br>◆ 伸缩性较小，测量较准确 | ◆ 平时需用煤油擦拭保养<br>◆ 使用时避免使其扭曲折断、割破手指 |
| 普通量具 | 皮尺 | ◆ 尺身由麻加铜丝并涂以涂料制成，长度主要有10米、15米、20米、30米、50米、100米等<br>◆ 伸缩性较大，不及钢制卷尺准确 | ◆ 使用麻制皮尺时，不得拖曳、打折和拉伸<br>◆ 在收起时不可过分绕紧或放松 |
| 精密量具 | 游标卡尺 | ◆ 按用途可分为普通游标卡尺、高度游标卡尺、深度游标卡尺和齿形游标卡尺<br>◆ 仓库常用的主要是普通游标卡尺，其精度有0.1毫米、0.05毫米和0.02毫米三种 | ◆ 测量时不能过于用力，以免卡脚变形或磨损，影响测量精度<br>◆ 用完后仔细擦净，涂上防护油，避免生锈或弯曲 |
| 精密量具 | 千分尺 | ◆ 千分尺又称千分卡、分厘卡，是一种常用的精密测量量具<br>◆ 精度比游标卡尺高，可以达到0.01毫米，适用于精度要求高的物资测量 | ◆ 读数时，千分位有一位估读数字，不能随便舍弃，即使固定刻度的零点正好与可动刻度的某一刻度线对齐，也应读取为"0"<br>◆ 千分尺不能摔落或碰撞，也不能过度用力旋转千分尺测微螺杆 |

## 4.3.3 养护设备

养护设备是指用于物资入库验收，测试、化验及防止库内物资变质、失效的机具、仪器，如温湿度控制器、除锈机、烘干机、风幕机、空气调节器。在规模较大的仓库常使用这类设备，具体说明如表4-11所示。

表4-11　养护设备介绍

| 养护设备类型 | 说明 |
|---|---|
| 温湿度控制器 | ◆ 温湿度控制器是以单片机为控制核心，采用高性能温湿度传感器，对温度、湿度信号进行测量控制，并实现液晶数字显示<br>◆ 通过按键对温湿度分别进行上下限设置和显示，从而使仪表可以根据现场情况，自动启动风扇或加热器，对被测环境的实际温湿度自动调节 |

（续表）

| 养护设备类型 | 说明 |
|---|---|
| 除锈机 | 除锈机主要有抛丸除锈机、喷丸除锈机和喷砂除锈机三种<br>◆ 抛丸除锈机使用的钢铁丸品种有铸铁丸和钢丝切丸两种<br>  ◇ 铸铁丸是利用溶化的铁水在喷射并急速冷却的情况下形成的粒度在 0.8 ~ 5 毫米的铁丸<br>  ◇ 钢丝切丸是用废旧钢丝绳的钢丝切成 2 毫米的小段而形成的，表面带有尖角，除锈效果相对高且不易破碎，使用寿命较长<br>◆ 喷丸除锈机是利用高压空气带出钢丸喷射到构件表面的一种除锈方法<br>◆ 喷砂除锈机是利用高压空气带出石英砂喷射到构件表面的一种除锈方法 |
| 烘干机 | 烘干机主要包括烘干房（箱）式烘干机、滚筒式烘干机和链条式烘干机<br>◆ 烘干房（箱）式烘干机的适用范围广，如适合各种根茎类、叶类、果实类、片状等中药材或农作物等的脱水与烘干，其采用防火保温板按照相应尺寸搭建好一个房间，房间中配有逐层放置型烘干车盘，逐层放置好物资后推去烘干房<br>◆ 滚筒式烘干机适合烘干水泥、污泥、沙子、小麦等颗粒细小或粉状的物资，烘干过程中来回翻动可以受风均匀，从而达到快速烘干的效果<br>◆ 链条式烘干机一般由 3 ~ 7 层链条式物资板组成，依靠变速电机带动链条物资板运行。物资放置在物资板上运行至上面一层，然后再运行至另一端，逐层下落，最后物资掉落至出料口 |
| 风幕机 | ◆ 通过高速电机带动贯流或离心风轮产生的强大气流，形成一面无形的门帘<br>◆ 所产生的高速气流将室内外分成两个独立温度区域，可以保持室内温度，达到净化空气的效果，在节省电能的同时，使空气循环，有效隔离灰尘、烟气、臭气、昆虫及微生物，营造舒适的室内环境 |
| 空气调节器 | ◆ 是一种向房间或其他密闭区域直接提供经过处理的空气的设备<br>◆ 主要包括制冷和除湿用的制冷系统、空气循环和净化装置、加热和通风装置等<br>◆ 主要功能是对空气进行滤尘、冷却和除湿，实现对室内温度的自动调节，能够在一定范围内自动调节压缩机频率或转速，发挥能与环境状态相匹配的能力 |

设备调试验收管理制度样例，扫描下方二维码即可查看。

### 4.3.4 消防设备

消防安全是仓储工作的重中之重。为了保障仓库的消防安全，企业必须根据储存物资的种类及性质配备相应的消防设备。目前常用的消防设备有图 4-1 所示的五种。

| 1. 手工火灾报警器按键 | 是火灾报警系统中的一种产品类型，当工作人员发现火灾而火灾探测系统没有侦测到火情时，工作人员要及时按下报警器按键，汇报火情数据信号 |
|---|---|
| 2. 自动淋水灭火系统 | 由洒水喷头、报警阀组、水流警报系统等部件及其管路、供水系统设备组合而成，能够在发生火灾时自动淋水 |
| 3. 泡沫灭火系统 | 由固定的泡沫灭火剂消防水泵、泡沫灭火剂储槽、比例混合器、泡沫混合液的输送管及泡沫产生设备等组合而成，与给水系统连接成一体。当发生火灾时，系统会先启动消防水泵、开启相应的闸阀，并且进行灭火 |
| 4. 消防广播系统 | 是消防逃生撤离和救火指挥的关键产品。在火情发生时，消防广播数据信号通过音源产品发出，经过功率放大后，由广播切换控制模块到广播选定范围的音箱，实现应急广播 |
| 5. 感温火灾探测系统 | 主要是利用热敏元件来侦测火情。在火情初始时期，不仅有大批量浓烟产生，而且在物资燃烧的过程中会释放出大量的热能，使周边环境温度快速上升。探测器中的热敏元件发生物理变化，响应异常温度、温度速率、温差，从而将温度数据信号转变成电信号，并且进行报警处理 |

图 4-1　常用的消防设备

63

# 第 5 章
# 物资入库与搬运

## 5.1 入库准备

### 5.1.1 了解入库物资

物资入库是仓库管理的一个重要环节。做好物资入库控制工作，对于降低生产成本有重要意义。物资到达目的地后，仓储部要根据仓储合同、入库单或入库计划组织人员做好物资入库准备，保证物资按时入库。

仓库管理员接到入库通知后，在物资到达之前应与采购部或供应商联系，以了解物资入库应具备的凭证和相关技术资料，如物资的性质、特点、保管事项等，尤其对于新物资或不熟悉的物资要特别注意。

要具体了解物资的品种、数量、价格、规格、型号、包装状态、单件体积、送达时间、搬运要求、包装状态、单体体积、物资存期、物资保管要求等，以精确、妥善地进行库场安排和准备。

根据不同物资的种类，做好不同的接收准备。表 5-1 列举了九类物资，详细介绍了接收不同物资需要了解的内容。

表 5-1　物资接收须知

| 物资种类 | 了解内容 |
|---|---|
| 服饰 | ◆ 了解服饰的材质，是否能够按压或者折叠<br>◆ 了解服饰对存放的温度、湿度是否有要求<br>◆ 针对不同型号的服饰，了解怎么合理划分存放区域<br>◆ 了解仓储消防设施是否齐全，是否提前做好防火、防盗措施 |

| 物资种类 | 了解内容 |
|---|---|
| 食品 | ◆ 了解食品的保质期<br>◆ 了解即将入库的食品的适宜温度，是否需要低温仓储<br>◆ 了解食品的存放要求，是否需要隔离存放，防止串味<br>◆ 了解仓库内是否存在特殊物资与食品相克 |
| 化妆品 | ◆ 了解化妆品的存放位置是否具备防晒防潮及防热防冻条件<br>◆ 了解化妆品的保质期限及化妆品的包装是否完整<br>◆ 了解化妆品的包装材质，是否是易碎品，如何划分存放位置，是否需要离地储存 |
| 家用电器 | ◆ 了解家用电器的存放是否需要防静电设施<br>◆ 了解家用电器是否能够叠放，如能叠放，对高度是否有要求<br>◆ 了解划分的存放位置是否具备通风散热条件，是否能避免阳光直射，了解存放位置的地面是否干燥 |
| 贵重物资 | ◆ 了解贵重物资的价值，是否需要提前准备保险箱<br>◆ 了解贵重物资的来源，是否为违规交易的物资，有无损害国家利益<br>◆ 了解是否需要隐秘的存放位置，防止被盗事件的发生<br>◆ 确定贵重物资的数量、规格、型号、材质，必要时聘请专家验明真伪，防止以假乱真 |
| 危险品 | ◆ 了解危险品的危害程度，对于有毒有害的物资，搬运人员及仓储人员要做好防护措施<br>◆ 了解仓库是否做好防燃、防爆的措施，是否配备足够的消防器材<br>◆ 了解危险品的搬运要求，是否需要轻搬轻放<br>◆ 了解危险品的存放要求，是否可以露天存放，是否需要单独储存，以及对温度、湿度是否有具体要求 |
| 机械设备 | ◆ 了解机械设备的使用方法<br>◆ 了解机械设备的存放要求<br>◆ 对于需要长期存放的机械设备，是否需要对零部件或者机械本身进行保养和维护，如涂抹润滑油 |
| 生活用品 | ◆ 了解入库的生活用品都有哪些，数量是多少，避免因种类繁杂而丢失<br>◆ 了解生活用品是否为易碎品<br>◆ 了解生活用品是否需要分区存放<br>◆ 了解生活用品是否可以折叠堆放 |
| 五金类 | ◆ 了解五金类物资的材质，是否需要与其他类别的物资隔离存放，防止发生化学反应<br>◆ 了解仓库所在位置的天气情况<br>◆ 了解五金类物资的存放方法，防止物资生锈或者腐蚀，做好清洁和养护工作，减少氧化 |

## 5.1.2 划分存放位置

仓库管理员在接收物资之前，应根据物资的性质、数量等因素，预先为其安排恰当的存放位置。

### 1. 划分物资存放位置的方式

仓库管理员在确定物资的存放位置时，要综合考虑仓库的类型、规模、经营范围、用途，以及物资的自然属性、保养方法等。常见的划分物资存放位置的方式有五种，具体如表 5-2 所示。

表 5-2　划分物资存放位置的五种方式

| 划分方式 | 具体内容 |
| --- | --- |
| 按物资的种类和性质分类储存 | 这种是大多数仓库采用的分区分类储存方式。它要求按照物资的种类及性质，将其分类存放，以便于物资的保养。将储存、保养方式相同的物资放置在同一区域，将互相影响或保养条件相抵触的物资分开储存 |
| 按物资的危险性质分类储存 | 这种分类储存方式主要适用于储存危险品的特种仓库。它按照物资的危险性质，对易燃、易爆、易氧化、有腐蚀性、有毒害性、有放射性的物资进行分开存放，杜绝燃烧、爆炸、腐蚀、毒害等事故 |
| 按物资的归属单位分类储存 | 这种分类储存方式主要适用于专门从事保管业务的仓库。根据物资所属的单位对其进行分区保存，可以提高物资出入库时的作业效率，同时也能减少差错的发生 |
| 按物资的运输方式分类储存 | 这种分类储存方式主要适用于储存期短、进出量较大的中转仓库或待运仓库。它依据物资的发运地区及运输方式进行分类保存。具体做法是，先按运输方式将物资划分为公路运输的产品、铁路运输的产品、水路运输的产品，再按到达车站、港口的路线分别储存 |
| 按物资储存作业特点分类储存 | 这种分类储存方式根据储存物资的具体操作方法，将物资分类储存。例如，将进出库频繁，需严格按照"先进先出"规律储存的物资存放在车辆进出方便、搬运容易、靠近库门的区域，而将储存期较长，不需严格按照"先进先出"规律的物资储存在库房深处或多层仓库的楼上 |

## 2．选择储存方法

物资储存方法主要有专仓专储法和分区分类储存法两种，具体如表 5-3 所示。

表 5-3　物资储存方法

| 方法名称 | 概述 | 用途 | 优点 | 缺点 |
| --- | --- | --- | --- | --- |
| 专仓专储法 | 在仓库中划分出专门的仓间，用于专门储存、保管某一种物资 | ◆ 粮食、烟、酒、糖、香料等<br>◆ 易燃、易爆、有毒的物资<br>◆ 需要特殊保存条件的物资<br>◆ 特别贵重的物资 | 将特殊物资与其他物资区分开，单独存放 | 储存的种类较少 |
| 分区分类储存法 | 将仓库划分为若干保管区，在其中存放性质相近的物资，以便于集中保管及养护 | ◆ 所需保存条件一般的物资，如纺织品、家电等<br>◆ 保存时不会互相影响的物资，如肥皂与洗发水等 | 能储存多种物资，储存的物资具有互容性 | 不能储存特殊物资 |

根据物资的性质确定其储存方法时，对于需要专仓专储的物资，应该在专用仓库中为其整理出一定的区域进行存放；对于那些可以分区分类储存的物资，则需要根据物资的具体情况，在仓库中划分出相应的区域对其进行存放。

### 3．整理存放区域

确定物资的具体存放位置后，仓库管理员还需要对相应区域做适当的整理工作，从而便于物资的存放及保养，具体如表5-4所示。

表5-4　整理存放区域的步骤

| 步骤 | 具体内容 |
|---|---|
| 准备验收场地 | 在仓库管理中，未验收的物资是不能与仓库中的其他物资混合放置的，因此仓库管理员需要根据物资入库验收的程序及方法，为待入库的物资准备验收的场地，以便于物资及时验收入库 |
| 腾出存放空间 | 仓库管理员要根据入库物资的品种、数量等，结合物资的存放方式，计算出该批物资占用仓库的面积，并在仓库中提前腾出足够的仓储空间，以便于物资的存放 |
| 做好现场清洁工作 | 对于腾出的存放空间及验收场地，仓库管理员还需要对其进行清洁，以保证物资在搬运及储存过程中的安全 |

物资入库通知单样例，扫描下方二维码即可查看。

## 5．1．3　安排人员、配置设备

物资入库前，合理安排人员、配置设备，做好准备工作，必要时还要对仓库进行清查，以便腾出一定的空间。物资入库前的准备工作如表5-5所示。

表5-5　物资入库前的准备工作

| 类别 | 准备内容 |
|---|---|
| 人员准备 | 负责安排质量验收的技术人员、用料单位专业技术人员、配合质量验收的装卸搬运人员 |
| 资料准备 | 收集、整理并熟悉待验物资的验收凭证、资料、验收标准、订货合同、记录资料等 |
| 器具准备 | 准备验收用的计量、卡量器具，检测仪器、仪表等，并提前做好器具检查 |
| 货位准备 | 落实物资存放货位、堆垛方式、保管方法等 |
| 设备准备 | 确定大批量物资验收所需设备，并提出使用申请 |

当收到接运通知时，仓储主管要及时安排人员去接货。在物资入库的高峰期，每天会有大量的物资运到，这时仓储主管需综合考虑表5-6所示的因素，合理安排接货顺序，并准备好装卸搬运物资的设备。

表 5-6　入库注意事项

| 考虑因素 | 具体事项 | 注意事项 |
|---|---|---|
| 接货顺序 | 物资的<br>紧急程度 | 对于生产急需、周转速度快、库存量少的物资，应优先安排接货，对于不是<br>很紧急的物资，则可以暂缓安排 |
| | 物资在承运单位<br>的保存期限 | 根据承运单位免费保管期的长短及超过免费保管期的储存费用，安排接货<br>时间 |
| | 仓库人力和<br>物力资源 | 安排接货时应考虑仓库作业人员及设施的工作效率，确保物资到仓库后有暂<br>时存放的地点，有充足的人力及物力资源进行装卸、检验和入库 |
| 装卸搬运<br>物资的<br>设备 | 满足现场具体<br>作业的要求 | 综合考虑物资的单件规格、性能、包装的类别和车辆的类型等因素，并选择<br>具有相应技术特性的装卸设备 |
| | 满足多种装卸<br>作业的要求 | 要考虑到仓库待装卸物资的品种多、作业不均衡、装卸次数多、装卸方向多<br>变等特点，要将活动范围大、通用性强、机动灵活的中小型装卸设备与活动<br>范围固定的装卸设备及各种专用装卸设备进行合理组合，从而使其满足多种<br>装卸作业要求 |
| | 满足节省装卸<br>成本的要求 | 选择装卸工具时，在能完成同样作业效能的前提下，仓库管理员应该尽量选<br>择性能好、节省能源、便于维修、有利于环境保护、成本较低的装卸设备 |

物资入库过程中用到的设备大多是装卸搬运设备，企业要根据物资自身的质量、尺寸、形状、数量等物理特征，选择合适的装卸搬运设备，具体如表 5-7 所示。

表 5-7　设备选择

| 种类 | 搬运设备 |
|---|---|
| 成件包装的物资 | ◆ 包装形式有软包装、半硬包装和硬包装三种，一般贵重、易碎的物资，如电视机、玻璃器皿等都采用成件包装<br>◆ 对成件包装的物资，可利用各种手推车、固定吊杆和搬运车及各种移动式叉车等设备装卸搬运 |
| 长、大及重的<br>物资 | ◆ 主要包括大型设备、集装箱等，它们一般多装在敞车和平车上进行运输，并保管在露天场所或大型仓库内<br>◆ 对于这类物资，可利用移动式起重机装卸搬运，如轮胎式、汽车式、履带式、轨道式起重机，同时配备各种器具，作业量较大时，可利用龙门起重机和桥式起重机装卸搬运 |
| 罐装物资 | ◆ 一般以油罐车装载进库的油料和桶装油料为主，它们会挥发出有毒气体，并有燃烧及爆炸的危险<br>◆ 对于油罐车转载进库的油料，一般采用电动离心式油泵或油泵管路系统对其进行装卸。对于桶装油料，可用移动式起重机或叉车对其进行装卸搬运 |
| 散装物资 | 对于散装物资，如水泥、矿石等，可利用备有自动抓斗的起重机、刮板机、输送机等装卸搬运 |
| 危险品 | 对于化工品、压缩气体、易燃液体等危险品，可先对其进行成件包装，然后再使用各种设备装卸搬运 |

## 5.2 入库检验

### 5.2.1 检验内容

为了保证物资的安全性和准确性，物资运达仓库后，仓库管理员应从五个方面对物资进行检验。

**1. 核对证件类型**

仓库管理员要核对物资的各种凭证，以确认物资是否运送正确，为验收工作提供依据。仓库管理员需要核对的证件类型包括三种。

（1）供货单位提供的质量证明书或合格证、装箱单、检验单及发货明细账单等。

（2）企业采购部或其他相关部门提供的物资入库通知单、订货合同、协议书等。

（3）承运单位提供的承运单等。

**2. 核对相关证件内容**

在核对凭证时，仓库管理员要先对证件内容进行核实，然后据此核对物资。

（1）进行证件核对

仓库管理员对证件进行核对时，要先按照物资运送的过程，对相应证件进行分类整理，然后根据证件之间的相关性，核对各种证件的真实性及准确性。

（2）进行物证核对

仓库管理员根据证件上所列的送货单位、收货单位、物资名称、规格数量等具体内容，核对物资。

**3. 处理核对差错**

（1）如果发现证件不齐或不符等情况，要与供货单位、承运单位或有关业务部门及时联系并予以解决。

（2）对于必要证件不齐全的物资，应将其作为待检物资处理，堆放在待检区，待证件齐备后再进行验收。

（3）遇到无进货合同及无任何进货依据但运输单据上却标明本仓库为物资收货人的情况，仓库管理员应立即与采购部或发货人联系，问清具体情况，并将该批物资置于待处理区，待查清后再对其做出处理。

（4）如果供货单位提供的质量保证书与仓库的进库单、合同不符，仓库管理员应先将物资放在待处理区，然后联系采购部或存货单位，最后根据他们提出的办法处理。

（5）凡有关证件已到库，但在规定时间内物资尚未到库时，仓库管理员应及时向采购部或存货单位反映，以便查询处理。

（6）对于证件核对无误或经复查核对无误的，仓库管理员应将物资置于待检区域，并及时对其进行数量、质量及包装的验收检查。

**4．检验物资包装**

物资包装的完整程度及干湿状况与内装物资的质量有着直接的关系。通过对物资包装的检验，能够发现在储存、运输物资过程中可能发生的意外，并据此推断出物资的受损情况。因此，在验收物资时，仓库管理员需要对物资包装进行严格验收。

对物资包装的检验是对物资质量进行检验的一个重要环节。通过物资包装的好坏可以有效判断物资在运送过程中可能出现的损伤，并据此制定对物资的进一步检验措施。

**5．检验外观质量**

对物资包装的检验只能判断物资的大致情况，对物资的外观质量进行检验也必不可少。物资外观质量检验的内容包括外观质量缺陷，外观质量受损情况及受潮、霉变和锈蚀情况等。

对于不需要进行进一步质量检验的物资，仓库管理员在完成上述检验并判断物资合格后，就可以办理入库手续了。而对于那些需要进一步进行内在质量检验的物资，仓库管理员应该通知质量检验部，对物资进行质量检验，待检验合格后才能够办理入库手续。

## 5．2．2　检验方法

对物资进行检验时，不同的检验项目有不同的检验方法，检验项目主要包括物资数量检验和物资重量检验。

**1．物资数量检验**

对计件储存的物资，仓库管理员要对物资的数量进行清点。清点时，可以采用逐件点数法、集中堆码点数法、抽检法和重量换算法，具体如表5-8所示。

表 5-8　物资数量检验的方法

| 方法名称 | 概述 | 用途 | 优点 | 缺点 |
| --- | --- | --- | --- | --- |
| 逐件点数法 | 采用人工或简易计算器逐一计数，将其累计便得出总数 | 一般适合散装的或非定量包装的物资 | 操作简单、方便 | 对于数量较多的物资，工作量大 |
| 集中堆码点数法 | 将物资按照每行、每层件数一致的原则，堆成固定的垛形，然后通过计算得出总数 | 适用于品种单一、大小一致、数量大或体积较小的物资 | 操作简便，工作量小 | 需要提前对物资进行堆码，工作量大 |
| 抽检法 | 按一定比例对物资进行开箱点数 | 批量大、采用定量包装的物资 | 耗时短、工作量小 | 容易出现差错 |

（续表）

| 方法名称 | 概述 | 用途 | 优点 | 缺点 |
|---|---|---|---|---|
| 重量换算法 | 通过过磅，称得物资重量，然后据此计算该物资的数量 | 包装标准且物资标准，重量一致 | 通过重量测算相对准确 | 无法检验物资的好坏 |

### 2．物资重量检验

物资的重量一般有毛重、皮重、净重之分。仓库管理中通常所说的物资重量是指物资的净重。净重是指物资本身的重量，即毛重减去皮重的余数。物资重量检验的方法有三种，具体如表 5-9 所示。

表 5-9　物资重量检验的方法

| 方法名称 | 概述 | 用途 | 优点 | 缺点 |
|---|---|---|---|---|
| 直接测量法 | 借助人工和简单的工具对物资的重量进行检验 | 适合非定量包装的、无码单的物资 | 准确率高，操作简便 | 要对物资进行打捆、编号、过磅，耗时长，工作量大 |
| 净重计算法 | 将物资包装拆下过磅，以求得包装的平均重量，将未拆除包装的物资过磅，求得该批物资的皮重和毛重 | 适用于有包装且占物资重量的比例比较大的物资 | 包装物统一的话，计算方便 | 包装物不统一，计算结果就不准确 |
| 理论换算法 | 通过物资的长度、体积等便于测量的因素，利用一定的公式，计算出物资的重量 | 适合定尺长度的金属材料、塑料管材等物资重量的计算 | 方便快捷，工作量小 | 只适用于特定物资 |

在验收重量的过程中，如果合同规定了验收方法，就应该按照合同规定的验收方法进行验收。验收方法确定后，出库及验收时都必须采用同样的方法检验物资。

危险品入库验收管理制度样例，扫描下方二维码即可查看。

## 5．3　入库编码

### 5．3．1　编码方法

为了加强对物资的管理和查询，需要选择合适的编码方法对入库物资进行编码，将入库物资种类化繁为简。物资入库的编码方法有四种，具体如表 5-10 所示。

表 5-10　物资入库的编码方法

| 方法名称 | 概述 | 用途 | 优点 | 缺点 |
|---|---|---|---|---|
| 数字法 | 将某类物资用特定的一个数字或一组数字来表示 | 适用于类别较少物资的编码 | 使用方便，简单易记 | 数字类别较少 |
| 英文字母法 | 将某类物资用特定的一个字母或一组字母来表示 | 适用于类别简单且较少的物资的编码 | 有诸多字母可用 | 需记忆字母代表的类别 |
| 暗示法 | 使用特殊字符代表某类物资 | 适用于重要物资的编码 | 不易被他人得知 | 不方便识别和记忆 |
| 混合法 | 英文字母和数字结合起来使用 | 适用于类别较多、复杂的物资的编码 | 字母代表类别或名称，方便识别和记忆 | 编码复杂，不方便记忆 |

（1）使用数字法进行编码的示例如表 5-11 所示。

表 5-11　数字法编码

| 序号 | 物资类别 |
|---|---|
| 001 | 食品类 |
| 002 | 五金类 |
| 003 | 电子类 |
| 004 | 化工类 |
| 005 | 机械类 |

（2）使用英文字母法进行编码的示例如表 5-12 所示。

表 5-12　英文字母法编码

| 序号 | 物资类别 |
|---|---|
| A | 食品类 |
| B | 五金类 |
| C | 电子类 |
| D | 化工类 |
| E | 机械类 |

（3）使用暗示法进行编码的示例如表 5-13 所示。

表 5-13　暗示法编码

| 序号 | 物资类别 |
|---|---|
| ♣ | 食品类 |
| Σ | 五金类 |
| ◆ | 电子类 |
| ✳ | 化工类 |
| ✴ | 机械类 |

（4）使用混合法进行编码的示例如表 5-14 所示。

表 5-14　混合法编码

| 序号 | 物资类别 |
|---|---|
| A1 | 食品类 |
| B2 | 五金类 |
| C3 | 电子类 |
| D4 | 化工类 |
| E5 | 机械类 |

## 5.3.2　编码步骤

为了规范物资入库编码工作，保证物资入库编码工作的准确与高效，提高仓储工作效率，仓储作业人员需要遵循图 5-1 所示的步骤开展物资入库编码工作。

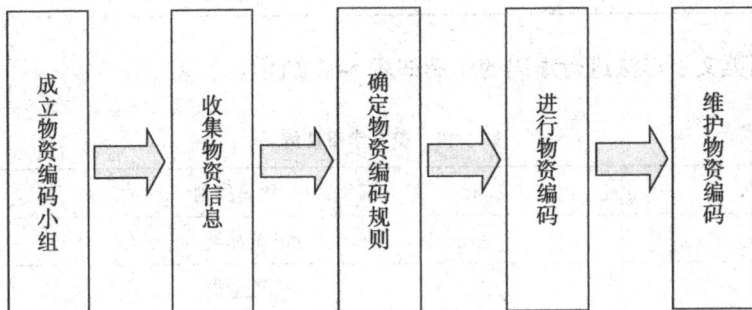

图 5-1　物资入库编码步骤

### 1．成立物资编码小组

仓储部组织成立物资编码小组，该小组要对已实行的物资编码规则进行评估，并综合考虑企业的发展，制定更完善的物资编码规则。物资编码小组成员主要来自仓储部、生产部、销售部及其他相关部门。

### 2．收集物资信息

物资编码小组收集所需要的物资、包装材料、辅助材料和回收材料的信息，包括名称、规格、型号、性能等，并将它们加以分类。

### 3．确定物资编码规则

熟悉物资的种类和数量，注意区分物资的品名，落实物资的规格、型号，统一物资的计量单位。选择合适的物资编码方法，确定大类、种类位数和代号，以及物资编码规则。

### 4．进行物资编码

物资编码小组对仓库管理员进行编码培训，使其掌握物资编码的方法。仓库管理员根据物资编码规则对符合要求的入库物资进行编码，并做好记录。

### 5．维护物资编码

在执行仓储作业过程中，如果发现物资编码有误，应及时告知仓库管理员，由仓库管理员对错误编码进行修改。仓库管理员要定期检查物资编码，确保一物一码、物资有码。

物资入库编码流程样例，扫描下方二维码即可查看。

## 5．4　退仓物资入库

### 5．4．1　退仓物资处理流程

为了规范退仓物资处理流程，提高退仓物资的再利用率，使退仓物资具有可追溯性，仓储作业人员需遵循图 5-2 所示的流程。

| 部门名称 | 仓储部 | 流程名称 | 退仓物资处理流程 |
|---|---|---|---|

| 关键节点 | 仓储部 | 质量部 | 客户服务部 |
|---|---|---|---|
| | A | B | C |
| 1 | | | 开始 |
| 2 | 接收退仓通知 | | 接到退货、换货、取消订单要求 |
| 3 | 清点退回物资 | | |
| 4 | | 进行物资质量检验 | |
| 5 | | 提供检验结果 | |
| 6 | 检验结果（报废／通过／维修） | | |
| 7 | 报废处理／维修处理 | | |
| 8 | 退仓物资入库 | 再次进行物资质量检验 | |
| 9 | 结束 | | |

| 编制单位 | | 签发人 | | 签发日期 | |
|---|---|---|---|---|---|

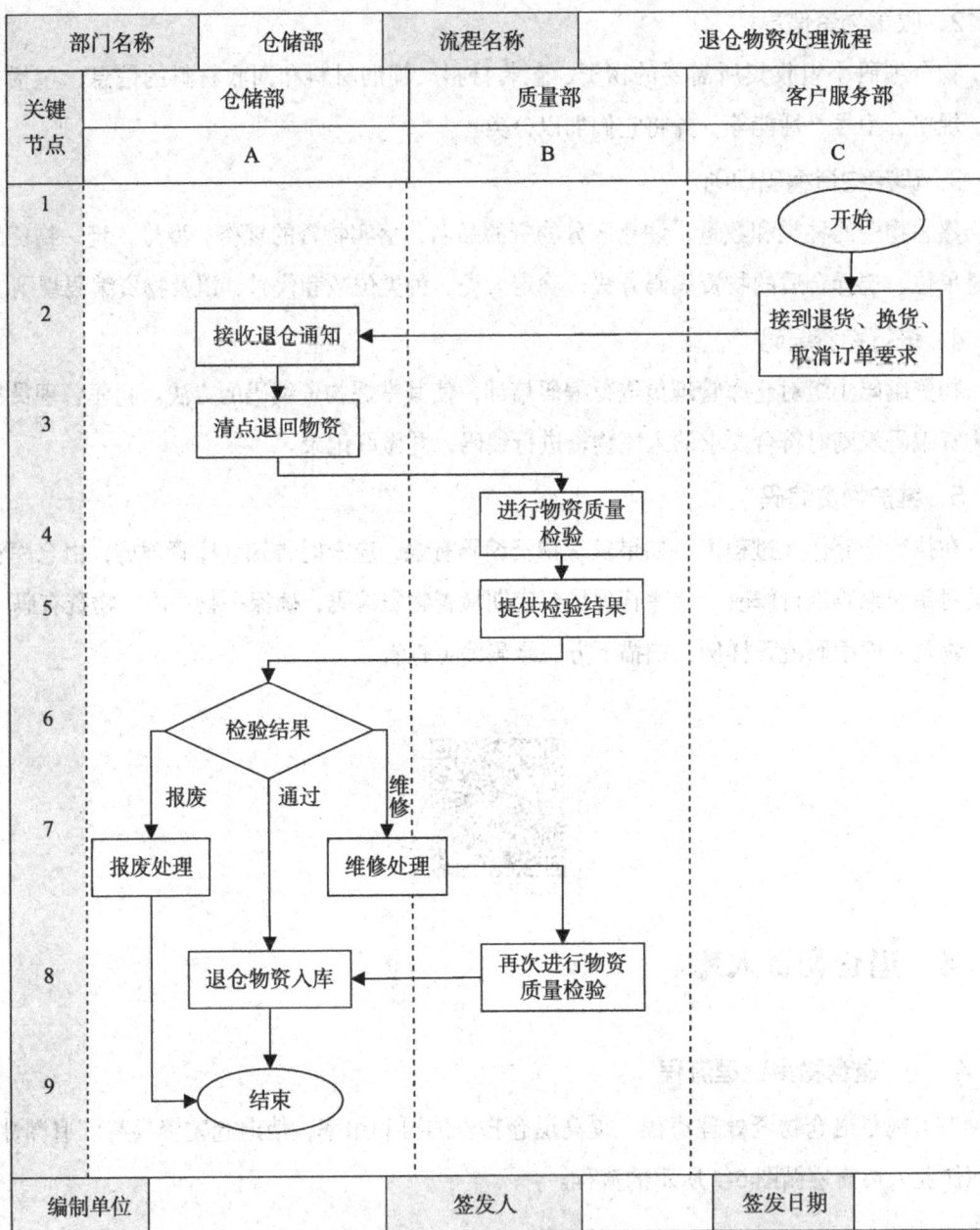

图 5-2　退仓物资处理流程

根据图 5-2，汇总的关键节点如表 5-15 所示。

表 5-15　关键节点细化执行内容

| 关键节点 | 细化执行 |
|---|---|
| C2 | 填写"退换货清单"，物资的名称、规格、数量、总件数需一一说明。退换货时需提前通知仓库接收退换物资，并布置好场地 |

（续表）

| 关键节点 | 细化执行 |
|---|---|
| A3 | 仓库管理员根据客户服务部的退仓通知，合理安排场地接收物资 |
| | 物资退回仓库时，仓库管理员应根据"退换货清单"核对物资数量 |
| | 仓库管理员清点完物资后，将退仓物资进行明细分类，并核对退仓物资的名称、规格、数量是否一致 |
| | 仓库管理员自接收退仓物资之日起 ____ 日内清点完，并回复客户服务部物资是否一致，如物资不一致，应及时与客户服务部沟通并查明原因，如物资一致，则报质量部检验 |
| B4 | 仓库管理员清点核对无误后填写"送检单"并连同"退换货清单"送到质量部，由质量部检验物资质量是否合格 |
| | 质量部收到"送检单"后要在规定的时间内完成检验，如质量部没有在规定的时间内完成检验，引发的相关问题由质量部承担 |
| | 质量部在检验过程中，需分出合格物资、缺少配件物资和报废物资 |
| | 质量部将"检验报告单"返给仓库 |
| A6 | 仓库管理员根据质量部填写的"检验报告单"进行整理，清点物资 |
| | 对于检验结果为合格可以再利用的物资，仓库管理员应对其进行整理清点并办理入库手续 |
| | 对于检验结果为缺少配件的或需要维修的物资，仓库管理员应将物资配件补齐或进行维修，由质量部再次对物资进行质量检验，检验合格后办理入库手续 |
| | 在检验过程中有无法修复的物资，或者维修后不能使用的物资，仓储部应予以报废处理，贴上报废标签隔离，以后统一处理 |
| A8 | 仓库根据检验结果，列出清单回复客户服务部，清单一式三联，客户服务部一联，仓储部一联，财务部一联（销账归档），以便以后查账使用 |
| | 对于检验结果为合格的物资，仓库按物资的名称、规格、数量填写"入库单"，办理入库手续，及时将物资安全有序摆放在相应库位 |
| | 仓库管理员根据入库物资及时填写物资明细账，更新仓库数据 |

## 5．4．2　退仓物资管理办法

客户退换货、客户取消订单、企业进行物资召回等都需要进行物资的退仓处理，为了保证物资的合理再利用及快速入仓，企业要制定合理的退仓物资管理办法。

| 退仓物资管理办法 |
|---|
| 第 1 章　总则 |
| 第 1 条　为了加强对退仓物资的管理，保证退仓物资的合理再利用，提高退仓的效率，节省成本，特制定本办法。 |
| 第 2 条　本办法适用于物资退仓工作的处理。 |

（续）

**第3条 职责权限**

1. 仓储部负责根据"退换货清单"核对退仓物资的数量、规格、型号等内容，负责退仓物资的入库工作，负责对无法维修的物资进行报废处理。

2. 质量部负责检验退仓物资，并给出检验结果。

3. 工程部负责对不良品进行维修。

## 第2章 客户退换货管理

**第4条 退换货接收和清点**

1. 仓储部根据客户服务部的接货要求，按照规定程序办理退换物资的接收手续，并根据"退换货清单"核对物资的数量与其他基本信息。

2. 检查退换物资是否全部属于本企业制造，是否有本企业出厂合格证、质检证书等。

**第5条 退换货检验**

质量部对退回的物资进行质量检验，即检验物资的外观是否有损伤，检验物资是否有人为损坏迹象，检验退换物资是否由于客户长期积压或不合理存放导致锈蚀损坏。

**第6条 退换货鉴定**

对退回的物资进行鉴定，判定是否能够进行二次销售，是否需要进行维修，是否直接进行报废处理，并将检验和鉴定结果反馈给仓储部和客户服务部。

**第7条 退换货处理**

1. 经过质量鉴定，没有质量问题并可以进行二次销售的，仓储部按照物资入库步骤将退换物资放入仓库中，并根据换货订单重新向客户发货。

2. 经过鉴定，存在质量问题但是经过维修之后，可以进行二次销售的，由工程部对物资进行维修处理，并将维修好的物资交由仓储部进行入库，仓储部根据换货订单重新向客户发货。

3. 经过鉴定，存在质量问题且无法维修的，判定不属于客户责任的，质量部将鉴定结果发送给仓储部，由仓储部对退换物资进行报废处理，并根据换货订单重新向客户发货。

4. 经过鉴定，存在质量问题且无法维修的，若判定属于客户责任的，质量部应将鉴定结果发送给客户服务部，拒绝客户换货请求或要求客户付费维修。

**第8条 物资退仓入库**

退货运输应当由仓储部业务人员或经仓储部授权由销售业务人员组织安排运输车辆将客户退换的物资运回企业仓库。

**第9条 财务办理**

财务部应当根据由客户服务部、仓储部和质量部提供的客户"退换货申请表""退换货质量判定结果""入库单"等书面材料，为客户办理退款。

## 第3章 客户取消订单管理

**第10条 物资接收与清点**

仓库管理员根据客户服务部的接货要求，按照规定程序办理退货接收手续，并根据"退仓物资清单"核对物资的数量与其他基本信息。

**第11条 物资检查**

质量部对退回的物资进行检查和鉴定，如检查物资的外观是否有损伤，是否能够进行二次销售，是否需要维修等，并将检查和鉴定结果反馈给仓储部和客户服务部。

**第12条 财务办理**

财务部应当根据客户服务部、仓储部和质量部提供的"取消订单申请书""物资质量鉴定书""入库单"等书面材料，结合销售合同规定，为客户办理退款。

（续）

| 第 4 章　召回物资管理 |
| --- |

**第 13 条　召回物资接收**

同一批次物资出现问题的，客户服务部对已经销售的物资发出召回通知，仓储部负责接收召回物资，并根据"召回清单"核对召回物资的信息。

**第 14 条　召回物资鉴定**

质量部对召回的物资进行鉴定，给出鉴定结果，并将结果反馈给仓储部和客户服务部。

**第 15 条　召回物资处理**

1. 召回物资存在极大问题并无法修复的，由仓储部对召回的物资进行报废处理并重新向客户发货。

2. 召回物资存在问题但可以维修的，若客户服务部与客户协商成功，则由工程部对召回物资进行维修，维修之后，由仓储部重新向客户发货。

3. 召回物资存在问题但可以维修的，若客户服务部与客户协商不成功，则由仓储部重新向客户发送新的物资，由工程部对召回物资进行维修，维修之后，由仓储部进行入库操作。

**第 16 条　召回物资入库**

仓储部按照入库程序将召回的物资进行入库操作。

**第 5 章　附则**

第 17 条　本办法由仓储部负责编制、解释与修订。

第 18 条　本办法自 × × 年 × × 月 × × 日起生效。

# 5.5　物资搬运

## 5.5.1　搬运方法

为了保证物资能够安全地入库、移库、出库，企业需要根据物资的性质、重量、包装等选择合适的搬运方法。常用的物资搬运方法有人工作业法、机械作业法和自动作业法三种，具体如表 5-16 所示。

表 5-16　物资搬运方法

| 方法名称 | 概述 | 用途 | 优点 | 缺点 |
| --- | --- | --- | --- | --- |
| 人工作业法 | 主要靠人力进行作业 | 适用于单件物资或者零散物资 | 成本较小 | 不安全，不经济，浪费体力和时间 |
| 机械作业法 | 借助机械设备来完成物资的搬运 | 适用于重量偏重的物资 | 工作效率得以提升 | 机械设备成本较高，初期花费多 |
| 自动作业法 | 在计算机系统的控制下完成一系列的物资搬运工作 | 适用于大批量、集装箱物资 | 减少人力、物力成本，防止物资损坏 | 自动化设备成本较高，花费大 |

## 5.5.2　物资搬运制度

搬运物资时，要根据物资的属性、特点，执行不同的搬运要求，遵守搬运设备的操作规范与安全细则，做好搬运过程安全管理。物资搬运制度样例如下，仅供参考。

| 物资搬运制度 |
|---|

**第1章 总则**

**第1条 目的**

为了加强对物资搬运工作的管理，提高物资搬运效率，确保物资的完整，保证搬运员的安全，结合企业的实际情况，特制定本制度。

**第2条 适用范围**

本制度适用于企业仓储物资入库、移库、出库等作业过程中的搬运工作管理。

**第2章 一般物资搬运要求**

**第3条** 搬运物资前，搬运员必须做好保护措施，如戴手套、口罩、安全帽，穿工作服等。

**第4条** 搬运物资时，搬运员应先检查物资状况，如包装是否完整、各部件是否有松动现象等，以免造成物资损伤。

**第5条** 搬运物资时，搬运员应紧握物资，以免物资脱落，同时要注意防滑或被绊倒。

**第3章 危险物资搬运要求**

**第6条 搬运前的准备工作**

1. 仓储部应根据危险物资的性质和作业环境制定安全防护措施。

2. 对车、船进行必要的通风和清扫。

3. 仓储部应做好安全防护工作，备足有效的防护用具。

**第7条 搬运时的注意事项**

1. 危险物资的搬运作业由经过严格训练的危险物资搬运员负责。

2. 按照危险物资的性质穿戴相应的防护用品。

3. 搬运时必须轻装轻卸，防止撞击、重压、拖拉和倾倒，要正确稳妥地堆放物资，并注意包装标识向外摆放。

4. 严格禁止包装破漏的物资装船、装车。

5. 装运易爆、剧毒、有放射性、易燃等物资时，必须使用符合安全要求的运输工具。

6. 禁止使用电瓶车、翻斗车、自行车等工具来运输易爆物资。

7. 禁止使用叉车、铲车搬运易燃、易爆的液化气体等危险物资。

8. 化学性质、防护或灭火方法相互抵触的危险物资不得混合装运。

9. 搬运毒害品、放射性物质时应使用专门的工具和防护用具。

**第4章 鲜活易腐物资搬运要求**

**第8条** 搬运时速度要快。

**第9条** 根据物资的性质和包装形态，选择合适的搬运设备。

**第10条** 提前准备物资堆码储位，确保其符合鲜活易腐物资的储存要求。

**第11条** 对搬运设备进行清洗和消毒。

**第5章 物资搬运设备操作要求**

**第12条 对搬运员的要求**

1. 操作搬运设备的搬运员均经过相关技能培训。

2. 搬运员应严格执行安全操作规定，获得职业技术资格后方可操作设备。

3. 搬运员应明确搬运的作业要求，保证装卸搬运作业合理、高效完成。

4. 搬运员必须遵守劳动纪律，服从企业指挥。

5. 搬运员必须按照操作规范开展搬运作业。

6. 搬运员必须保证物资及其包装的完好性，杜绝野蛮作业。

（续）

第 13 条　设备操作规范

1. 在使用任何设备前，都要对设备进行检查，以确保其正常运转。

2. 在设备使用过程中，搬运员应严格遵守设备操作规范和安全规范，随时监控设备运行状态，发现问题应及时解决。

3. 设备使用后，应定期对其进行保养，并做好使用记录。

### 第 6 章　物资搬运安全操作要求

第 14 条　搬运设备前，工作人员应对所经过的路线进行详细调查，了解搬运路线的情况，提出安全措施，并制定搬运方案。

第 15 条　搬运设备前，工作人员应对所经过路线的路面情况进行调查并采取措施，防止设备在搬运过程中发生倾斜、翻倒。

第 16 条　载货时，车速不得过快。

第 17 条　从车辆上卸下设备时，应确保卸车平台牢固，并应有足够的宽度和长度，载重后的平台不得有不均匀下沉现象。

### 第 7 章　附则

第 18 条　编制单位

本制度由仓储部负责编制、解释与修订。

第 19 条　生效时间

本制度自 × × 年 × × 月 × × 日起生效。

# 第6章
## 物资储存与安全

## 6.1 物资堆码

### 6.1.1 物资堆码方法

　　物资堆码涉及库存物资堆放的形式和方法。规范、科学、准确的物资堆码有利于作业人员对物资进行有效管理和科学养护。除此之外，还有利于提高仓库利用率，避免不必要的支出与浪费。物资堆码方法如表 6-1 所示。

表 6-1　物资堆码方法

| 方法名称 | 概述 | 适用范围 | 优点 | 缺点 |
|---|---|---|---|---|
| 重叠式堆码 | 逐件逐层向上叠加，可以逢十略加交错，为了提高稳定性，在一定层数上可以改变方向继续向上，或者长、宽各减少相应的数量继续向上堆放 | 适用于平板、箱装、袋装、箩筐等质地坚硬、占地面积较大的物资 | 便于工人操作，便于计数，包装物资的四个角和边重叠垂直，承载能力大 | 各层之间缺少咬合作用，稳定性差，容易发生坍塌 |
| 仰伏相间式堆码 | 将上下两面有大小差别或者凹凸的物品，一层仰放、一层伏放 | 适用于槽钢、钢轨、角钢等物资 | 物资摆放较为稳定，不易倾倒 | 不便于工人操作 |
| 压缝式堆码 | 将底层物资并排摆放成长方形、正方形或者环形，然后将上层物资放在下层物资之间 | 适用于卷板、钢带、卷筒纸等卧放的物资 | 方便操作，稳定性较好 | 不便于物资计算 |

| 方法名称 | 概述 | 适用范围 | 优点 | 缺点 |
|---|---|---|---|---|
| 纵横交错式堆码 | 将长短一致、宽度排列与长度相等的物资以纵横交错式向上堆放 | 适用于管材、型材等长箱装物资 | 在仓库比较宽敞的地方或者用小型货车运输物资，但是四周围栏较低时，都可采用这种方法，以提高稳定性 | 每一层都要有咬合效果，不便于工人操作 |
| 栽桩式堆码 | 在货垛的两侧插上木桩或者钢棒，将物资平铺在木柱之间，每层或隔几层在两侧对应的木桩上用铁丝或者类似物品拉紧，以防倒塌 | 适用于长条形的材料，如少量的圆钢、钢管、有色管棒材等 | 节省堆放空间，提高仓库利用率 | 操作不便，并且不便于工人计数 |
| 衬垫式堆码 | 在每层或每隔两层物资之间夹进衬垫物，使货垛的横断面平整，从而确保货垛牢固 | 适合无包装、不规则且较重的物资，如电动机、阀门等 | 通过衬垫物与物资互相牵制，加强货垛的稳固性 | 堆码高度受物资强度制约，一般以不压坏最底层物资为前提 |
| 宝塔式堆码 | 将一层物资的一半压在另一圈物资上，如此顺序排列，上一层的物资又向相反的方向用同样方法排列，依次堆高 | 适用于圆形成圈（或环形）的物资，如铅丝、盘条、电线等 | 既可以使货垛稳固，又能够节约仓容 | 堆放难度较大，越到上层越不易操作 |

## 6.1.2 堆码标准

科学的物资堆码技术和合理的堆码标准，对提高入库物资的储存保管质量、仓容利用率、收发作业及养护工作的效率，都有着不可低估的作用。

仓储主管应制定科学的物资堆码标准供工作人员参考，具体如表6-2所示。

表6-2 物资堆码标准

| 标准名称 | 标准作用 | 标准解释 | 具体标准 |
|---|---|---|---|
| 货垛垛高 | 会直接影响仓库的容量、安全和货垛的稳定性 | 货垛垛高要综合考虑仓库空间高度、仓库地坪设计载荷及物品自身特性对包装和垛高的要求，要在三者适宜的高度中选择最小的 | 普通物资的垛高主要受物品性质和包装的影响 |
| | | | 轻泡物资的垛高主要受仓库空间高度的影响 |
| | | | 重货的垛高主要受仓库地坪载荷的影响 |
| | | | 有一些物品受其自身承重和包装层数限制的影响 |

（续表）

| 标准名称 | 标准作用 | 标准解释 | 具体标准 |
|---|---|---|---|
| 货垛五距 | 主要是为了通风、防潮、散热、安全、方便 | 垛距是指货垛与货垛之间的必要距离 | 仓库之间的垛距一般为 0.5 ~ 1 米，货场中的垛距一般不少于 1.5 米 |
| | | 货垛与照明灯之间的必要距离称为灯距 | 灯距一般规定在 0.5 米以上 |
| | | 货垛的最大高度与仓库屋顶间的距离称为顶距 | 顶距一般规定为，平顶仓库在 0.2 ~ 0.5 米；人字形仓库以屋架下弦底为货垛的可堆高度；多层库房的底层与中层顶距为 0.2 ~ 0.5 米，顶层应在 0.5 米之上 |
| | | 货垛与仓库围墙之间的距离称为墙距 | 仓库的外墙距一般为 0.3 ~ 0.5 米，内墙距一般为 0.1 ~ 0.2 米；货场只有外墙距，一般为 0.8 ~ 3 米 |
| | | 货垛与仓库柱子之间的距离称为柱距 | 一般为 0.1 ~ 0.3 米 |
| 货垛垛形 | 货垛的外部形状，主要是为了增加货垛的稳定性，提升仓库利用率 | 货垛垛形主要分为矩形垛、三角形垛、梯形垛和半圆形垛 | 矩形垛易于堆码，库容整齐，但随着堆码高度的增加，货垛稳定性下降 |
| | | | 三角形垛、梯形垛和半圆形垛稳定性好，便于苫盖，但是不便于盘点计数，空间利用率低 |
| 货垛垛牌 | 为了在保管中及时掌握物品的资料，需要在货垛上张挂有关该垛物品的资料标签 | 货垛垛牌的主要内容包括货位号、名称、规格、制造厂名称和地址、生产许可证编号及批准日期、制造日期或者批号、单位重量、来源、进货日期、存货人、该垛数量、接货人等 | 属于危险品或者特殊物资的，一定要有明显的警示标识，如"小心轻放""禁止翻滚"等标识 |

货架物资陈列表与垛位查询表样例，扫描下方二维码即可查看。

## 6.1.3　堆码方案

　　仓储主管应按照堆码标准与堆码要求，结合堆码方法，制定物资堆码方案，以规范工作人员作业，提高工作效率，避免不必要的损失与浪费。物资堆码方案样例如下，仅供参考。

## 物资堆码方案

### 一、目的

为了合理利用仓库空间，提高仓库利用率，规范工作人员堆码流程，提升工作效率，特制定本方案。

### 二、堆码时间

在收到物资后的 ____ 个工作日内，需完成物资堆码工作。

### 三、堆码人员

仓库管理员全程负责物资堆码工作。

### 四、堆码准备

（一）堆码前物资、工具准备

1. 要堆码的物资必须清洁干燥、标识完整。

2. 在堆码物资前必须清理干净托盘，表面不得有水分、油污、灰尘、泥土等杂物。

3. 托盘外形要完好，不得有破损，各部分之间不得松动。

（二）堆码场地准备

1. 根据实际情况划分堆码场地，用明显标志加以区分。

2. 物资堆码应按照规划定点堆码。

3. 物资堆码周围应留有合适宽度的通行通道和消防通道。

4. 堆码物资不得占用通道，不得超出划分区域。

（三）堆垛场地划分准备

1. 仓库堆垛时，货垛应该在墙基线和柱基线以外，垛底需要垫高。

2. 货棚内堆垛时，需要防止雨雪渗透，货棚的两侧或者周围必须有排水管道。货棚内的地面应高于货棚外的地面，最好在物资堆垛时垫垛，一般应垫高30~40厘米。

3. 堆垛场应坚实、平坦、干燥、无杂草，场地必须高于四周地面。

### 五、堆码防护要求

1. 所有物资原则上不得落地摆放，必须按要求堆码在托盘上。物资在托盘上堆码时，要在托盘与物资之间铺设垫垛材料，同一层中并列堆码的物资之间必须有间隙，避免物资磕碰造成损伤。

2. 堆码作业中需要搬运物资时，应抬着托盘，不得搬抬相关部件。

（续）

### 六、堆码方式

仓库管理员采用垛堆方式与货架方式，将包装物料规整，并按照既定形式堆放。

### 七、堆码要求

（一）堆码高度要求

1. 堆码的最大高度不得超过 ＿＿ 米（包括托盘高度）。

2. 物资堆码层数最高不得超过 ＿＿ 层。

3. 采用重叠式堆码时，垛高与垛宽比不得大于 ＿＿，采用交错式堆码的垛高与垛宽比不得大于 ＿＿。

（二）堆码间距要求

1. 物资堆码应排列整齐，相邻堆垛之间要留有足够空间，以方便工作人员搬运物资。

2. 物资堆垛要与墙壁留有 ＿＿ 米间距，与屋柱之间留有 ＿＿ 米间距，与照明灯、电器及其他热源之间留有 ＿＿ 米间距，与仓库屋顶之间留有 ＿＿ 米间距。

（三）堆码标识要求

1. 每垛物资应有标识卡，并且标识卡应包括物资数量、批次号、零组件号等详细信息。

2. 合格品、不合格品及返修品要分门别类摆放。

3. 不同型号、不同批次的物资应分开摆放。

4. 应在托盘正面同一位置设置标识卡安放区域，以便于工作人员填写和识别标识卡。

### 八、转运过程中的要求

物资在转运过程中容易受损，仓储作业人员需要做好两项工作，尽量减少损耗。

1. 转运前的检查，物资标识必须齐全，要有物资转运的许可证及规定路线的路线图，否则不允许转运。

2. 物资在仓库内部转运时，运载车辆速度不得超过每小时 ＿＿ 千米；在仓库外部转运时，运载车辆速度不得超过每小时 ＿＿ 千米。

## 6.2 日常管理

### 6.2.1 物资温湿度控制

物资在储存中对仓库环境要求较高,当仓库的温度或者湿度超过物资的储存要求时,会使得物资质量发生变化,造成损失。因此,如何合理地调节和控制仓库的湿度与温度,是物资存放的首要问题,具体措施如下。

**1.仓库温度的控制措施**

仓库温度的控制措施主要包括防热和防冻两个方面。

(1)仓库的防热措施具体如图6-1所示。

| | |
|---|---|
| 夜间开窗降温 | 仓储主管安排专门人员在夜间巡逻,并在固定时间打开门窗,进行自然通风,降低室内温度 |
| 用空调降温 | 如仓库是密闭空间或者自然通风不足以降温,可以根据仓库物资具体储存情况调节空调温度,以达到控制温度的目的 |
| 搭凉棚降温 | 在露天货场搭建凉棚或是在多层建筑物顶层搭建凉棚,可以避免物资被阳光直射或是利用棚下空气降低仓库内温度 |
| 喷水降温 | 在仓库屋顶或者内部安装定时喷水装置,利用水降低温度,喷水时间安排可依据实际情况来定 |

图6-1 仓库的防热措施

(2)仓库的防冻措施具体如图6-2所示。

| | |
|---|---|
| 附加保温材料保温 | 在仓库的屋顶或者围墙上添加保温材料,提高仓库保温效果 |
| 利用暖气设备保温 | 在仓库内或者仓库围墙的夹缝中安装暖气设备,维持仓库所需温度 |
| 封闭仓库保温 | 可以将仓库的仓门、窗户紧紧关闭,使仓库处于封闭环境,达到保温效果 |

图6-2 仓库的防冻措施

**2.仓库湿度的控制措施**

仓库湿度的控制措施主要有通风和吸潮两种,具体如表6-3所示。

表 6-3　仓库湿度的控制措施

| 控制措施 | | 具体说明 | 注意事项 |
|---|---|---|---|
| 通风 | 自然通风 | 利用仓库内外空气的对流使仓库内部的空气流通 | ◆ 注意选择恰当的通风时机。利用通风降低室内湿度时，一定要在室外湿度低于室内湿度时 |
| | 机械通风 | 在仓库内部或者外部安装通风设备，依据实际情况设置通风时间与通风强度，促使仓库内外空气流通 | ◆ 注意环境变化。当天气急剧变化，温湿度急剧改变，或者仓库外空气质量较差，混杂有害物质时，应立即停止通风<br>◆ 需要与密封结合。通风一段时间达到目的后，应及时关闭仓库门窗，使仓库处于相对密封状态 |
| 吸潮 | 吸潮剂吸湿 | 吸潮剂具有较强的吸湿性，能够迅速吸收掉仓库内部的水分，从而达到降低室内湿度的目的 | ◆ 生石灰充分吸水后会变成粉末状，不适合用在毛织品、铝制品、皮革制品等耐碱性弱物资的仓库中 |
| | 机械吸湿 | 利用机械设备抽掉空气中多余的水分，这种方式效率高，成本低，操作简便，能精确控制室内湿度 | ◆ 氯化钙吸水后会变成液体，不能放在铁质容器中，此外不能接触物资表面及包装<br>◆ 硅胶可重复使用，但是价格较高，适宜在贵重品仓库内放置 |

仓库温湿度记录表样例，扫描下方二维码即可查看。

## 6.2.2　物资霉腐预防与处理

为了避免物资在仓库保管中出现霉腐现象，影响企业生产经营活动，造成巨大的经济效益损失，仓库管理员应掌握物资霉腐预防方法与物资霉腐处理方法。

### 1. 物资霉腐预防方法

常见的物资霉腐预防方法如表 6-4 所示。

表 6-4　常见的物资霉腐预防方法

| 方法 | 具体说明 | 适用范围 |
|---|---|---|
| 温控法 | 利用日光暴晒，在特定时间和特定地点，利用高温杀死大多数霉腐菌群。除此之外，紫外线也对霉腐菌群具有消杀作用，仓库管理员可在仓库内部安装紫外线灯，定期照射，进行环境消毒防腐 | 适用于对温度因素不敏感、不惧怕日光直射的物资 |

| 方法 | 具体说明 | 适用范围 |
|------|----------|----------|
| 湿控法 | 仓库管理员对一些易霉腐的物资采用通风、摊晾、日晒或者烘烤等方法使水分蒸发，从而达到防霉腐的目的 | 适用于容易受湿度影响，从而发生变质的物资 |
| 化学方法 | 仓库管理员可以通过将抑制微生物生长的化学药物（如多菌灵、托布津、多聚甲醛等）放在物资或者其包装内进行防腐 | 适用于不易与化学药品发生化学反应，从而影响质量的物资 |
| 除氧剂除氧法 | 仓库管理员通过将易霉腐物资放在严格密封的包装内，再放入化学除氧剂将氧气吸收，使包装内氧气浓度保持在 0.1% 以下，以达到防霉腐的目的 | 适用于易于密封包装，便于放置除氧剂的物资 |

### 2．物资霉腐处理方法

常见的物资霉腐处理方法如表 6-5 所示。

表 6-5　常见的物资霉腐处理方法

| 方法 | 具体说明 | 注意事项 |
|------|----------|----------|
| 暴晒 | 将霉腐物资放置在阳光下晾晒一定的时间，从而达到去湿的目的 | 在暴晒过程中要注意时间及程度的把控，避免损坏物资 |
| 摊晾 | 将物资放置在阴凉通风的场所，据此来降低物资含水量 | 适用于不宜暴晒但含水量高的物资，如卷烟、茶叶、色布等 |
| 烘烤 | 通过高温使霉腐病菌死亡。烘烤一般要在烤箱或者烤房内进行 | 在进行烘烤作业时，仓库管理员要掌握好烘烤时间及烘烤温度，避免损坏物资 |
| 灭菌 | 去除物资中的霉腐可以通过药剂熏蒸灭菌、紫外线灭菌和加热灭菌三种方式进行 | 适用于那些不怕高温高湿而不宜干热的物资 |
| 除霉 | 经过去湿和灭菌处理，水分及霉腐菌群已经消失，再用毛巾或者毛刷将物资上的霉痕或者霉迹清除 | 去除霉腐痕迹时，应注意清除方式和力度，避免造成物资表面损坏 |
| 其他 | 物资霉腐程度十分严重，经过上述方法难以挽救，仓库管理员应及时统计霉腐物资数量，将其上报仓储主管。仓储主管根据实际情况处理相关物资 | 当霉腐物资无法挽救时方可采取此种方法 |

## 6.2.3　物资虫害和鼠害预防与处理

除物资本身因外界条件发生质变造成损失外，仓库虫害和鼠害也是导致物资受损的原因之一。因此，仓库管理员应熟练掌握物资虫害和鼠害的预防方法与处理步骤，以达到降低物资损耗、提升经济效益的目的。

### 1．物资虫害预防方法

常见的物资虫害预防方法如表 6-6 所示。

表 6-6　常见的物资虫害预防方法

| 预防方法 | | 概述 | 优缺点 |
|---|---|---|---|
| 采用物理机械防治 | 灯光诱集 | 利用害虫对光的趋向性，在仓库内安装诱虫灯，晚上开灯时，使趋光来的害虫进入预先安装好的毒瓶内，使其中毒而亡 | 优点：<br>◆ 行之有效，操作简便，可实施性强<br>◆ 在初期阶段消灭害虫，便于后续工作进行<br>◆ 其中一些方法能消灭较为隐蔽的害虫，甚至电子辐射能够消灭一定范围内的所有害虫<br>◆ 没有化学防治所产生的副作用<br>缺点：<br>◆ 要耗费较多的劳动力，其中有些方法耗资较多<br>◆ 有些方法可能会误伤害虫的天敌 |
| | 高温灭虫 | 将温度上升／下降至害虫难以生存的温度，使其活动受到抑制，繁殖率下降，进入麻痹状态，进而死亡 | |
| | 低温灭虫 | | |
| | 电离辐射灭虫 | 使用电离辐射源放射出来的射线消灭害虫 | |
| | 微波灭虫 | 害虫在高频电磁场的微波作用下，体内的水分、脂肪等物质激烈地振动，从而产生大量的热能，体温升高直至死亡 | |
| 采用化学药剂防治 | 驱避法 | 将易挥发并具有特殊刺激性气味、毒性的固体药物放入物资包装内或者密封货垛中，使挥发出来的气体在物资周围经常保持一定的浓度，从而达到驱散害虫的目的 | 优点：<br>◆ 见效快，防治效果显著，既可以作为预防措施，又可以作为急救措施<br>◆ 使用方便，便于大规模使用<br>◆ 灭虫范围广，害虫多时可以使用此种方法，受地区和场地限制小<br>◆ 灭虫剂保质期长，方便远距离运输<br>缺点：<br>◆ 长期使用，害虫易具有抗药性<br>◆ 长期使用化学药剂灭虫，易污染周围环境，甚至可能会对人造成伤害 |
| | 喷液法 | 使用化学灭虫剂进行空仓和实仓喷洒，通过触杀、胃毒作用消灭害虫 | |
| | 熏蒸法 | 利用液体和固体挥发出的剧毒气体，通过空气进入害虫体内，引起害虫中毒而亡 | |

## 2．物资鼠害预防方法

仓库中的物资安全常常会遇到鼠害威胁。因此，仓库管理员应对仓库中可能出现的鼠害做出预防，常见的预防方法如表 6-7 所示。

表 6-7　常见的物资鼠害预防方法

| 预防方法 | 具体解释 | 具体应用 |
|---|---|---|
| 生态预防 | 控制老鼠生长环境与食源，以控制其生长繁殖量，如清扫仓库环境、避免垃圾残留、做好物资保管、阻断通道、堵塞鼠洞等 | 所有仓库均可采用此法，做好仓库卫生，阻断老鼠生长环境，堵塞老鼠来源渠道，就可在一定程度上减少鼠害发生的可能性 |
| 物理预防 | 使用工具做好预防，可根据不同的环境使用不同的灭鼠工具，如鼠笼、鼠夹、粘鼠胶等 | 在粮食、食品仓库等区域，可在门口安装挡鼠板，对老鼠进行有效防御，挡鼠板高度应不低于 60 厘米 |
| 生物灭鼠 | 可根据实际情况，在仓库周围放养老鼠天敌，利用食物链预防老鼠 | 在一些有可能会出现老鼠的地方，根据实际情况放养捕鼠猫，以达到消灭老鼠的目的 |

（续表）

| 预防方法 | 具体解释 | 具体应用 |
|---|---|---|
| 化学灭鼠 | 在仓库周围（有鼠活动的场所）喷洒化学药品，如灭鼠安、磷化锌等 | 在下水道、天花板、墙壁角落等老鼠易出没的地方喷洒药品，喷洒时注意紧贴墙壁、角落，喷洒范围要全面，以达到长期控制的目的 |

### 3. 物资虫害与鼠害处理步骤

仓库管理员发现物资发生虫害与鼠害后应及时按照图 6-3 所示的步骤进行处理。

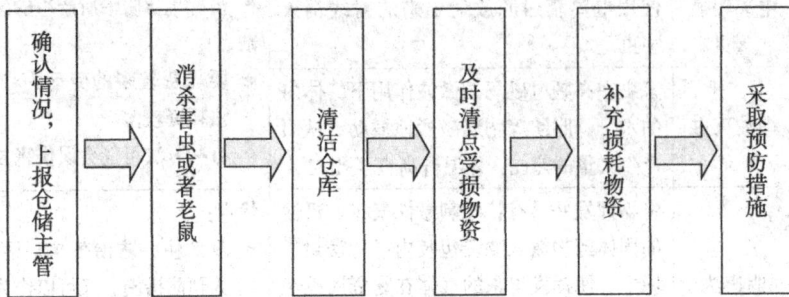

图 6-3　物资虫害和鼠害处理步骤

（1）确认情况，上报仓储主管

仓库管理员如在日常检查中，发现物资发生虫害或鼠害，应第一时间上报仓储主管，由其通知其他仓库做好检查及预防工作，避免库区出现大面积虫害或鼠害。

（2）消杀害虫或者老鼠

仓库管理员因地制宜，针对害虫或者老鼠的特性选择针对性强的消杀方法。消杀时要注意仓库角落、墙沿、货架底这些不易消杀到的地点，做到全面消杀。

（3）清洁仓库

仓库管理员将害虫或老鼠一网打尽后，应及时清理尸体及仓库环境，杜绝再次滋生。清洁时，注意穿戴工作服，做好防护措施，避免残余药剂对人体造成伤害。

（4）及时清点受损物资

仓库管理员完成消杀工作后，应对库存物资进行盘查清点，查看哪些物资受到破坏，并根据破坏程度做出相应处理，如物资受损程度较小，不影响继续使用，可在评估后作为次等品使用。

仓库管理员做好物资清点工作后，应及时将相关情况汇报给仓储主管，以便于开展后续工作。

（5）补充损耗物资

仓储主管根据损耗物资需求情况，联系采购部进行补充。仓库管理员对补充物资进行验收，并连同损耗物资一起做好账面登记工作。

（6）采取预防措施

仓库管理员完成上述工作之后，对仓库及物资采取预防措施，做好预防方案，避免再次出现虫害或鼠害情况。

## 6.2.4　物资锈蚀预防与处理

仓库中的金属物资容易受环境影响而产生锈蚀。物资一旦产生锈蚀，就会影响外观质量，变得陈旧，同时也会降低使用价值，锈蚀程度严重的甚至要做报废处理。因此，仓库管理员应掌握一定的预防与除锈方法。

### 1．预防金属锈蚀的方法

仓库管理员可以采用一些方法防止金属物资与周围介质发生化学反应，从而避免锈蚀，常见的方法如表 6-8 所示。

表 6-8　常见的预防金属锈蚀的方法

| 方法 | 概述 | 特点 |
|---|---|---|
| 涂油防锈 | 在金属表面涂一层防锈油脂薄膜，用以隔绝金属物资与周围介质发生化学反应 | ◆ 防锈油会给操作环境带来较大污染<br>◆ 物资表面的油容易在运输过程中渗出，污染包装箱<br>◆ 多数零部件金属需要在使用前清除防锈油 |
| 气相防锈 | 应用气相缓蚀剂进行腐蚀防护。气相缓蚀剂在常温状态下能够持续气化，会发挥出特定气体依附于金属表面形成一层保护膜 | ◆ 较为全面地覆盖了金属物资表层，操作较为简单<br>◆ 在密闭环境下，防锈保护时间较为长久<br>◆ 使用和去除十分方便，提高了工作效率 |
| 可剥性塑料材料防锈 | 可剥性塑料材料是以塑料为基体的一种防锈包装材料，将其涂抹于金属表面成膜后，可产生一种材质与金属隔开，以达到防锈的效果 | ◆ 拆除包装时不需借助溶剂即可直接拆除<br>◆ 这种材料韧性好，防护较为到位，但费用昂贵 |
| 涂漆防锈 | 在金属表面均匀地涂上油漆用以防止锈蚀 | ◆ 这种方法施工简单、适用面广<br>◆ 但是油漆表面容易开裂、脱落，从而使金属与空气接触，发生锈蚀 |
| 防锈水防锈 | 是以水为基准，加入可溶于水的缓蚀剂。稀释后的防锈水可作为清洗液清洗金属零部件，以达到防锈的效果 | ◆ 使用与去除方便，施工场所干净、整洁<br>◆ 根据实际需要可调配各种浓度，配置方便<br>◆ 适用于各种施工工艺，浸泡、浸涂、喷淋均可，冷热皆宜<br>◆ 这种材料较为安全，价格比较便宜<br>◆ 主要用于钢铁制件工序间防锈 |

### 2. 除锈的方法

金属物资除锈的方法主要有手工除锈、物理除锈、化学除锈和超声波除锈四种，具体如表6-9所示。

表6-9　金属物资除锈的方法

| 方法 | 概述 | 特点 |
| --- | --- | --- |
| 手工除锈 | 用简易的工具（如钢丝刷、砂轮、砂纸等）将金属表面的锈渍手工清除 | 清除质量无法保证，可能会破坏金属表层，影响外观质量，并且效率低下 |
| 物理除锈 | 用机械的方法将金属表面的锈渍及杂质清除 | ◆ 可将金属表面的锈渍清除干净，还可维持金属质量<br>◆ 处理后的物资表面比较粗糙，增加涂料单耗，而且沉淀后难以获得较为平整、光滑的涂膜外观 |
| 化学除锈 | 利用适当浓度的酸或者碱溶液等化学物品清除物资表面的锈渍 | ◆ 物资处理质量难以保证<br>◆ 处理成本较高，对工作环境造成污染<br>◆ 能使物资的锈渍得到较为全面的清除<br>◆ 处理后的物资表面较为平整、光滑，降低涂料单耗 |
| 超声波除锈 | 主要用化学试剂及超声波完成除锈 | ◆ 去污能力强，可将除油与除锈为一体，占地少，操作简单、安全<br>◆ 该处理方法具有很强的针对性和选择性 |

## 6.2.5　仓储6S管理

仓储6S管理是指对生产现场各要素所处的状态不断进行整理（Seiri）、整顿（Seiton）、清扫（Seiso）、安全（Safety）、清洁（Setketsu）及提升人的素养（Shitsuke）的活动。为了规范仓储6S管理活动，仓储管理人员应制定仓储6S管理制度（具体示例如下），供工作人员参考。

| 仓储6S管理制度 |
| --- |
| **第1章　总则** |
| **第1条　目的**<br>为了营造良好的工作环境，推动仓储工作顺利进行，确保仓库环境整洁、安全，特制定本制度。<br>**第2条　适用范围**<br>本制度适用于仓储管理过程中6S管理。<br>**第3条　职责分工**<br>1. 6S推行小组负责制定仓储管理规范，并监督、检查、考核6S的推行情况。<br>2. 仓储主管负责实施仓储6S管理工作。<br>3. 各相关人员配合仓储主管开展工作。 |
| **第2章　仓储6S管理** |
| **第4条　学习仓储6S管理规范**<br>6S推行小组根据仓库活动目标制定仓储6S管理规范，仓储主管应组织相关人员学习相关规范，确保仓库所有员工均掌握仓储6S实施要点，为6S的推行打好基础。 |

（续）

第 5 条　整理

1. 仓储主管组织相关人员进行整理工作。整理工作是指将工作场所内的物资分类，并清除不必要的物资。

2. 进行仓库整理工作的目的是营造一个整洁、干净的工作场所并有助于提升仓库利用率，避免仓库物资误送误用。

3. 整理过程中应注意仓库呆废料、报废品及其他工具的处理，维持仓库整洁、有序。

4. 整理过程中应对仓库进行全面检查，要特别注意平时检查不到、不被注意的地方。

5. 仓库员工每天都要对仓库进行巡检。

第 6 条　整顿

1. 整顿是指将有用的物资按照规定分类放好，并做好适当的标识，避免乱堆、乱放，达到提升物资寻找效率、清除积压物资的目的。

2. 按照物资的使用频率设计物资放置区域，进行合理规划，如经常使用区、一般使用区、废品区等。

3. 将物资分类，做好标识，整齐地摆放在上述区域。

4. 按照"场所、方法、标识"三大要素，确定物资的摆放位置，然后按照"定点、定容、定量"的原则摆放物资。

第 7 条　清扫

1. 清扫是指将工作场所内的所有地方及所有可能会使用的设备、工具、货架、仪器等打扫干净，使工作场所干净、宽敞、明亮。

2. 整理与整顿工作结束之后，要将仓库内的工作场所清扫干净，以保持工作场所的干净和整洁。

3. 要清扫地面、墙上、天花板上的所有杂物灰尘，对仪器、设备、模具等进行清理、润滑，对破损的物资进行修理，并对水源、噪声等污染源进行处理。

4. 清扫工作应责任化、制度化。仓储部需建立清扫工作规范，划定责任区，清理脏污，并对污染源进行调查，予以杜绝或隔离。

第 8 条　清洁

1. 清洁是指经常性地做整理、整顿、清扫工作。企业应将整理、整顿、清扫三项工作制度化、规范化，并经常进行定期或者不定期的监督与检查。

2. 仓库清洁工作执行前，必须落实整理、整顿和清扫工作。

3. 仓储主管根据实际情况制定考核制度、奖惩制度等，并加强清洁工作的执行。

4. 仓储主管应进行定期或者不定期检查，巩固实施成果。

第 9 条　素养

1. 仓储部经理应通过晨会、培训等方式，提高员工素养，增强团队意识，养成按照规定工作的良好习惯，做好 6S 中的素养管理。

2. 素养活动的目的是提升员工素质，培养员工认真负责的精神。

3. 仓储主管应注意制定服装、臂章、工作帽等穿戴标准。

4. 仓储主管应鼓励员工积极阅读企业的各类规章制度及礼仪守则。

第 10 条　安全

1. 要强化员工安全意识，注重职业卫生安全，重视预防，降低劳动强度，改善工作环境，确保安全生产。

2. 要杜绝其他闲散人员在仓库中逗留。

3. 仓库内严禁吸烟和禁止明火。

4. 仓库中的电器要严格按照使用规范进行操作，不准私自接电线和使用电器用品。

5. 每日下班前要认真检查需要关闭的电器是否关闭，冷库是否正常运行，仓库门是否上锁等。

6. 每周检查消火栓、灭火器，发现问题应立即处理。

（续）

| 第3章 仓库6S实施检查 |
|---|
| 第11条 仓库6S推行小组应不定期对仓库工作进行检查，检查时间包括上班前、上班过程中和下班后。 |
| 第12条 各区域管理人员需对各自管辖的区域进行检查，保证仓库6S管理工作的落实。 |
| 第13条 仓库6S推行小组每天对仓库的情况进行检查，并将检查结果记录在检查表上。 |
| 第14条 检查完成后，仓库6S推行小组负责汇总结果并公布检查结果。 |
| 第15条 对于检查过程中发现的问题，相关人员应在规定的时间内提出改进措施。 |
| 第16条 对优秀工作人员给予表彰及物质奖励，对工作表现不佳人员予以警告。 |
| **第4章 附则** |
| 第17条 本制度由仓储部负责编制、解释与修订。 |
| 第18条 本制度自××年××月××日起生效。 |

# 6.3 特殊物资储存

## 6.3.1 特殊药品储存

为了规范特殊药品的保管与储存，避免因储存不当造成物资损失或对人员造成伤害，仓储主管应制定特殊药品储存管理制度，具体示例如下。

| 特殊药品储存管理制度 |
|---|
| **第1章 总则** |
| 第1条 为了建立特殊药品储存规程，避免工作人员误操作而造成不必要的损失和伤害，特制定本制度。 |
| 第2条 本制度适用于特殊药品储存工作的管理。特殊药品包括麻醉药品、精神药品、放射性药品、医疗用毒性药品、药品类易制毒化学品、高浓度电解质和化疗药品。 |
| 第3条 仓储主管负责制定特殊药品储存管理制度，交由仓储部经理审核；仓库管理员负责实施特殊药品的储存与管理。 |
| **第2章 麻醉药品和精神药品** |
| 第4条 仓库应设置麻醉药品、精神药品专用库，专用库必须配备保险柜，门、窗有防盗设施，并安装警报装置，实行专库和专柜双人双锁管理。 |
| 第5条 麻醉药品和一类精神药品应做到专人负责、专柜加锁、专用账册、专册登记，并做好记录，严禁与其他药品混杂。 |
| 第6条 麻醉药品和精神药品设有明显的警示标识，并全部统一。 |
| 第7条 特殊药品均应使用专用处方，麻醉药品处方保存三年备查，精神药品处方保存两年备查，并做好逐日消耗记录和旧空安瓿等容器回收记录。 |
| 第8条 麻醉药品和精神药品的储存方法应符合药品储存要求。 |
| **第3章 放射性药品** |
| 第9条 对放射性药品的储存应严格执行专库、专柜、双人双锁、专账记录的要求，出库时要有专人对数量及品种进行核验。 |
| 第10条 放射性药品应存放在指定的仓库内，并有与放射剂量相对应的防护装置，要注意避免装有放射性药品的容器拖拉与碰撞。 |

（续）

| 第 11 条 | 设立全仓库统一的警示标识，在药品及仓库明显处粘贴标签，标签警示应鲜明，避免发生差错。 |

第 11 条　设立全仓库统一的警示标识，在药品及仓库明显处粘贴标签，标签警示应鲜明，避免发生差错。

第 12 条　不同品种、不同批号的放射性药品应分开存放，采取必要的防火、防鼠、防辐射、防污染的保护措施。

第 13 条　放射性药品在每次发放时，应按照要求做好发放记录并进行永久性保存，以备查。

### 第 4 章　医疗用毒性药品

第 14 条　医疗用毒性药品应有专人负责、专柜保管、专账登记，并且做到逐方销存（指定专人定期检查销存情况）。

第 15 条　仓库中药饮片装斗前要做好质量复核，不得错斗、串斗，防止混药。饮片斗前要写正名正字。

第 16 条　医疗用毒性药品存放区域应标识清楚、醒目，设置规定的提示牌提醒相关人员注意，各药品的储存容器上必须印有规定的毒药标识。

第 17 条　报损的医疗用毒性药品必须先经仓储主管、仓储部经理批准，然后按照规定报上级部门集中销毁并做好记录。

第 18 条　新增或者补充短缺的医疗用毒性药品应及时通知仓储主管，补充药品按照先进先出的原则，以保证药品质量。

### 第 5 章　药品类易制毒化学品

第 19 条　设置专门仓库或者在药品仓库中设立独立专柜储存药品类易制毒化学品。

第 20 条　储存场所应设有易制毒化学品标识，配备监控设施，安装报警设施并与公安机关联网。

第 21 条　仓库管理员应掌握易制毒化学品的有关知识，了解其物理性质、化学性质及安全保管要求。

第 22 条　应随时了解易制毒化学品的库存情况，物品一定要按照要求摆放，做到分类合理，摆放整齐，并配备消防器材。

第 23 条　严格控制人员出入仓库，禁止单人独自进入，仓库门窗一定要随开随锁。若库存数量发生改变，应及时上报。

第 24 条　对于过期或者损坏的易制毒化学品登记造册，并向上级部门申请处理方法，得到审批后，应在有关人员的监督下销毁。

### 第 6 章　高浓度电解质和化疗药物

第 25 条　高浓度电解质和化疗药物应存放在专门设置的仓库或者专柜中，不得与其他药品混合存放。大部分化疗药物需要冷藏，应将其存放在冷库的专用区域。

第 26 条　此类药物的存放区域应设置醒目标识以警示相关人员。在发放该药物时，应单独发放并用专用药盒存放。

第 27 条　此类药物的领用、发放与调剂应实行双人复审、双人签字、双人复核，确保准确无误。

第 28 条　应定期对此类药物进行盘点，账面与实物数量要一致，一旦发现缺失，就要及时向上级部门汇报。

### 第 7 章　附则

第 29 条　本制度由仓储部负责编制、解释与修订。

第 30 条　本制度自 × × 年 × × 月 × × 日起生效。

## 6.3.2　特殊食品储存

特殊食品是指为了满足某些特定人群的生理需要或者某些疾病患者的营养需要，按照特殊配方专门加工的食品。常见的特殊食品有婴幼儿配方食品、保健食品、特殊医学用途配方食品等。

特殊食品与药品一样，有其独特的储存方法与管理规范，仓库管理员应按照不同食品所需的环境进行储存。特殊食品储存规范样例如下。

| 特殊食品储存规范 |
|---|
| **第1章　总则** |
| 第1条　为了加强对特殊食品的管理，保证食品质量，降低企业损失，特制定本规范。 |
| 第2条　本规范适用于特殊食品储存工作的管理。 |
| **第2章　特殊食品入库程序** |
| 第3条　所有入库食品必须经仓库管理员验收合格后，方可入库。 |
| 第4条　仓库划分为待验区、退货区、合格品区、不合格品区，各区应设置明显标识，实行色标管理：待验区、退货区为黄色色标，合格品区为绿色色标，不合格品区为红色色标。 |
| 第5条　特殊食品应离地、隔墙放置，物资堆垛间应留有一定的距离。搬运和堆垛应严格遵守特殊食品外包装图示标识的要求规范操作。 |
| 第6条　特殊食品堆放必须牢固、整齐，不得倒置，对包装易变形或者较重的特殊食品，应适当控制堆放高度，并定期检查。 |
| 第7条　应定期检查特殊食品的储存条件，做好仓库的防晒、防潮、防虫等工作。每日对库区内的温湿度进行检测，如温湿度超出控制范围，需采取措施及时调整。 |
| 第8条　将所有入库物资登记在册，包括数量、规格、特殊要求等信息，做到账、货、票一致。 |
| **第3章　婴幼儿奶粉储存标准** |
| 第9条　对于婴幼儿配方食品，应设置专门仓库存放，定期进行清洁、消毒，预防和杜绝虫害与鼠害。 |
| 第10条　货仓的温度控制在16℃～21℃，湿度控制在50%～60%。 |
| 第11条　货仓内安装温度计与湿度计，定期监测温湿度，防止超过许可范围。 |
| 第12条　物资的存放位置应该固定，要求至少距离地面25厘米，距离墙壁5厘米。 |
| 第13条　塑料桶或者罐装原料应带盖密封，箱装或者袋装原料应放在带有轮子的货板上，玻璃装的原料应放置在阴凉干燥处，避免阳光直射。 |
| 第14条　控制进入仓库的人数，降低人员进出对储存环境的影响。 |
| **第4章　保健食品储存标准** |
| 第15条　需要冷藏的保健食品应储存于冷藏柜中（温度在2℃～10℃），需在阴凉、凉爽条件下储存的保健食品应储存于阴凉库（温度不高于20℃），需要常温储存的保健食品应储存于常温库（温度在0℃～30℃），各库房均应有避光措施。 |
| 第16条　保健食品的仓库湿度应保持在45%～75%。 |
| 第17条　保健食品离地存放，距离墙壁10厘米放置，各堆垛之间留有一定的距离，严格按保健食品外包装图示标识的要求规范操作。 |
| 第18条　保持库区、货架和出库保健食品的清洁卫生，定期进行清扫，做好防火、防潮、防虫、防鼠和防霉等工作。 |
| 第19条　每日进行物资检查，若发现质量问题，应在保健食品区域标明"暂停使用字样"，及时采取措施进行处理。 |
| **第5章　特殊医学用途配方食品储存标准** |
| 第20条　对于特殊医学用途配方食品，应做好标记，注明名称、规格、数量、生产日期及批次、保质期、进货日期等。 |
| 第21条　特殊医学用途配方食品不得与其他物资混放，避免发生化学反应。 |
| 第22条　特殊医学用途配方食品包装应采用食品级包装材质，隔绝有可能发生化学反应的物质。 |

（续）

| 第 23 条　特殊医学用途配方食品应存放在阴凉通风的仓库内，仓库内的温度不超过 20℃、湿度不超过 50%。 |
| --- |
| **第 6 章　附则** |
| 第 24 条　本规范由仓储部负责编制、解释与修订。 |
| 第 25 条　本规范自 × × 年 × × 月 × × 日起生效。 |

## 6. 3. 3　易损品储存

易损品是指那些在搬运、存放、装卸过程中容易发生损坏的物品，如玻璃、陶瓷制品、精密仪器等。这类物品在储存时有特定的要求与条件，仓库管理员在开展工作时应遵循既定制度。易损品储存管理制度样例如下。

| 易损品储存管理制度 |
| --- |
| **第 1 章　总则** |
| 第 1 条　为了对仓库内所有易损品进行有效管理，避免因操作不当或者储存不当造成损失，特制定本制度。 |
| 第 2 条　本制度适用于易损品储存工作的管理。 |
| 第 3 条　仓储主管负责制定易损品储存管理制度，全面负责易损品储存工作。仓库管理员负责细化执行易损品储存管理制度。 |
| **第 2 章　易损品入库程序** |
| 第 4 条　仓库管理员对收到的易损品进行检查，即检查是否存在破碎、损坏的情况。若存在损坏情况，要及时与采购部负责人联系，双方商议并确定解决方法。 |
| 第 5 条　若易损品检验合格，仓库管理员要填写"物资验收确认单"，注明物资名称、数量、规格、注意事项等信息。 |
| 第 6 条　仓库管理员向供方索要易损品的安装使用说明或者相关的操作说明。易损品包装箱上应标明"轻拿轻放""易碎""防爆"等字样。 |
| 第 7 条　易损品在入库搬运过程中，应按照物资外包装上的标识进行搬运。在堆码时，易损品应按照仓库管理堆放距离要求及先进先出的原则进行。 |
| **第 3 章　易损品储存条件** |
| 第 8 条　将易损品按照品种、规格、等级等类别堆放在干燥通风的库房内，如需临时露天存放，必须下垫上苫，禁止与潮湿及易挥发物品放在一起。 |
| 第 9 条　堆码时易损品的箱盖应向上，不准歪斜或者平放，不应承受重压或者碰撞。承重底垫木不低于10 厘米，散装玻璃应单独存放。 |
| 第 10 条　避免与纯碱等碱性物品放在一起，以免对物资表面造成损坏。 |
| 第 11 条　易损品存放时必须保持间距，避免物资之间吸附式出现磨伤、爆边、掉角或者发霉、水迹等质量问题。 |
| 第 12 条　仓库管理员要经常检查易损品的储存情况，对仓库进行巡逻，如遇到霉斑、破碎的玻璃应及时处理。 |
| 第 13 条　装车运输时应使包装箱直立，箱头向前，箱间靠拢，切忌摇晃和碰撞，装卸搬运时应直立并轻拿轻放。 |
| 第 14 条　利用平板车搬运时，要对码层做适当捆绑。一般情况下不允许使用吊车作业，严禁用滑动方式搬运。 |

（续）

| 第4章　易损品搬运要求 |
|---|

第 15 条　在进行搬运之前，应采用瓦楞纸箱、蜂窝纸板箱或者木箱进行包装，从而有效起到缓冲的作用。

第 16 条　装卸时要轻拿轻放，不要在地上拖动，搬运的角度也不要过度倾斜。

第 17 条　装进车厢时必须平稳，不能东倒西歪，防止晃动时纸箱滑落，并且遵循上轻下重的原则，包装之间尽量紧凑。

第 18 条　外包装上要贴有易损品标签，标签上要标明注意事项，如防晒、防潮等。

**第 5 章　附则**

第 19 条　本制度由仓储部负责编制、解释与修订。

第 20 条　本制度自××年××月××日起生效。

## 6.3.4　危险品储存

危险品是指那些易燃、易爆、有强烈腐蚀性、有毒和放射性的物品总称，如汽油、硝化棉、过氧化物等。这些物品一旦储存不当，轻则影响企业的经济利益，重则可能会危及人身安全，所以对危险品的储存一定要遵循科学、合理的管理办法。危险品储存管理办法样例如下。

| 危险品储存管理办法 |
|---|

**第 1 章　总则**

第 1 条　为了科学、有效、安全地储存和保管各种危险品，防止对环境造成污染，降低危及人身安全的可能性，特制定本办法。

第 2 条　本办法适用于企业所有仓库危险品的储存和保管。

**第 2 章　危险品存放基本要求**

第 3 条　储存危险品时，应按照以下原则进行。

1. 不得露天存放。

2. 存放危险品的仓库防火间距应符合国家标准，间距空间不得以任何名义或者用任何物资侵占。

3. 存放的危险品应有中文安全说明书及安全标签。

第 4 条　建设存放危险品的仓库时，要达到以下建筑要求。

1. 存放危险品的仓库的墙体应采用砌砖墙、混凝土墙和钢筋混凝土墙。

2. 存放危险品的仓库应安装泄压设施，泄压设施采用轻质屋面板、轻质墙体和易于泄压的门窗等，不得采用普通玻璃。

3. 存放危险品的仓库应远离存放其他物资仓库或者单独设立库区。

第 5 条　建设存放危险品的仓库时，应设置以下安防设施。

1. 存放危险品的仓库应设有防爆型通风机。

2. 存放危险品的仓库应安装视频监控设备。

3. 存放危险品的仓库应放置足够数量的灭火器，仓库外设置火灾自动报警系统和消防控制室及红外报警系统。

4. 储存易燃气体、易燃液体的危险品仓库应设置可燃气体报警装置。

（续）

---

**第 3 章　危险品储存场所要求**

第 6 条　危险品储存仓库不得有地下室或其他地下建筑，耐火等级、层数、占地面积、安全通道等都应符合国家规定。

第 7 条　危险品储存库区应尽量远离居民区或者办公楼，避免大量放射性物质可能会对人体造成伤害。

第 8 条　危险品储存仓库的电气设施、线路设置、灯具等要遵循安全用电准则，不得私拉电线，用完后要及时关闭开关。

第 9 条　危险品储存仓库应安装通风设备，并注意对设备进行保养。

第 10 条　应注意对危险品储存仓库的采暖设备进行维护，温度不宜设置过高，避免烘烤同一位置。

**第 4 章　危险品保管要求**

第 11 条　危险品应按照性质、要求及消防救助方法的不同分类储存于专用仓库中。

第 12 条　危险品的堆垛不能过大、过高、过密，堆放应平稳。垛与垛之间应留有足够通道以应对意外情况。

第 13 条　易爆品、剧毒品必须专库保管、双人保管、双锁保管、双人收发、双人领取、双本记账。

第 14 条　搬运时要注意轻拿轻放，避免相互撞击，经常检查包装是否严密，若发现包装或者封口不严，导致物资泄露，应及时处理。

第 15 条　仓库内设有通风设施，以保持适宜温度。要随时监控库房内的温湿度。根据危险品不同的性质将它们分别存放于常温库、阴凉库、冷库或者冰箱内。

第 16 条　危险品仓库温度应控制在 30℃ 以下，湿度控制在 80% 以下。

第 17 条　库区内严禁烟火，要配备足够而适宜的消防器材，以保证库区安全。

第 18 条　禁止使用铁质工具开启易燃、易爆液体油桶，仓库内的搬运车辆必须配备阻火器，作业人员不得穿带钉子的鞋。

**第 5 章　各类危险品的注意事项**

第 19 条　遇热、遇潮、遇火能发生燃烧或者爆炸的物品，不得在露天或者潮湿、积水的建筑物中储存。

第 20 条　受日光直射易发生化学反应的物资应统一存放在一级建筑物中，其包装采取避光材质。

第 21 条　压缩气体与液化气体必须与爆炸物品、氧化剂、易自燃物品隔离储存。

第 22 条　盛装液化气体的容器属于压力容器的，必须有压力表、安全阀、紧急切断装置，并且定期检查，不得超装。

第 23 条　腐蚀性物品的包装必须严密，不允许泄露，严禁与液化气体和其他物品共存。

**第 6 章　附则**

第 24 条　本办法由仓储部负责编制、解释与修订。

第 25 条　本办法自 ×× 年 ×× 月 ×× 日起生效。

---

## 6. 3. 5　贵重物品储存

贵重物品是指单件物资价格比较高的物资，如精密仪器、手工艺品、珠宝首饰等。这类物资因为价值较高，所以要设立专门仓库加以管理，特殊储存。一般根据物资的贵重程度实施不同级别的管理，具体管理参照下面的贵重物品储存管理制度。

| 贵重物品储存管理制度 |
| --- |

**第1章 总则**

第1条 为了更好地对企业的贵重物品进行保管，避免贵重物品丢失、损毁或减值，特制定本制度。

第2条 本制度适用于企业仓库中贵重物品的储存管理。

第3条 仓储主管负责制定贵重物品储存管理制度，交由仓储部经理审核。仓库管理员负责实施贵重物品的储存与管理。

**第2章 精密仪器储存要求**

第4条 仓库的温湿度过高或者过低容易影响精密仪器计量的准确性，因此仓库环境的温湿度应按照精密仪器的储存要求设置。

第5条 储存时避免阳光照在精密仪器上，如电子仪器等不要放在太阳光线能够直接照射到的地方。

第6条 放置精密仪器时，要按照仪器要求摆放。例如，天平、显微镜等很多仪器都不能倒放或者侧放，塑料件、量具等要平放，不要架搁。

第7条 精密仪器一般不要堆放，应保持一定间距，不可互相叠压。易碎、滚动、易擦伤的精密仪器，如温度计、试管等，摆放时要先在货架上垫放柔软布料、绵纸等，避免损坏。

第8条 仓库内应保持清洁、干燥与通风，应对存放精密仪器的货架或者储存柜做好防尘措施，并且定期清洁。

第9条 要注意精密仪器通性保护，如切忌磁场干扰，四周与顶部不要放置磁性物体。

第10条 要避免精密仪器造成损坏，要对仪器的金属表面的防锈层、合金薄膜、氧化铝保护层加以保护，不要擦去，储存时要防止短路或漏电。

**第3章 手工艺品储存要求**

第11条 木质手工艺品不能在阳光下暴晒，暴晒会使得木质手工艺品内含有的水分迅速蒸发，导致变形甚至损坏。

第12条 各类手工艺品多数属于易燃材质，因此要注意防火，远离取暖设备，避免发生火灾事故。

第13条 手工艺品一定要注意防潮，如果环境过于潮湿，多数手工艺品易滋生微生物，影响美观和质量。

第14条 手工艺品存放区的温度控制在18℃~25℃，湿度控制在45%~50%。

第15条 仓库内要安装温度计与湿度计，仓库管理员负责定期监测，一旦不在控制范围内，就要及时采取措施调整。

**第4章 珠宝首饰储存要求**

第16条 珠宝首饰存放时，应单独包装，不要与其他金属首饰混合存放，否则易发生化学反应，导致颜色、质量发生改变。

第17条 珠宝首饰应存放在干燥、避光、通风、阴凉的环境中，防止发生氧化。

第18条 珠宝首饰存放时，应用柔软材质包裹，防止相互碰撞，造成损失。

第19条 珠宝首饰应定期清洁，保持干净状态，避免影响美观。

第20条 应将易发生化学反应的金属首饰单独储存，避免与有可能发生化学反应的材质接触。

第21条 珠宝首饰较为轻便，因此仓库管理员应对进出仓库的人员进行检查，同时还要对仓库账面及物资定期盘点，避免丢失。

**第5章 附则**

第22条 本制度由仓储部负责编制、解释与修订。

第23条 本制度自××年××月××日起生效。

物料储存保管方案样例，扫描下方二维码即可查看。

# 6．4　安全管理

## 6．4．1　仓库消防管理制度

为了加强企业仓库消防安全管理，保护企业财产安全及企业员工人身安全，企业应制定仓库消防管理制度，具体样例如下。

| 仓库消防管理制度 |
| --- |
| **第 1 章　总则** |
| 第 1 条　为了防范火灾事故的发生，加强企业仓库的防火安全管理，确保企业财产安全和员工人身安全，促进企业持续健康发展，特制定本制度。 |
| 第 2 条　本制度适用于仓库防火消防工作的管理。 |
| 第 3 条　仓储主管负责制定仓库消防管理制度，全面负责仓库的消防安全管理工作。仓库管理员严格按照仓库消防管理制度开展工作，并加强对火源、电源、易燃易爆品的管理。 |
| **第 2 章　物资储存消防管理** |
| 第 4 条　对于露天存放的物资应分类、分摊、分组、分垛存放，中间应留出足够的间距和消防通道。 |
| 第 5 条　库存物资应当分门别类储存，每垛占地面积不超过 ＿＿＿ 平方米，垛距不小于 ＿＿＿ 米，墙距不小于 ＿＿＿ 米，垛与梁、柱子的距离不小于 ＿＿＿ 米，主要通道的宽度不小于 ＿＿＿ 米。 |
| 第 6 条　易自燃的物资必须存放在温度较低、通风、干燥的库房内，库房要安装检测仪器，以严格控制温度。 |
| 第 7 条　库房内如需防冻必须取暖时，取暖设备应正规安全，并且应放置散热器，供暖管道与货垛之间必须留有足够的距离。 |
| **第 3 章　电气消防管理** |
| 第 8 条　仓库的电气设备必须符合国家现行的有关电气设计与施工安全的规定。 |
| 第 9 条　每个仓库都应在外墙单独安装开关箱，仓库管理员离开时必须断电。禁止使用不合格的保险装置。 |
| 第 10 条　仓库电气设备的周围及架空线路的下方应严禁堆放物资，容易产生火花的提升、码垛等机械设备的相关部位应安装防护罩，避免起火。 |
| 第 11 条　仓库维修人员必须按照规定对电气设备进行检查与维修，在进行工作之前应切断所有电源。 |
| **第 4 章　火源及消防设施管理** |
| 第 12 条　仓库应设置醒目的防火标识。仓库内要严禁使用明火，在仓库外必须使用明火时，应有相应的安全措施。 |
| 第 13 条　按照国家有关规定，仓库内应配备消防设施和器材，并且将其放置于明显和便于取用的地点，周围不准堆放杂物。 |
| 第 14 条　仓库的消防设施应由专人负责检查、维修、保养、更换，以保证其完整有效，禁止任何人以任何名义私自挪用、占用。 |

（续）

第 15 条　库区的消防通道和仓库的安全出口、疏散楼梯等禁止堆放物品。

### 第 5 章　易燃易爆品消防管理

第 16 条　易燃易爆品应单独存放于专门设置的仓库内，并指定专门的仓库管理员进行管理。仓库管理员应熟练掌握物品特性、防火措施及灭火方法。

第 17 条　储存易燃易爆品的仓库耐火等级不得低于二级，有良好的通风散热措施，储存的数量以满足生产需要为准。

第 18 条　储存的危险品按照性质分类，专库专管，并设置明显标识以警示相关人员，标识应注明品名、性质、灭火方法等，容易发生化学反应的物品不要放在一起。

第 19 条　放置易燃易爆品的仓库中严禁烟火，电器设备开关、灯具、线路应符合防火要求。搬运此类物品时要轻拿轻放、稳装稳卸。

### 第 6 章　仓库防火措施

第 20 条　仓库管理员消防技能培训

1. 仓库管理员应当熟悉储存物品的分类、性质、保管业务知识和安全管理规定，掌握消防器材的操作使用和维修保养方法，做好本岗位的防火工作。

2. 仓库新入职员工应当参加仓储业务和消防知识的培训，考核合格后方可上岗。

3. 仓库内所有工作人员应熟记火灾报警信号，按照规定程序报警，熟知灭火器材的属性，并能熟练使用各种灭火器材。

第 21 条　基本灭火方法

1. 冷却法是指降低燃烧物的温度于燃点之下，使之不能燃烧。例如，水、酸碱灭火器、二氧化碳灭火器等均有一定的冷却作用。

2. 窒息法是指燃烧物因得不到足够的氧气而熄灭的方法。例如，沙土、四氯化碳灭火器、泡沫灭火器等。

3. 隔离法是将着火的地方或者物资与周围的可燃物隔离或移开，燃烧物会因缺少可燃物质而熄灭。例如，将靠近火源的可燃、易燃、助燃的物资搬走。

4. 化学抑制灭火法是指将化学灭火剂喷入燃烧区使之参与燃烧的化学反应，从而停滞燃烧。

### 第 7 章　火灾发生扑救

第 22 条　爆炸品引起的火灾用水扑灭；氧化剂引起的火灾用雾状水扑救，也可用二氧化碳灭火器、泡沫灭火器扑救。

第 23 条　易燃液体发生火灾用泡沫灭火器扑救，也可用沙土、干粉灭火器扑救，但是由于大多数易燃液体比较轻且不溶于水，因此不能用水扑救。

第 24 条　毒害性物质失火，一般用水扑救。但是氰化物着火，绝不能用酸碱灭火器和泡沫灭火器扑救，因为二者会产生化学反应，造成污染。

第 25 条　腐蚀性物资着火，可用水扑救，但是遇到氯磺酸、发烟硫酸等只能用二氧化碳灭火器和沙土扑救，切忌不能用水扑救。

### 第 8 章　消防监督管理

第 26 条　对国家消防法规或指示传达不及时、违反消防安全制度、对本部门存在的火险没有及时整改，以至于造成严重后果的，要追究有关人员的责任。

第 27 条　对认真贯彻各项消防管理制度，实现全面无火警、无火灾的部门及员工要给予奖励。

第 28 条　对那些在防火、灭火过程中表现出色、有重大贡献的员工要给予奖励。

第 29 条　对在火灾中救人、救物及处理事故中表现突出的员工要给予奖励。

### 第 9 章　附则

第 30 条　本制度由仓储部负责编制、解释与修订。

第 31 条　本制度自 ×× 年 ×× 月 ×× 日起生效。

## 6.4.2　仓库作业安全制度

仓储作业安全直接关系到物资的安全、作业人员的人身安全、作业设备和仓库设施的安全。因此，企业应制定仓库作业安全制度（具体示例如下），以免发生作业安全事故。

---

**仓库作业安全制度**

**第1章　总则**

第1条　为了明确仓库管理员的职责，规范物资作业管理，避免各种安全事故，特制定本制度。

第2条　本制度适用于物资装卸、搬运等作业的管理。

第3条　仓储主管负责制定仓库作业安全制度，并负责仓库作业安全管理。仓库管理员负责按照既定制度执行，并将执行结果统计上报。

**第2章　物资搬运作业安全管理**

第4条　搬运物资之前，要检查物资包装上是否有尖锐物体，如钉子、尖片等，以免造成损伤，作业时应佩戴手套等相关防护物品。

第5条　搬运时注意搬运姿势，不可只手搬运，以免脱落。

第6条　搬运较重的物资时，应特别注意斜坡、楼梯及一些易滑倒的地方；经过门口时，应确保门的宽度，以防撞伤或擦伤。

第7条　当用手动液压托盘车移动托盘物资时，无论是推、拉，物资都要在人的前方，被移动托盘与车厢边沿的距离应保持 5～10 厘米，防止物资掉落。

第8条　对于零散物资，必须码放托盘中并使用缠绕膜或打包带进行固定后方可搬运。

第9条　使用叉车搬运时，应确定叉车的各项性能都能正常发挥作用，若仪表盘出现警报信息，应及时排除问题后方可开始作业。

第10条　叉车启动前要提前检查周边环境，确保安全后再进行作业。

第11条　使用叉车时，必须充分考虑货架高度和货架承重能力，不能将过重物资搬上货架，以防止货架坍塌，发生安全事故。

第12条　使用叉车往货架上装运物资时，货架及叉车周围禁止站人，现场工作人员不可通过作业区。

第13条　使用叉车往货架上装运物资时，注意叉车的叉头不能破坏天花板、线管、灯具和消防管道等。

第14条　在货架区作业时要注意货架区的限高和安全提醒标识，并判断货架的长、宽、高是否与待放物资的尺寸相符。

**第3章　物资装卸作业安全管理**

第15条　相关人员进出仓库要遵循出入证准入制度，仓库工作人员凭有效工作证件出入。

第16条　仓库出入证必须专人（车）专用，一人一证（条）、一车一证（条），出入证上须注明人员姓名、部门、来访意图、联系方式等信息。

第17条　领用物资与送送物资时，相关人员未经许可不得进入仓库库区，如因故需进入仓库库区，应在得到批准且有库区工作人员陪同时才可进入仓库库区。

第18条　进入仓库的所有车辆及人员必须严格遵循人员车辆进出仓库制度，工作人员必须穿工作服、戴工作帽及防护面具等。

第19条　存放危险品物资的仓库周围禁止机动车辆靠近，专用车辆进入相关仓库，必须经过许可，并且要严格遵照相关制度执行。

第20条　各类车辆装卸物资后，未经许可不得在仓库周围停留。

第21条　装卸危险品物资时，特别是易燃易爆品，工作人员禁止穿戴容易产生静电的工作服或携带容易产生火花的工具。搬运物资时，要轻拿轻放，严禁撞击、倒置、强烈晃动与摩擦。

第22条　装卸作业结束后，仓库管理员应及时检查物资及仓库周围，无异常情况方可离开。

---

（续）

| |
|---|
| **第4章　特殊物资安全作业管理** |
| 　　第23条　装运危险品前，应了解危险品的特性，按照规定及防护要求穿戴防火、防爆、防腐蚀等方面的安全服饰。 |
| 　　第24条　采取必要的通风措施，谨慎操作，轻拿轻放，密切注意作业现场周围环境，防止中毒、失火、爆炸等事故发生。 |
| 　　第25条　作业过程中，一般不宜饮食，用过的防护用品应单独洗涤，作业人员沐浴后才能进入其他场所。 |
| 　　第26条　作业结束后，应做好清理工作，不能残留酸、碱、油或危险物质。 |
| **第5章　附则** |
| 　　第27条　本制度由仓储部负责编制、解释与修订。 |
| 　　第28条　本制度自××年××月××日起生效。 |

## 6.4.3　物资防盗管理制度

仓库物资丢失不仅会造成财物损失，导致库存成本提高，而且会影响生产作业的正常运行，耽误生产进度，造成难以衡量的后果。因此，仓储管理员为做好仓库的财产安全工作，防止物资丢失，应制定物资防盗管理制度，具体示例如下。

| |
|---|
| **物资防盗管理制度** |
| **第1章　总则** |
| 第1条　目的 |
| 为了有效避免不法人员的进入，保护仓库物资的安全，防止盗窃事件的发生，特制定本制度。 |
| 第2条　适用范围 |
| 本制度适用于仓库物资防盗工作的管理。 |
| 第3条　职责分工 |
| 1.仓储主管负责制定物资防盗管理制度。 |
| 2.仓库管理员负责执行仓库物资防盗管理制度，对有关人员进行监督和教育。 |
| **第2章　建立仓库安全保卫处** |
| 第4条　人员出入管理 |
| 　　1.仓库工作人员应凭借工作证进出库区及仓库，对未携带工作证的工作人员要予以警告。 |
| 　　2.非仓库工作人员进出仓库时，必须遵循非工作人员进出仓库管理制度，在得到仓储主管许可且有工作人员陪同时才可进出库区。 |
| 　　3.任何人携带包裹或者不明物体进出仓库时，必须经过检查，严禁将危险品或者易燃易爆品带进仓库。 |
| 　　4.仓库安全员对出库人员及出库凭证进行核验，对出库时携带的物品进行检查，即检查出库物品与出库凭证是否相符，并做好相应记录。 |
| 　　5.仓库安全员日夜守卫仓库，防止不法人员破坏仓库、偷盗物资。 |
| 第5条　车辆进出管理 |
| 　　1.对于进入库区的车辆，要提供经过上级主管签字盖章的文件，并要办理登记手续，否则不予放行。 |
| 　　2.重要仓库区域禁止非专业车辆进入，如要进入，必须持有仓储主管及仓储部经理的签字盖章的文件方可进入。 |

（续）

第 6 条　仓库安全员巡查

1. 仓库安全员严格遵循仓库安全保卫制度，坚守岗位，工作时间不得随意离开仓库。如有事外出，需提前请假，获得批准后方可离开。

2. 为了保证仓库安全，同时考虑仓库安全员身体情况，仓库应设立可供休息的保卫室，并实行轮休方式工作。

3. 仓库安全员应对仓库进行 24 小时巡查，发现异常情况及时处理并上报。

### 第 3 章　防盗系统管理

第 7 条　建立视频监控体系

1. 企业应在仓库不同地点安装监控系统，一定做到全面覆盖监控范围。

2. 监控室安排专人值守，并填写"每日值班记录表"；明确人员进入监控室的要求，禁止无关人员进入；未经部门主管同意，任何人不得查看影像资料。

3. 明确监控室的管理要求，任何人员不得在监控室内嬉笑、打闹、做与工作无关的事情，更不得随意操作监控设备。

4. 监控室人员在上岗前应参加岗前培训，考核合格后方可上岗。

第 8 条　明确监控室工作人员职责

1. 监控室工作人员应确保监控设备 24 小时不间断运行，监控监视系统界面。

2. 监控室工作人员应随时查看监控内容，处理各种信息，若发现任何可疑内容，应及时处理并上报。

3. 监控室工作人员应每天维护监控设备卫生，坚持每月对系统进行维护，确保机器设备正常运行。

4. 若监控设备发生故障，监控室工作人员应立即排除故障，然后报上级主管做好登记。

5. 监控室工作人员不得在监控室以外的任何地方谈论监控视频相关内容。

第 9 条　红外防盗系统

1. 应在存放危险品及贵重物资的仓库周边安装红外防盗系统，并于夜间开启。

2. 监控室内应配有各布控区域的开关，若因工作需要夜间在布控仓库工作的人员，要事先通知监控室工作人员关闭红外系统；在离开时，再通知监控室工作人员打开。

3. 监控室工作人员应做好红外防盗报警器撤防和重新布控工作，同时做好值班记录。

4. 监控室工作人员应密切注意红外防盗系统报警器，发现异常应及时赶赴现场查看原因。

5. 任何人员不得随意干扰红外系统，不得对红外线照射的线路进行遮挡，以免造成误报。

第 10 条　仓库防盗事件处理

1. 仓库如发生失窃事件，仓库管理员应及时赶赴现场，查看该库房门窗是否有损坏情况、查看物资丢失情况、做好现场保护工作，并报警处理。

2. 到监控室查看相关影像记录，观察是否有可疑人员进出库区，并向仓储主管及相关部门提供线索。

3. 仓库相关人员及企业相关部门应配合公安部门人员做好案件调查工作。

### 第 4 章　防盗奖惩管理

第 11 条　奖励措施

对符合下列条件之一的，企业将对相关部门及人员进行表彰和物质奖励。

1. 防盗安全措施到位，全年没有发生过物资丢失事件的。

2. 对仓库防盗事宜积极参与并提出有效意见付诸实施的。

3. 盗窃事件发生后，在公安部门破案中有重大贡献的。

第 12 条　惩罚措施

对符合下列条件之一的，企业将对相关部门及人员进行处罚，视情节轻重分别进行警告、罚款、追究赔偿等。

1. 防盗措施流于表面，不检查、不落实安全防盗措施的仓库管理员、仓储主管、视频监控室人员等。

2. 不负责任、擅离职守、在工作期间随意离岗的相关工作人员。

> 3. 物资丢失后，为避免承担责任而选择知情不报的相关工作人员。
>
> **第13条　仓库整改**
>
> 对于存在安全隐患的仓库，企业应派专门人员监督整改。
>
> 第5章　附则
>
> **第14条　编制单位**
>
> 本制度由仓储部负责编制、解释与修订。
>
> **第15条　生效时间**
>
> 本制度自××年××月××日起生效。

## 6.4.4　安全事故处理案例

不同的安全事故有不同的解决方案，这就要求仓储主管与仓库管理员在处理不同的安全事故时，要掌握不同的处理方法，并根据实际情况灵活应对、随机应变。下面是××企业仓库火灾事故处理案例，仅供参考。

### ×× 企业仓库火灾事故处理案例

20×× 年 ×× 月 ×× 日，×× 企业仓库发生火灾事故，事故最先是东侧仓库起火，后由于仓库内存放的物资属于易燃危险物资，造成库区接连着火，幸亏现场工作人员及时发现，采取灭火举措，抢救仓库物资，最后将火灾及时扑灭，并且无人员伤亡情况。

**一、处理措施**

本次事故发生后，×× 企业高度重视，迅速成立专项小组，全权负责本次事故后续处理工作，具体处理措施如下。

1. 专项小组得到任命后，迅速启动事故调查程序，通过调取监控视频、走访现场工作人员，最后查明起火地点为东侧仓库一处存放硝化棉的地方，起火原因为李某在现场吸烟，烟头未熄灭所致。除此之外，仓储主管忽视员工的安全教育，也是造成本次事故的重要原因。

2. 查明原因后，专项小组认定李某应对此次事故负有直接责任，仓储主管对此次事故负有间接责任。因此，专项小组按照相关法律规定对二人提出诉讼，二人最终受到法律惩罚。

3. 专项小组对在本次事故中损失的物资进行清查，确认物资损失情况，包括损失品类、损失数量、损失金额等，将这些情况及时告知生产部和采购部，让它们做好相关准备，对交货期迫在眉睫的物资紧急调拨，对不着急的物资及时补充，尽快

（续）

恢复生产经营活动。

4. 专项小组及时对损毁仓库进行统计，联系能够提供服务的建筑供应商，要求按照既定安全标准重建仓库。

5. 由于仓库的消防体系较为完善，因此本次火灾发生后被及时扑灭，未造成人员伤亡。专项小组在现有的消防体系基础之上，又对此进行了完善，增添了消防器材，配备了火灾警报器。

6. 工作人员的消防意识不到位是本次事故发生的直接原因，专项小组深刻意识到安全培训的重要性，因此制定了一系列的消防培训制度与考核规范，要求仓库所有工作人员都参加消防培训，考核通过后方可继续上岗。

### 二、经验与教训

××企业的本次火灾事故在业内造成重大影响，敲响了防火安全警钟，给人们留下了深刻教训。本次火灾告诉我们要做好如下工作。

1. 企业在进行仓库选址时，一定要考虑仓库的性质，如危险品仓库的选址，要选在距离住宅区较远的地方。

2. 企业应对储存危险品的仓库加强监管力度，监管内容涉及资质、环评、安全防火措施。

3. 企业内部应更加重视防火事故的预防工作。危险品的安全管理、储存与摆放都应按规章制度执行，最好将危险品仓库布局及存放位置在消防局备案登记，为消防工作提供便利。

4. 最初起火点若是得到及时、有效控制，则不会造成严重损失。因此，员工的安全防火教育十分重要，仓库员工在正式上岗之前应经过培训，考核通过后方可上岗。在工作过程中，应经常举行防火安全知识教育，加强日常管理。

5. 危险品物资的储存与摆放若没有经过专业训练与严格规定，就容易发生意外事故。因此，企业应加强对危险品的储存与摆放管理，避免意外事故。

# 第7章
# 库存盘点与控制

## 7.1 库存盘点

### 7.1.1 库存盘点计划

在对仓库实施盘点前，仓库管理员需要对盘点内容、盘点时间、盘点人员、盘点方法、盘点区域、盘点物资、盘点流程等内容做出规划，以确保盘点工作能够顺利实施。仓库管理员可参考以下计划实施盘点。

---

**库存盘点计划**

**一、目的**

为了准确反映现阶段企业生产经营成果，明确存货资产的数量和状态，加强仓储存货管理，降低企业成本，规范库存盘点工作，特制订本计划。

**二、主要工作内容**

1. 确定仓库内实际库存数量。

2. 确定所有存货数量与账面数是否相符。

3. 确定所有存货是否维持在可使用状态。

4. 解决库存过程中产生的问题。

**三、时间**

本次盘点的基准时间为20××年××月××日××时。

---

（续）

1. 初盘时间

20××年××月××日××时至20××年××月××日××时。

2. 复盘时间

20××年××月××日××时至20××年××月××日××时。

### 四、盘点范围

本次盘点的范围是企业所有仓库。

### 五、盘点领导小组

1. 盘点总负责人

××。

2. 盘点组长

××。

3. 盘点小组组长

××。

### 六、盘点人员培训计划

1. 培训时间

20××年××月××日××时至20××年××月××日××时。

2. 培训地点

企业××仓库与企业××号会议室。

3. 培训内容

（1）明确初盘人员与复盘人员工作安排。

（2）培训物料信息、盘点方式、盘点卡、盘点单的使用说明，盘点时的注意事项与可能发生的问题。

### 七、具体工作安排

（1）企业成立盘点领导小组，划分盘点区域，落实盘点责任人，并将盘点责任人所负责的区域及联系方式于正式盘点的前一天（即20××年××月××日××时）上报盘点领导小组。

（2）各仓库安排专人到财务部领取盘点表。

（3）开始盘点时，各仓库应成立盘点小组，由仓库负责人担任组长，根据工作量合理配置人员，确保按时完成盘点工作。

（4）财务部、仓储部相关人员进行复盘，复盘从先结束盘点的小组开始，采用

（续）

抽盘的形式，复盘比例不低于 30%，初盘盘点小组组长必须协同复盘人员共同抽查。

（5）如果抽查种类错误率超过 5%，初盘人员需对所有物资进行重新盘点。

（6）复盘结束后，各盘点区域应及时整理盘点表，在监盘结束后应将盘点表"财务联"交财务监盘人员。

（7）仓储管理部向财务部提交电子版及文本版盘点汇总表。文本版盘点表应由制表人、实物负责人及部门负责人签字确认。

### 八、存货盘点作业

（1）整理现场，依据编码、品名、规格、单位将所有存货分类存放在同一区域。

（2）归纳仓库所有存货，由相应部门负责盘点，防止漏盘。

（3）明确仓库存货归属地，按管理权盘点，防止重盘。

（4）将所有存货的准确数量标示清楚并填至"盘点卡"及"盘点单"中。

（5）初盘完成后，将"盘点单"交给各仓库相应的复盘人员。

（6）复盘人员核对"盘点卡""盘点单"与实际存货的相符状况，确保"盘点卡""盘点单"与实物的编码、品名、规格、单位、数量都完全相同。

（7）"盘点单"中所列差异，经存货保管人确认及呈主管副总核准确定后，送交财务部调整入账。

### 九、盘点卡、盘点单的填写

1. 全部物料、成品部分

全部物料、成品均应在"盘点卡""盘点单"中填写清楚。

2. 在制品、半成品部分

（1）各仓库物资凡已领料，但仍保持原物料状态者，应于"在制品盘点单"中填写。

（2）已检查未入成品库的成品，以半成品盘点填写。

（3）"在制品盘点单"一律按编码、品名、规格、单位、订单号码填写清楚。

3. 其他填写注意事项

（1）记录时，物品的编码、品名、规格、单位、数量均应准确，避免遗漏或重复盘点。

（2）填入"盘点卡"和"盘点单"的编码、名称、规格要依据计算机系统上的数据统一填入。

（3）"盘点卡""盘点单"中的日期统一用阿拉伯数字填写。

（续）

（4）闭库前收到的材料必须填入"盘点单"中，并全部开出相应的"入库单""盘点卡"。

（5）同一材料应尽可能摆放在同一区域，尽量避免分开放置。

（6）"盘点卡""盘点单"中填写不明之处，请与财务部联络。

**十、盘点卡、盘点单的处理**

（1）盘点结束后第二天上午，各区负责人收齐"盘点卡"和"盘点单"并签署确认后即送仓储部，由仓储部汇总并送交财务部。

（2）各仓库区域负责人在使用"盘点卡""盘点单"时应核算张数，即使作废页或空白页也不得遗失。

**十一、注意事项**

（1）盘点区域存货时须按同一编码、同一品名、同一规格、同一单位，分类整齐摆放。

（2）"盘点卡"应粘贴在已盘存货的显眼位置，避免漏盘或重复盘点。

（3）进行盘点时，盘点人员须随时核对现存存货账卡，以便及时发现"无账有物"或"有物无账"的情况。

（4）复盘人员首先要对初盘更正项目进行复盘，其次要复核高价存货项目，最后要复核数量大的存货，复盘结果均应记录在"盘点单"中。

## 7.1.2 库存盘点方法

库存盘点方法按不同的标准有多种分类方式，常用的分类方式是根据盘点对象的不同，将库存方法分为账面盘点法和现货盘点法，具体如表7-1所示。

表7-1 库存盘点方法的适用范围与特点

| 方法名称 | 概述 | 适用范围 | 优点 | 缺点 |
|---|---|---|---|---|
| 账面盘点法 | 按库存物资的种类、规格设置物资明细分类账，逐笔逐日将每日入库及出库物资的数量、单价记录在计算机或账簿中，并及时结出存货结存数量和金额 | 当账面数与实存数发生差异时，有时很难断定是账面数有误还是实盘数有误，这时可采取账面盘点法来分析 | 能够随时随地了解精确库存量，盘点工作量小 | 库存物资明细分类账的财务核算工作量很大，库存物资估价入库成本费及市场销售或损耗成本费的测算工作较为集中化 |

（续表）

| 方法名称 | | 概述 | 适用范围 | 优点 | 缺点 |
|---|---|---|---|---|---|
| 现货盘点法 | 定期盘点法 | 仓库管理员定期对库存物资进行盘点，仓库主管人员会同其他仓管人员按照月度、季度、年度对库存物资进行一次全面清查盘点 | 适合用于统一订单的情况，尤其是那些供货较少或者比较集中的场合 | 便于妥善处理超储/滞销品库存物资 | 工作量大，工作烦琐，人力、物力消耗大；易掩盖物资管理中自然和人为因素的损害 |
| | 循环盘点法 | 按照物资入库的先后次序，对物资逐区、逐类、分批、分期、分库、循环不断地进行盘点，或者仓库管理员在每天、每周清点一小部分物品，一个循环周期将每种物品至少清点一次 | 只对少量物品盘点，反之则必须有专业盘点人员划分物资类别，利用其丰富的经验连续盘点 | 能够将本年度集中化排查盘点的繁杂工作有规律地分散化到平常开展，既不妨碍物资收取和发送工作，又能使仓库管理员灵活运用工作的闲暇时间 | 循环盘点法是不断地去盘点，而不是分时间段去盘点 |
| | 临时盘点法 | 灵活性强，能弥补日常盘点的不足，能及时确定需要了解的物资的库存情况 | 在日常盘点没有及时跟上、仓库管理员办理交接、发生意外事故的情况下，或在台风、梅雨、严寒等季节进行的临时突击盘点 | 可以应对突发情况带来的库存变化或货品变化 | 突发性强，容易使工作人员准备仓促，规范性差 |

## 7.1.3 库存盘点步骤

为了使盘点工作顺利进行，盘点管理人员需要遵循一定的步骤，具体如图 7-1 所示。

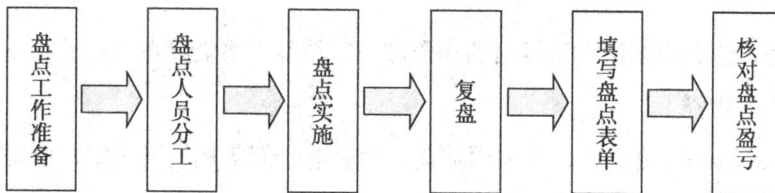

图 7-1 库存盘点步骤

### 1. 盘点工作准备

在进行实地盘点前，为了确保盘点工作有序开展，仓库管理员及其他相关人员要对放置物料的场地进行整理、清洁，最好按照 6S 活动中的整理、整顿规范进行。

仓库管理员需要准备的盘点工具主要是盘点时使用的计量工具和盘点表单。

（1）计量工具主要有计算机、盘点系统（数据）、整理袋、盘点标签等。

（2）盘点表单主要有物资盘点卡、物资盘点单、盘点记录表和盘点盈亏汇总表。

### 2．盘点人员分工

划分完区域后，应将盘点人员分成几个组，每组负责一个区域。分组时，应该注意将专业人员与非专业人员进行搭配组合，以提高盘点效率。同时，需要明确盘点总负责人、执行人、现场盘点负责人、各具体盘点实施小组、ERP 数据组。

各组长必须对自己小组盘点的存货或资产的真实性负责，可由三人（盘点人、记录人、监盘人）组成一个盘点小组，其中要有人熟悉存货。

### 3．盘点实施

仓库管理员针对不同物资，按照三种方式开展盘点工作。

（1）计件物资

对于以件（箱、捆、包）为单位的物资，要先清点件数，再换算成记账单位与账、卡核对。

对于包装容量不同的物资，要分别清点，以免造成盘点错误。

（2）计重物资

对于有标准质量的物资，只要件数相符，即可作为账货相符处理。

对于无标准质量的物资或散件物资，原垛未动的，可复核原磅码单，磅码单无误即可做账货相符处理；原垛已动的，存量较大，可进行理论换算，如无较大短缺迹象，暂做账货相符处理，出清后，如不超过规定损耗率，做账货相符处理；如超过规定损耗率，做不符处理。

（3）计尺物资

对于包装容量一致的计尺物资，以件为单位计数。

对于包装容量不一致的计尺物资，必须逐件核对磅码单。

### 4．复盘

仓库管理员应该根据清点后得出的物资数量，填写"物资盘点单"的第一联，并将此联悬挂在对应的物资上。

复盘可采用 100% 复盘，也可采用抽盘，由企业仓储部视情况确定，但复盘比例不可低于 30%。

在初盘人员清点完物资并填写了"盘点单"后，复盘人员要对清点结果进行检查，并据实填写"盘点单"的第二联。

如果复盘数量与初盘不一致，应该由初盘人员与复盘人员进行再次清点，以确定其最终数量。

### 5．填写盘点表单

盘点结束后，盘点人员根据盘点表汇总统计物资的库存数等，并将统计结果填写在相应的表单中，如"呆滞品统计表""废品统计表""待整理成品统计表""差异表"等。"盘点单"是盘点实际库存数的原始记录，收回后应妥善保存，以备与账、卡核对。

如企业应用仓库管理系统进行库存管理，则需将数据传回系统，以备核对盈亏。

### 6．核对盘点盈亏

仓库管理员需要将盘点所得库存物资实存数量与库存账目核对。盘点人员需要对"盘点盈亏汇总表"反映出的盈亏数据签字确认。

若发现实存数大于账面结存数量或有物无账的情况，即发生了物资盘盈；若发现实存数小于账面结存数量或有账无物的现象，即发生了物资盘亏。

若出现盘盈或盘亏的情况，仓库管理员要分析原因，将盘点结果上报管理部门，根据管理部门的批示进行相应处置。

物资盘点表单样例，扫描下方二维码即可查看。

## 7．1．4　盘点结果处理

盘点工作结束后，需要核对盘点表单，若盘点数目刚好对应，则上报结果，无需对账面进行处理。若出现盘盈或盘亏的情况，仓库管理员要分析原因，将盘点结果上报管理部门，并进行下述处理。

### 1．分析差异原因

盘点差异产生的原因是多方面的，可能是由于仓库管理员日常管理出现差错，也有可能是由于盘点人员盘点时的计数有误。因此，出现盘点差异时，仓库管理员应该按照图 7-2 所示的顺序追查差异产生的原因。

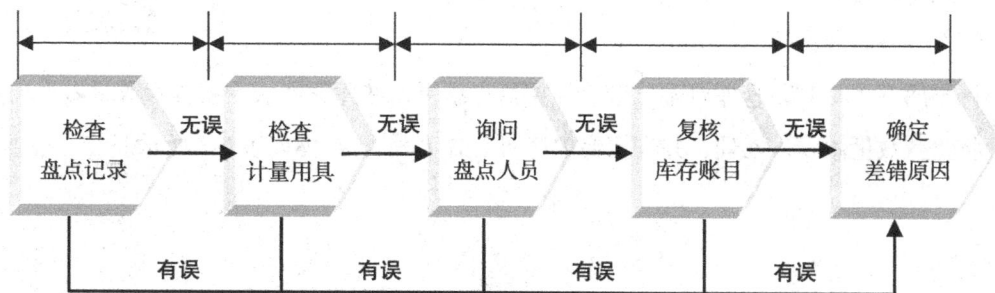

图 7-2　分析盘点差异原因

（1）检查盘点记录

当通过盘点发现差异时，仓库管理员应先核对盘点时的单据，以确定盘点差异是否是由于盘点工作中的计数差错或记录差错造成的。

（2）检查计量用具

对盘点时采用的量具、衡具加以检查，以确定是否因计量用具欠准确而形成盘点差异。

（3）询问盘点人员

通过询问盘点人员，确定其是否有不遵循盘点工作的步骤，或发生漏点、复点等情况。

通过以上三步，可以确定盘点差异是否是由于盘点工作中的差错造成的。

（4）复核库存账目

通过复核库存账目及记账凭证，检查记账过程中是否有无凭据记录、重复记录、记录差错等情况。

（5）确定差错原因

如果经过上述步骤，发现均不是产生差异的原因后，则可判断是由于盗窃、丢失、贪污等原因产生的库存差错。仓库管理员在日后的管理工作中，应该注意加强防范。

2．上报盘点结果

通过盘点查清仓库的实际库存量后，仓库管理员应该向上级部门及时报告盘点结果，并请其对盘点中产生的盈亏进行处理。

为了使管理部门及时了解库存情况，仓库管理员应该依据盘点结果，分析盘点产生差异的原因，制定对策，并填写"盘点盈亏汇总表"，同时请上级主管部门就盘点差异的处理方法进行批示。

3．调整账面存量

根据盘点后的结果，仓库管理员要办理库存账目、保管卡的更改手续，以保证账、物、卡重新相符。

（1）调整库存账目

调整库存账目时，仓库管理员应该根据盘点结果，在库存账页中将盘亏数量做发出处理，将盘盈数量做收入处理，并在摘要中注明盘盈（亏），具体如表7-2所示。

表 7-2　盘盈（亏）库存账目调整

| 年 | | 凭证 | | 摘要 | 收入 | 发出 | 结存 |
|---|---|---|---|---|---|---|---|
| 月 | 日 | 种类 | 号码 | | | | |
| …… | …… | …… | …… | …… | …… | …… | …… |
| 12 | 30 | 领料单 | 20222022 | | | 1 000 | 133 000 |
| 1 | 1 | 盘点单 | 20222023 | 盘亏 | | 1 000 | 140 000 |
| | | | | | | | |

（2）调整保管卡

仓库管理员调整保管卡时，也应在收发记录中填写变更的数量，具体如表 7-3 所示。

表 7-3　盘盈（亏）保管卡调整

| 收发记录 | | | | | | | |
|---|---|---|---|---|---|---|---|
| 日期 | 单据号码 | 发料量 | 存量 | 收料量 | 退回 | 订货记录 | 备注 |
| …… | …… | …… | …… | …… | …… | …… | …… |
| 12 月 30 日 | 20222022 | 1 000 | 133 000 | | | | |
| 1 月 1 日 | 20222023 | 1 000 | 140 000 | | | | 盘亏 |

## 7.1.5　库存盘点报告

盘点工作得出的数据是衡量企业业绩的重要指标，也是对一年营运管理的综合考核和回顾。库存盘点工作完成后，仓库管理员需要对此次盘点工作进行梳理，总结盘点工作中遇到的问题，撰写库存盘点报告（具体示例如下），对此次工作进行分析与总结。

---

### 库存盘点报告

**一、目的**

为了反映企业在本盘点周期内的盈亏状况，发掘并清除滞销品、临近过期物资，避免仓储部管理上的漏洞，特撰写此报告，以发现问题、改善管理、降低损耗。

**二、盘点方法及工作过程**

（一）盘点方法

盘点方法包括账面盘点法和现货盘点法。在本次盘点过程中，我们采取以现货盘点法为主，以账面盘点法为辅的盘点方法。

（二）盘点工作过程概要

在实地盘点前，要先制定库存盘点计划书，掌握盘点程序，并经盘点人员商议及讨论后再实施盘点。

---

（续）

1. 确定进行盘点的日期与时间。

2. 确定进行盘点的项目和范围。

3. 确定参与盘点的人员及相关负责人。

4. 确定、安排并保管盘点记录的方法。

5. 进行实地盘点。

6. 盘点计算及记录纸张的回收。

7. 将账簿内的库存与实地盘点结果相比对。

8. 依照比对结果进行处理方法的检讨及实施。

### 三、盘点结果说明

1. 本次盘点过程中，共计盘点 ____ 类，总计 ____ 件，账面库存 ____ 件，共计盘盈/盘亏 ____ 件。

2. 原材料：在库原材料有 ____ 种，盘盈物料有 ____ 种，盘亏物料有 ____ 种。

3. 半成品：在库半成品有 ____ 种，盘盈物料有 ____ 种，盘亏物料有 ____ 种。

4. 成品：在库成品有 ____ 种，盘盈物料有 ____ 种，盘亏物料有 ____ 种。

### 四、盘点工作中发现的问题

1. 盘点用表数量预估不准确，导致盘点表数量不足，说明仓储部对仓库货架数据掌握不准确。

2. 出现漏盘、重盘等情况，盘点工作计划不充分。

3. 数据录入效率不高，各部门配合协调情况不佳。

4. 盘点差异时不够主动，不能及时有效地提供相关证据。

5. 差异原因大多是盘点错误、漏盘。

6. 仓储部没有全年的库存管理计划，也没有制订物资循环盘点计划，导致年终盘点数据差异较大。

### 五、盘点问题处理

企业将对以下问题进行处罚。

1. 盘点工作组织不力，盘点人员不知本次盘点要求的。

2. 漏盘、重盘的。

3. 盘点数量与实际数量不一致的。

4. 遗失盘点表的。

5. 盘点表与盘点汇总表数据不一致的。

（续）

6. 没有按要求完成盘点工作的。

**六、结论与建议**

**（一）做好盘点计划**

将盘点所需要进行的工作以清单的形式列印出来。明确所有参加库存区盘点、陈列区盘点的人员，以及盘点指挥中心和盘点资料处理中心的人员。

**（二）规范盘点流程**

所有盘点流程，包括区域的规划、盘点的原始资料等，都必须进行规范，不要遗漏任何区域和环节。

**（三）明确职责权限**

明确相关人员的职责权限，确保不同的人员负责不同的工作，使盘点工作顺利进行。

**（四）加强盘点现场管理**

保持盘点现场的良好秩序，包括控单发放、回收。盘点负责人应掌握盘点进度，机动调动人员支援并巡视各部门盘点区域，及时处理各种突发事件，保证盘点工作顺利进行。

**（五）提高人员执行力**

保证相关人员明确工作计划及目标，不私自在操作中变通更改，注意各时间节点，保证各环节顺利进行。

**（六）加强库存管理**

要加强库存管理，仓储部最好制订物资循环盘点计划，以便掌握库存情况，及时做出调整。

××（报告人/部门）

20××年××月××日

# 7.2　库存控制

## 7.2.1　库存量控制

仓库管理员在控制库存量时，主要通过设置安全库存量来预防需求或供应方面的不可预测的缺货或库存积压。在实施库存量控制时，企业可借鉴如下示例的具体规定。

| 库存量控制办法 |
|---|

## 第1章 总则

**第1条 目的**

为了保障库存物资供给，合理分布库存，降低库存管理成本，规范一系列库存控制行为，实现科学库存管理，特制定本办法。

**第2条 适用范围**

本办法适用于对本企业各类库存物资的存量进行管理和控制。

## 第2章 存量基准设置控制

**第3条 预估月用量**

1. 对于需求量稳定的物资，库存控制人员需根据去年的平均月用量，并参酌今年营业的业务与经营计划，估计月用量。

2. 如遇开发或取消某一产品的生产、扩建增产计划等产销计划重大调整时，应修订月用量。

3. 季节性与特殊性需求的物资由库存控制人员于每年3月、6月、9月、12月的25日以前，依"库存月报表"中前三个月及去年同期各月份的需求量，考虑今年的计划情况，并设定预估月用量。

**第4条 设定补货点**

1. 补货点——补货作业期间的需求量加上安全存量。

2. 补货作业期间的需求量——补货作业期限乘以预估月用量。

3. 安全存量——补货作业期间的需求量乘以25%（差异管理率）加上等待装车（船）延误日数用量（欧美地区15天用量，日本与东南亚地区7天用量）。

**第5条 设定补货提前期**

库存控制人员依补货作业各阶段所需日数确定补货提前期，经仓储主管核准后，送相关部门作为补货日期及数量的参考。

**第6条 设定订货批量**

1. 考虑事项：补货作业期间的长短、最小包装量、预计到货量及仓储容量。

2. 设定数量：外购材料的，欧美地区每次补两个月用量，亚洲地区为一个月用量；国内所购材料则每次补15天用量。

**第7条 建立存量基准**

库存控制人员将以上存量管理基准分别填入"存量基准设定表"，交仓储主管核准后，根据物资分类进行建档。

## 第3章 库存量控制

**第8条 库存管理人员实施要点**

1. 主要负责进行库存控制分析、规划和决策。

2. 负责物资盘点、库存记录，协助库存数据上报等。

3. 当物资达到安全存量时，向相关部门发出补货需求，保证物资正常供应。

**第9条 补货管理人员实施要点**

1. 根据库存管理人员的补货计划制订物资采购计划，合理安排采购作业。

2. 向库存管理人员提供采购成本及费用信息。

3. 向库存管理人员提供各类采购的提前期信息。

**第10条 补货作业审核**

库存控制人员提出补货需求时，由主管人员利用计算机（人工作业）查询在途量、库存量及安全存量，并对需求进行审核，核定无误后送相关部门办理补货作业。

**第11条 物资需求差异管理基准**

库存控制人员须严格控制库存物资需求，发现如下情况时，应视为超出正常范围物资需求。

1. 上旬（1~10日）实际用量超出该旬设定量____%以上者。

（续）

2. 中旬（1～20 日）实际用量超出该旬设定量 ＿＿＿% 以上者。

3. 下旬（即全月）实际用量超出全月设定量 ＿＿＿% 以上者。

第 12 条　物资需求差异反映

每月 5 日前，库存控制人员需针对上一月开立"物资用量差异反映表"，查明差异原因并拟定处理措施，研究是否修订预估月用量。

第 13 条　物资需求差异处理

如需修订预估月用量，应在"物资用量差异反映表"中的"拟修订月用量"栏内修订，并经仓储部经理核准后，修改存量基准。

第 14 条　库存查询及措施

库存控制人员接获核准修订月用量的"物资用量差异反映表"后，应立即查询该物资的在途量及进度，并决定是否需要修改补货点和日期。

第 15 条　资料归档

库存量控制工作完成后，库存管理员需要对相关资料进行收集与汇总，根据企业文件管理制度进行归档处理。

### 第 4 章　附则

第 16 条　编制单位

本办法由仓储部制定，经总经办审核批准后通过。

第 17 条　生效时间

本办法自 20×× 年 ×× 月 ×× 日起生效。

库存周转管理制度样例，扫描下方二维码即可查看。

## 7.2.2　库存成本控制

企业库存管理的重要工作之一就是开源节流，仓储部作为企业的物资管理中心，在企业节流策略实施中占据重要地位。因此，仓储部合理控制库存成本，对节省企业财务支出、提高企业利润发挥着重要作用。企业在进行库存成本控制时可参照如下制度实施。

| 库存成本控制制度 |
| --- |
| 第 1 章　总则 |
| 第 1 条　目的 |
| 为了达到保障库存物资供给，合理分布库存，提升客户满意度，有效提高企业利润的目的，特制定本制度。 |
| 第 2 条　适用范围 |
| 本制度适用于规范企业所有仓库的库存成本控制工作。 |

（续）

第 3 条　术语说明

1. 本制度中的最低库存量是指为保险起见而设定的库存量，一般情况下应当设定 3 ~ 5 天的量。

2. 本制度中的请购点是指采购作业期间的需求量加上安全库存量。

## 第 2 章　库存量控制

第 4 条　库存盘点

1. 仓库管理员应定期组织盘点库存物资，发现盘盈或盘亏的，应及时办理物资盘点报告手续，填具"物资盘盈、盘亏报告表"，报经领导批准，并列入账中。

2. 仓库管理员应将盘点结果予以汇总，报至库存控制专员进行分析。

3. 库存控制专员根据库存情况、生产计划确定物资需求计划，并制订合理的请购计划。

第 5 条　用量预测规范

1. 库存管理人员应掌握物资库存情况及其他相关资料，以进行库存量预测。需要搜集和分析的资料包括市场需求、产品生命周期、物资价格变动趋势、物资库存现状及物资需求与消耗现状。

2. 用量稳定的物资存量由物资控制主管依据去年的平均月用量，并参考今年营业的销售目标与生产计划设定，若产销计划有重大变化（如开发或取消某一产品的生产、增产计划等），应修订月用量。

3. 季节性与特殊性物资由仓储主管催促生产管理人员于每年 3 月、6 月、9 月、12 月的 25 日以前，依前三个月及去年同期各月份的耗用数量，并参考市场状况，拟定次季各月份的预计销售量，再乘以各产品的单位用量，设定预估月用量。

4. 对市场难以准确把握的物资，原则上实行零库存管理，对低于最低存量或者超过最高存量的物资，仓库要及时通知生产部、采购部。

第 6 条　预测方法选择

库存管理员需根据企业的实际情况选择库存量预测的方法。

1. 定性预测法。对熟悉情况和经验丰富的经理、销售人员、生产人员、客户做调查，根据调查结果分析物资需求和产品需求量，然后推测出需要保有的库存量。

2. 定量预测法。根据完整全面的记录资料，运用数学方法进行科学推算，预估未来的库存量，需优先采用时间序列法和计量经济模型法。

第 7 条　设定安全存量

1. 库存控制专员应当确定物资安全库存量，确保仓库存货在安全库存量以上，以减少缺货情况，降低缺货成本，提高企业服务水平。

2. 安全库存量的计算公式如下。

安全库存量 =（生产周期 + 运输时间 + 检验时间）× 单位时间用量 + 最低库存量

第 8 条　设置请购点

1. 库存控制专员应通过对历史数据的分析，确定不同物资的库存维持费用，估算由此产生的财务支出。

2. 根据库存维持费用、物资需求情况、安全库存量等数据合理设定请购点。

第 9 条　设定存量基准

库存控制专员应将存量管理标准填入"存量基准设定表"，报生产部经理批准后建档。

## 第 3 章　库存成本分析

第 10 条　核算库存订购成本

库存控制专员负责根据订货费、运输费、保管费、缺货费、人员费用等各项费用，核算库存订购成本、库存维持成本和缺货成本，供物资控制主管决策使用。

第 11 条　库存成本统计分析

库存成本统计分析应一个月一次，月末将本月发生的各项成本统计出来，并求出总成本，然后采用成本时间比较分析法或成本结构比较分析法进行分析。

（续）

1. 成本时间比较分析法是采用本月与上月比较、今年与去年同期比较的方法，根据变化趋势分析原因。

2. 成本结构比较分析法是采用各部门、各班组和各项费用比较的方法，通过对各部门的管理措施和费用水平的考察与分析，总结经验和教训，制订今后的工作计划。

### 第 4 章　库存成本控制措施

第 12 条　实行目标成本责任制

1. 为了实现企业的经营目标和利润目标，企业实行目标成本责任制度。财务部成本中心应将目标成本进行层层分解，将责任成本与各层级、各岗位员工个人的责任挂钩，签订成本目标责任书，使每位员工都承担一定的成本责任。

2. 通过成本考核及成本目标管理，使各责任部门明确其责任范围，使考核结果与有关当事人的经济利益、任免和晋升直接联系起来，使各责任部门及有关责任人自觉地执行各项成本的计算，使仓储成本分析具有层次性和针对性。

第 13 条　推行定额管理方式

1. 定额是编制成本计划和考核成本水平的依据，也是审核和控制耗费的标准。

2. 企业各部门应根据自身的设施条件、技术状况和实际业务特点，结合职工技能等方面因素制定和修订定额，并据以审核各项耗费是否合理，借以控制耗费、降低物流成本。

第 14 条　使用经济订货批量方法

1. 库存控制专员应配合采购部，根据采购产品的价格、库存订购成本、库存保管费用、是否允许缺货等情况，利用经济订货批量模型，确定最经济的订货批量和订货周期。

2. 在库存水平达到请购点之前，库存控制专员应当及时向采购部提出请购计划，并在请购计划中说明现有库存量、在途库存量及安全库存量，以利于审核，审核无误后由采购单位办理采购。

3. 因库存控制专员未能及时提出请购造成的供应短缺，应由生产部负责。生产部及时提出请购而采购部没有按照要求及时采购，产生的损失应由采购部承担。

第 15 条　库存成本分层控制

仓储部应会同生产部、销售部、采购部等一起对库存成本进行控制。库存成本控制的内容包括库存持有成本控制、库存订货成本控制和库存缺货成本控制。

1. 库存持有成本控制，即通过对物资的分析，库存控制专员确定需库存及无需库存的物资，明确库存的规模、周转率和分布情况，减少库存持有成本。

2. 库存订货成本控制，即库存控制专员负责确定正确的订货方法，制定库存的再订货点、订货周期和每次的订货量。

3. 库存缺货成本控制，即库存控制专员负责根据生产部的生产计划和销售部的销售计划，正确做出库存的需求预测，避免因为缺货发生损失。

第 16 条　库存分类控制

为了按照物资的重要性合理地控制库存量，企业将物资按照战略重要程度分为 A、B、C 三类，每类物资划分相应的标准及库存管理方法。

第 17 条　利用作业基准成本法改进作业链

要减少作业消耗，提高作业质量，并在整个作业周期内进行战略成本管理，为实施物流流程再造、业绩评价等提供成本信息；通过高效率的配送降低仓储库存成本。

### 第 5 章　附则

第 18 条　编制单位

本制度由仓储部制定，经总经办审核批准后通过。

第 19 条　生效时间

本制度自 20×× 年 ×× 月 ×× 日起生效。

库存成本核算方法一览表，扫描下方二维码即可查看。

### 7.2.3 零库存管理

零库存是一种特殊的库存概念。零库存并不是不做储备，而是指物料（包括原材料、半成品和产成品等）在采购、生产、销售、运输等过程中，不以库存的形式存在，处于周转状态。

零库存的存在可以解决企业仓库建设问题、降低企业运营成本、减少企业固定成本费用与维护费用、增加企业流动资金。

因不确定因素、需求预测准确率等因素制约，为维持企业运营，库存不可能为零，可在成本和效益最优化的前提下，使库存无限接近零。

企业实现零库存主要有六种途径，具体如表7-4所示。

表7-4 实现零库存的六种途径

| 途径 | 具体内容 |
| --- | --- |
| 无库存储备 | 仍保有库存储备，但不以库存形式存在，以其他形式存在，能做到需要时即用 |
| 委托保管 | 将所有权属于客户的物资存放在专业化程度比较高的仓库中，由其代理用户保管和发送物资，客户则按照一定的标准向其支付服务费 |
| 协作分包 | 以若干企业的柔性生产准时供应，使主企业的供应库存为零，同时主企业的集中销售库存使若干分包劳务及销售企业的销售库存为零 |
| 适时适量生产方式 | 在需要的时候，按需要的量生产所需产品，通过生产的计划和控制及库存的管理，追求一种无库存或使库存达到最小的生产方式 |
| 按订单生产方式 | 企业在接到客户订单后才开始生产，企业生产活动都是按订单进行采购、制造、配送的，仓库不再是传统意义上的储备物资的仓库，而是物资流通过程中的一个"枢纽" |
| 合理配送方式 | 建立完善的物流体系，实行合理的配送方式，企业及时将按照订单生产出来的物品配送到客户手中 |

## 7.3 呆废料处理

### 7.3.1 呆料的处理方法

仓库管理员在处理呆料时，需要考虑成本回收、处理流程便捷程度、处理所需成本等。需求不同，呆料的处理方法也不同。呆料的处理方法一般有八种，具体如表7-5所示。

表 7-5　呆料的八种处理方法

| 方法 | 概述 | 优点 | 缺点 |
| --- | --- | --- | --- |
| 加工 | 将呆料再加工后予以利用，如整形、重镀、塑胶制品回收再制等 | 成本回收较多，损失较少 | 工序复杂，需要时间成本 |
| 替代 | 用呆料代替类似物料，以不影响功能、安全及主要外观为原则 | 成本回收多，损失较小 | 有试错成本，并且有一定风险 |
| 退还 | 与供应商协商，将呆料退回 | 处理方便、快捷 | 供应商回收价格较低，资金损失较大 |
| 转售 | 将呆料转售给其他使用厂商 | 回收价格一般高于供应商，并且处理方便 | 寻找厂商过程复杂 |
| 出售 | 将呆料出售给中间商，如废品回收站等 | 处理过程简单 | 低价出售，资金损失较大 |
| 缓存 | 暂缓处理，持续呆滞，等待时机 | 为该批呆料留有其他机会 | 占用库存面积，占用资金成本 |
| 赠送 | 若呆料为成品，可将其作为市场调研用的礼品赠送给客户 | 采用赠送的方式进行市场调研，可了解客户的消费心理，指引企业研发方向 | 无成本回收，并且有一定风险性 |
| 报废 | 将呆料进行报废处理 | 处理简单、方便 | 造成巨大成本损失 |

## 7. 3. 2　废料处理方法

仓库废料可为企业带来的收益非常有限，因此仓库管理员处理废料时大多选择方便、快捷的方法，如出售、解体等，具体处理方法如表7-6所示。

表 7-6　废料处理方法

| 方法 | 概述 | 优点 | 缺点 |
| --- | --- | --- | --- |
| 出售 | 将废料出售给中间商，如废品回收站等 | 操作简便，实施过程方便 | 仅可收回少部分成本，资金流失较多 |
| 解体 | 将废料解体，部分残料可重新利用 | 有部分废料可重新利用，并且有部分成本可回收 | 操作过程复杂 |
| 做废弃物处理 | 破碎、固化、焚烧、热解 | 降低废弃物危害 | 操作过程复杂，并且需要付出一定费用 |
| 生物处理 | 利用微生物对有机固体废物分解，使其无害化 | 生物处理后，部分物资可重新利用 | 操作过程复杂，所花费用较多 |

## 7. 3. 3　呆废料处理方案

呆废料是在企业生产经营过程中产生的，并且生产价值已经骤减。因此，仓库管理员需要对呆废料的产生、处理与预防制定一套完善的方案，具体可参照以下方案。

# 呆废料处理方案

## 一、目的

为了及时处理仓库呆滞物资，减少资金积压，节约仓储空间，节省人力、物力消耗，加快物资周转，实现零库存目标，特制定本方案。

## 二、术语解释

1. 本方案中的呆料是指存量过多，耗用量极少，而库存周转率极低的物资，这种物资可能偶尔耗用少许，甚至根本就不动用。

2. 本方案中的废料是指报废的物资，即经过使用或其他原因，本身已残破不堪或磨损过甚或已超过寿命年限，以致失去原有功能而本身并无利用价值的物资。

## 三、管理范围

（一）呆料范围

本企业呆料包括五种物资。

1. 订单取消/更改，已购回的不符合生产用的原材料。

2. 错订物资或超过客户订购数量部分而6个月未有使用的产成品。

3. 存放超过3个月的辅料与超过8个月的原材料。

4. 其他在盘点时处理的物资。

5. 超过6个月未用的A类、B类物资，3个月未启用的C类物资。

（二）废料范围

本企业废料包括六种物资。

1. 生产用剩材料及废材料。

2. 劣质或已变质不能再使用的物资。

3. 生产加工中正常的损耗废品或生产方法错误导致报废的物资。

4. 客户退货而做报废处理的产品。

5. 由呆料转为废料的物资，或在盘点中处理的物资。

6. 超过1年客户未接收的物资。

## 四、处理途径

（一）呆料处理途径

1. 调拨其他单位利用或与其他企业物物交易处理。

2. 修改再利用或实在无法利用做焚毁处理。

3. 打折出售给原供应商。

（续）

（二）废料处理途径

1. 废料积累到一定程度时出售处理。

2. 将废料集中并解体，将解体后的物资重新加以分类处理，并最大程度地回收再利用。

### 五、处理方案

（一）呆料处理方案

1. 对按生产部所设立的最佳存量所备存的物资，一次订购在半年内未启用或未使用完的物资，未能退回供应商的，将由生产部按质量事故赔偿比例赔偿损失，并要求该部门修改最佳存量。

2. 仓库管理员每月 5 日前统计上月各类呆料，并填写"呆料月报表"，经仓储主管审核并做出处理建议后交总经理批准。

3. 经检验能够再利用的呆料，由仓储主管协调各部门优先利用呆料，同种物资应遵循先进先出的原则，尽量减少浪费。

4. 不能及时利用的呆料由生产部或质量部协调仓储部对其质量进行鉴定，如质量合格，可再延续存仓期限，以得到充分利用。

5. 对于质量不合格的物资，应及时进行处理，如可转为废料处理，以便降低库存成本。

（二）废料处理方案

1. 销售部申请报废的成品须由销售部经理在"废料处理表"上签字后，交仓储主管填写处理方法，再经财务部进行成品货款资金核算，最后交总经理审批。

2. 生产部退回废料时，"退料单"上需注明工程单号码，仓储部按规定接收，但要严格监督退料的合理性，若不合理，应以书面形式通报并追究相关部门的责任。

3. 生产部退回已变质而不能再利用的物资和非正常损耗或错误生产导致报废的物资时，其须按质量事故赔偿比例赔偿损失。

4. 各相关部门负责填写"物资报废申请单"，注明废料处理方法和建议，经总经理批准后统一报废处理。

5. 能转售的废料应尽可能转售，以降低报废成本。

（三）呆废料储存及维护

1. 呆废料储存环境等同于同类合格物资。

2. 呆废料须储存于专门划分的区域，并做好标识。

（续）

## 六、预防措施

（一）呆料预防措施

1. 设计部应提高设计人员的设计能力，降低设计失误率，并加强零部件、包装材料的标准化设计。

2. 生产部应制订合理的生产计划和物资需求计划，依据订单和进度进行生产；加强对生产现场的管理，优化领料、发料、退料管理；加强对生产人员的培训，减少各环节呆料的产生。

3. 仓储部应做好物资盘点清理工作，控制库存量。

4. 采购部应认真评估并选择供应商，提高进料质量；分析呆料产生原因，减少不当采购。

5. 质量部应严格执行质量检验规定，避免引进不合格物资。

（二）废料预防措施

1. 防止物资的腐蚀。

2. 建立严格的物资收发制度。

3. 定期对设备进行保养与维护。

4. 保持仓库环境整洁。

# 第8章
# 物资出库与配送

## 8.1 物资出库

### 8.1.1 提货凭证核验

物资出库时，仓储部人员需对提货凭证进行核验，确保物资准确、及时出库。提货凭证一般指领料单或出库单。

1. 领料单的核验

（1）审核领料单的真实性，查看领料单上是否有相关部门的印章或负责人的签名。

（2）核对领料单的领料日期，保证领料单在有效期内。

（3）核对领料单上的物料品名、型号、规格、数量是否与实际库存相符。

2. 出库单的核验

（1）出库单上所列发货仓库名称、提单联字样有无错误。

（2）出库单上的印鉴是否齐全。

（3）出库单上的物资名称、规格、等级、型号、单价等是否与库存物资描述相符。

（4）出库单上的字迹是否清楚，有无涂改现象，提货日期是否逾期。

### 8.1.2 物资出库分拣

分拣是指仓库依据订单或出库调拨单等，迅速、准确地将物资从其储位或其他区位拣取出来，并按一定的方式进行分类、集中的作业过程。

1. 分拣方式

仓储部人员根据实际情况选择合适的拣货方式，以提高分拣效率和准确度。分拣方式通常有订单别拣取、批量拣取和复合拣取三种，具体如表 8-1 所示。

表 8-1　物资出库分拣方式

| 分拣方式 | 定义 | 特点 | 适用情况 |
|---|---|---|---|
| 订单别拣取 | 针对每一笔订单，拣货员按照订单所列物资及数量，将物资从储存区或分拣区域拣取出来，然后集中在一起 | ◆ 作业方法简单，作业前置时间短，拣货员责任明确<br>◆ 物资品项较多时，拣货行走路径加长，拣取效率较低 | 订单大小差异较大，订单数量变化频繁，物资差异较大 |
| 批量拣取 | 将多笔订单集合成一批，按照物资品种类别加总后再进行拣货，然后依据不同客户或不同订单分类集中 | ◆ 缩短拣取物资行走时间，增加单位时间的拣货量<br>◆ 需要订单累计到一定数量才做处理，有停滞时间 | 订单变化较小，订单数量稳定和外型较规则、固定的物资出货 |
| 复合拣取 | 将订单别拣取和批量拣取组合起来 | 根据订单的品种、数量及出库频率，采用不同的拣货方式 | 订单密集且订单量大 |

### 2．分拣步骤

为了提高分拣准确率和分拣速度，仓储部人员应明确物资出库的分拣步骤，具体如图 8-1 所示。

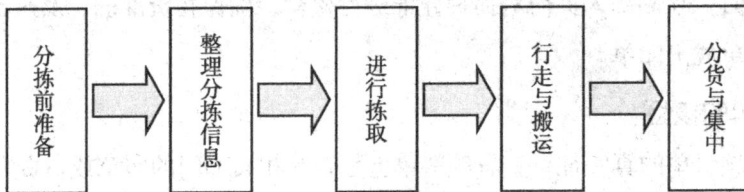

图 8-1　物资出库的分拣步骤

（1）分拣前准备

仓储部人员在分拣前，应先确定分拣方式、分拣单位、分拣策略，为分拣工作的实施打好基础。

（2）整理分拣信息

分拣作业必须在分拣信息的指导下完成。分拣信息来源于客户的订单或生产单位的领料单。

（3）进行拣取

无论人工拣取物资还是机械拣取物资，都必须确认被拣取物资的品名、规格、数量等内容是否与分拣信息传递的指示一样。

（4）行走与搬运

分拣时，分拣作业人员或机器必须直接接触并拿取物资。搬运物资时，可以由分拣人员步行操作或搭乘运载工具到达物资储存的位置，也可以由自动储存分拣系统完成。

（5）分货与集中

分拣物资后，分拣人员应根据不同的客户或送货路线分货。分货完成后，经过查对、包装后进行出货、装运和送货。

拣货路径设计方案样例，扫描下方二维码即可查看。

## 8. 1. 3　物资出库包装

物资出库时，仓储部人员应对物资进行合理的包装，避免物资在运输过程中发生损坏，从而可以减少客户投诉，提高客户满意度，树立企业良好口碑，增加企业效益。下面是一则电子产品出库包装方案，仅供读者参考。

---

### 电子产品出库包装方案

**一、目的**

为了更好地指导出库作业人员做好电子产品出库的包装工作，使产品的包装适合运输配送作业，确保产品在运输配送等流转过程中的完好性，特制定本方案。

**二、电子产品包装材料**

1. 木箱

2. 纸箱、纸盒

3. 缓冲材料

缓冲材料（衬垫材料）的选择应以低成本并能对电子产品提供起码的保护为原则。

4. 防尘防湿材料

防尘防湿材料可以选用物化性能稳定，机械强度大，透湿率小的材料，如有机塑料薄膜。

**三、进行包装**

确定包装材料后，出库专员还要根据电子产品及材料的特性进行包装，并注意以下问题。

1. 增强包装的防震性

物资在储运的过程中，受到冲击和振动而造成损失的情况有很多。因此，针对

---

（续）

那些易损坏的物资，在包装时要采用适当的措施，以减少物资受到的冲击。常采用的措施有填充缓冲材料、采用悬浮式包装、捆扎及裹紧、采用集装技术和选择高强保护材料五种。

2. 增强包装防变质的功能

对于有特殊性质的物资，如易生锈、发霉、虫蛀的物资，应该采取相应的防护措施，防止物资的性质在运输配送流转过程中发生变化。

3. 实行标准化包装

实现包装尺寸的标准化能够提高物资储运效率，降低成本。包装尺寸的设计，如纸箱尺寸的设计，要与托盘、集装箱、运输车辆、货架等各种储运设备发生连动，将包装、运输、装卸、保管等不同环节的机械器具的尺寸设计建立在共同的标准之上。

4. 合理安排包装内物资

为了方便物资储运，可以将多个物资装在同一个包装中，并采用适当的排列方法，以提高单位包装所能容纳的物资数量。具体包括合理摆放不规则物资、合理搭配规则物资和合理分拆大型物资。

5. 节省包装材料

通过压缩物资体积、减少包装用料、使用可再生材料三种方式节省包装材料。

**四、包装的封口和捆扎**

包装的封口和捆扎采用纸包装时，用U型钉或胶带将包装箱下封口封合。必要时，对包装件选择合适规格的打包带进行捆扎。

**五、进行包装标识**

对于包装好的物资，还要在上面标示各种包装标识，标识的字迹要清晰，书写要准确，并在相应位置印刷或粘贴条形码。利用旧包装物时，应彻底清除原有标识，以免因标识混乱导致差错。包装标识包括八项内容。

1. 产品名称及型号、规格和数量。

2. 物资名称及注册商标图案。

3. 产品主体颜色。

4. 出厂编号、生产日期(年、月、日)。

5. 箱体外形尺寸、净重、毛重。

6. 商标、生产厂名。

（续）

7. 储运标志，按照国家相关标准（有关标志符号图案）的规定，正确选用。

8. 条形码。

**六、整理已包装物资**

对已包装好的物资，要进行重新整理。对于要发运的物资，继续办理交运手续。对于仍需储存的物资，要立即进行储存作业。

**七、做好包装记录**

包装作业完成后，出库专员要根据完成的包装数量、包装材料的领用及实用数量，填写"包装记录表"。

物资包装储运标识和危险物资包装标识，扫描下方二维码即可查看。

物资包装储运标识　　　　危险物资包装标识

## 8.1.4 物资出库检验

物资出库前，检验人员要对其进行检验，确保符合相关规定及客户的要求，防止不良品流到客户处。物资出库检验的步骤如图 8-2 所示。

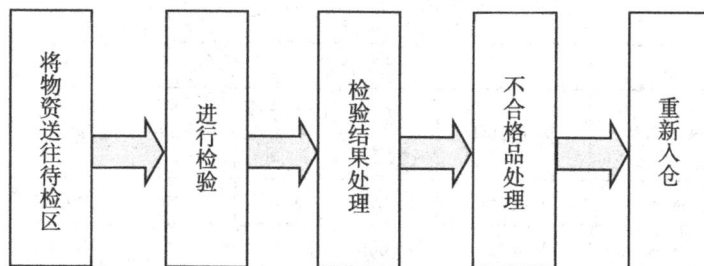

将物资送往待检区 → 进行检验 → 检验结果处理 → 不合格品处理 → 重新入仓

图 8-2　物资出库检验的步骤

### 1. 将物资送往待检区

产品包装完成后，仓储部将其送往待检区并粘贴待检标识，同时填写"成品检验通知单"，通知品质部进行检验。

### 2．进行检验

检验员依照样品、工程规格书、客户需求、成品检验规格书、生产单等进行抽样检验，将结果记录于成品检验报告上，交品质部主管审批。

### 3．检验结果处理

如果经检验为合格品，那么在成品标识处粘贴合格标识，并通知生产车间。合格的成品应及时移到合格区，或挂上合格品标牌。

如果经检验为不合格品，那么需将不合格成品和不合格成品检验报告一起交品质部审核确认。品质部主管在成品检验报告上签署处理结果，并填入纠正及预防措施报告中，然后通知仓储部、生产部将不合格成品放入不合格成品区，或挂上不合格品标牌。

### 4．不合格品处理

责任车间收到不合格成品检验报告后，要安排人员按纠正及预防措施报告的改善方案进行返工。

### 5．重新入仓

返工后的成品需经重新检验合格后方可入仓。品质部应对每月成品合格率情况进行统计并做好相关报表，以作为质量问题分析和改善的相关依据。

## 8．1．5　物资出库登记

出库管理员要做好物资出库登记，并定期向上级主管做出入库报告。为了防止出库物资出现差错，要严格遵守物资出库制度，先填写出库单并经相关责任人签字后，交仓库主管进行物资出库登记工作，然后才可以到仓库领取物资。物资出库登记表如表8-2所示。

表8-2　物资出库登记表

单位：件

| 出库登记 | | | | | | | |
|---|---|---|---|---|---|---|---|
| 物资类别 | 物资名称 | 物资编号 | 出库记录 | | | 库存现有数 | 库存领用余数 |
| | | | 数量 | 时间 | 领用人 | | |
| A类物资 | ×× | A-00101 | 13 000 | ×× | ×× | 200 000 | 187 000 |
| | ×× | A-00102 | 13 000 | ×× | ×× | 180 000 | 167 000 |
| B类物资 | ×× | B-00512 | 2 000 | ×× | ×× | 70 000 | 68 000 |
| | ×× | B-00520 | 3 500 | ×× | ×× | 40 000 | 36 500 |

## 8．1．6　出库异常处理

在物资出库过程中，若发现异常问题，应及时进行处理。物资出库时，常见的问题及处理方式如下。

#### 1．出库凭证问题处理

（1）发现超过提货期限提货的，仓库管理员应请客户重新办理提货手续。

（2）发现出库单上有假冒、复制或有涂改痕迹的，仓库管理员应及时与保卫部及相关领导联系，请其妥善处理。

（3）发现出库单有疑点或与库存物资不符的，仓库管理员应立即与填单人员联系，及时查明或更正。

（4）如客户将出库单遗失，请其持单位证明先到制票人员处挂失，然后到仓库管理员处挂失；如因挂失不及时，货已被提走，仓库管理员虽不需负责任，但应该协助破案；如挂失及时，货未被提走，仓库管理员应做好挂失登记，将原凭证作废，等待客户补办提货手续后再发货。

#### 2．数量不符问题处理

当物资出现数量多余或短缺的情况时，经复核确认后，物资检验人员应立即在产品出货记录单上加以备注，并交由库存管理员和送货方共同签章后按实数签收。

#### 3．产品包装问题处理

当产品包装出现异状时，物资检验人员应在查明情况后及时填写出库物资异状记录表，并通知库存管理人员另行存放，等待处理。

#### 4．质量问题处理

当产品出现质量问题时，库存管理员应将问题物资另列，使好坏产品分开，以备检查处理。对于检验不合格的样品，物资检验人员须检查物资储存记录，找出物资不合格原因，提出处理建议，并及时上报总经理。

## 8.2　物资调拨

### 8.2.1　物资调拨处理

物资调拨，即物资实际存放地点发生变化，但账目不做变动的物资转移。一般情况下，仓库之间、车间之间的物资转移也可以称为物资调拨。企业应制定物资调拨的标准化处理流程，以提高物资调拨的工作效率。

#### 1．物资调拨处理流程

物资调拨处理流程如图 8-3 所示。

| 部门名称 | | 仓储部 | | 流程名称 | | 物资调拨处理流程 | |
|---|---|---|---|---|---|---|---|

| 关键节点 | 仓储主管 | | 调出车间 | | 调入车间 | | 仓库管理员 |
|---|---|---|---|---|---|---|---|
| | A | | B | | C | | D |

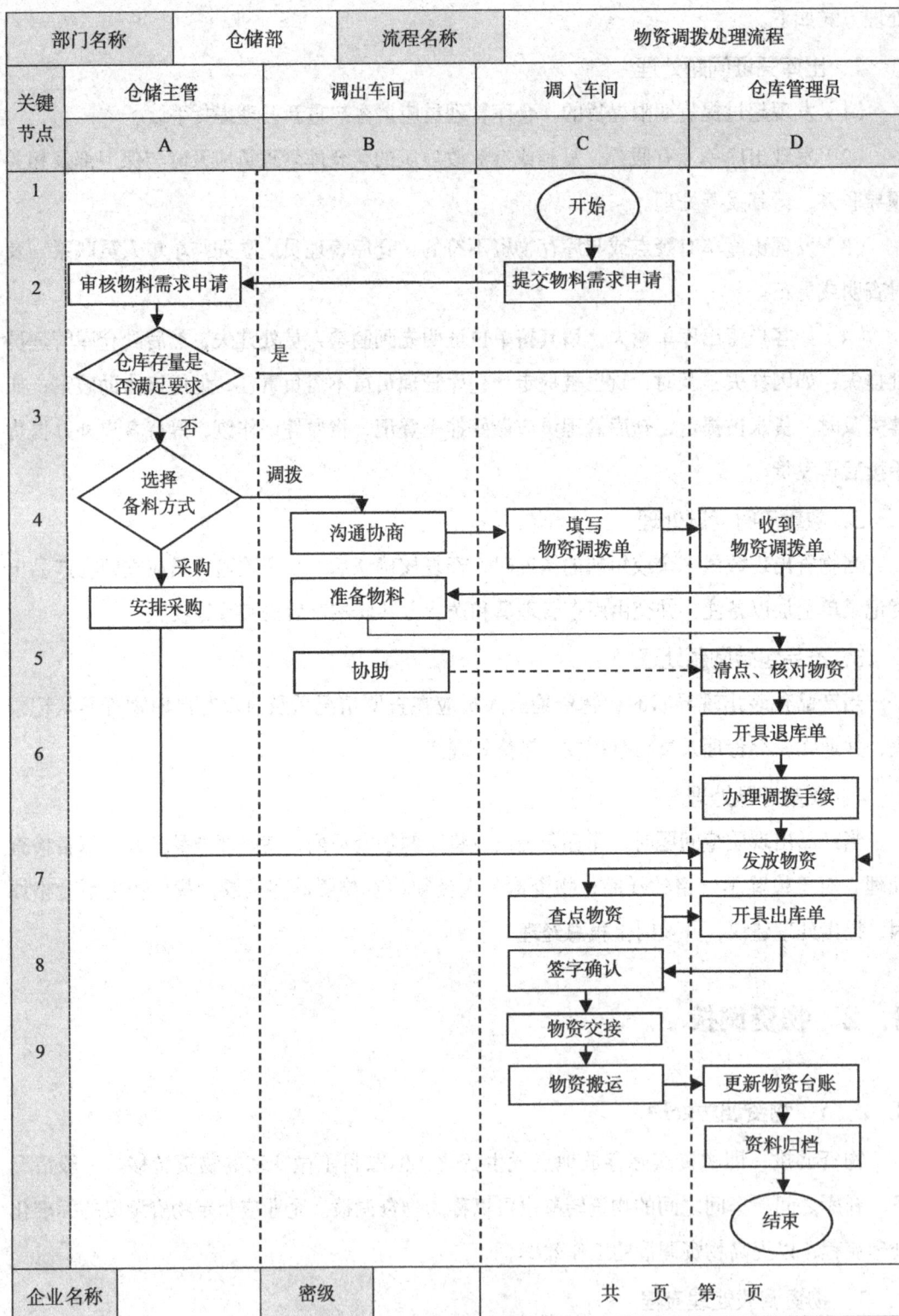

图 8-3 物资调拨处理流程

流程图内容：

1 开始

2 提交物料需求申请 → 审核物料需求申请

3 仓库存量是否满足要求 —是→ ；否↓

4 选择备料方式 —调拨→ 沟通协商 → 填写物资调拨单 → 收到物资调拨单；—采购↓ 安排采购

5 准备物料；协助 ⇢ 清点、核对物资

6 开具退库单 → 办理调拨手续

7 发放物资 → 查点物资 → 开具出库单

8 签字确认

9 物资交接 → 物资搬运 → 更新物资台账 → 资料归档 → 结束

| 企业名称 | | 密级 | | | 共 页 第 页 | | |
|---|---|---|---|---|---|---|---|

### 2．物资调拨单

当需要进行物资调拨业务时，仓库管理员根据业务需要如实填写物资调拨单，并交主管领导审核。物资调拨单样例如表 8-3 所示。

**表 8-3　物资调拨单样例**

发货通知单号：<u>05269456945</u>

供应商：<u>供应商 A</u>　　　　　　　　　　　　　　　　　　　　编号：<u>00203</u>

调出仓库：<u>A 仓库</u>　　　　　　　日期：<u>20× ×年× ×月× ×日</u>　　　　　调入仓库：<u>B 仓库</u>

| 序号 | 物资代码 | 物资名称 | 规格／型号 | 数量 | 备注 |
| --- | --- | --- | --- | --- | --- |
| 00101 | 052021 | × × | × × | 2 | 原厂发行 |
| 00202 | 012369 | × × | × × | 8 | 原厂发行 |

## 8．2．2　物资借入与借出调拨

按业务类型分类，物资调拨主要分为物资的借入和借出与收回、委托加工、特殊物资的领发、仓库物资转移等。下面介绍物资的借入与借出的调拨处理程序。

### 1．物资的借入

物资的借入是指因物资无法如期供应，经采购人员与有关厂商洽谈，决定借用部分物资的调拨方式。其具体的处理程序如表 8-4 所示。

**表 8-4　物资借入处理程序**

| 程序 | 具体操作内容 |
| --- | --- |
| 1 | 采购人员提出借用申请，说明借用理由，交总经理核准后，拟具借据一份，经权责人员审核并加盖企业业务章后，向厂商借料 |
| 2 | 借据应复印四份，采购人员自留一份督促还料，其余分别交仓储部、物控部及财务部 |
| 3 | 物资进厂时，仓库管理员应注明是借用的物资，并依进料检验流程办理收料，但要注意借入物资不记入仓库的账册 |
| 4 | 借入的物资归还时，应由采购人员提出申请，附上借据副本，经总经理核准后，送仓库核对 |

### 2．物资的借出与收回

物资的借出是指物资在外协厂商加工时极易产生不良品而导致物资超用，或其他管理不便时，决定借出部分物资的调拨方式。物资的借出与收回的具体程序如表 8-5 所示。

**表 8-5　物资的借出与收回的具体程序**

| 程序 | 具体操作内容 |
| --- | --- |
| 1 | 厂商向本企业借用物资时，须经本企业物资管理部及总经理核准后方可借出 |
| 2 | 借用厂商须出具借据，加盖其企业印章，并且经本企业总经理核签后，向仓库借用物资 |

(续表)

| 程序 | 具体操作内容 |
|---|---|
| 3 | 仓库应将借据原件保留，并复印三份，分别交物控部、采购部及财务部，并在"物资管理卡"的备注栏中注明"借出"字样 |
| 4 | 借出的物资归还时，仓库管理员应填写"进料验收单"，并备注"借出料收回"，交品管部依进料流程验收 |
| 5 | 如检验不合格，仓库管理员应立即会同物控或采购人员请借用厂商处理 |
| 6 | 如检验合格且全数归还，仓库应将借据归还借用厂商 |

### 8.2.3 特殊物资调拨

不同生产单位对特殊物资的规定不尽相同。例如，属"不易分割性"的物资，如整捆、整包的物资；贵重物资；易燃、易爆、有毒、有腐蚀性的化学危险品，以及具有传染性、生物活性的物资和质控品。特殊物资调拨的处理方式如下。

（1）仓库管理员必须凭由部门负责人签字的调拨单发放物资。

（2）领料人员应轻拿轻放，确保特殊物资的安全转移。

（3）贵重物资在调拨前，应由质量部相关人员与出库管理员共同开锁，计量发放，监督投料，并做好记录。

（4）易燃易爆危险品按使用量计量发放，领用容器应密封，严防泄漏。

（5）仓库管理员在发放特殊物资后，应将其记录在册。

## 8.3 物资配送

### 8.3.1 运输方式选择

运输主管应根据各种运输方式的优缺点，结合具体的货运项目，选择合适的运输方式。不同运输方式的优缺点比较如表8-6所示。

表8-6 不同运输方式的优缺点比较

| 运输方式 | 优点 | 缺点 | 适用运输对象 |
|---|---|---|---|
| 铁路运输 | ◆ 运量大、运费便宜<br>◆ 运输距离长<br>◆ 安全、受天气干扰小 | ◆ 近距离运输成本高<br>◆ 速度较慢、运输不灵活<br>◆ 物资在中途停留时间长<br>◆ 常因等待拼箱而错失时机 | ◆ 大宗物资<br>◆ 大件杂货<br>◆ 中长途运输 |
| 汽车运输 | ◆ 近距离运输方便<br>◆ 费用较低、运输路线灵活<br>◆ 运输途中不需要装卸 | ◆ 不适用大宗物资<br>◆ 远距离运费较贵<br>◆ 安全性比较低 | ◆ 短途运输<br>◆ 门到门运输 |

（续表）

| 运输方式 | 优点 | 缺点 | 适用运输对象 |
|---|---|---|---|
| 水路运输 | ◆ 费用低<br>◆ 可用专用船舶运特殊物资<br>◆ 适用于长距离运输<br>◆ 适用于大宗物资运输 | ◆ 速度慢、易受天气影响<br>◆ 装卸费用高<br>◆ 安全性不高<br>◆ 准确性和灵活性不强 | ◆ 中长途大宗物资<br>◆ 海运运输<br>◆ 国际物资运输 |
| 航空运输 | ◆ 速度快、货运质量高<br>◆ 适用于中长途运输<br>◆ 不易受地面条件限制 | ◆ 费用高<br>◆ 须在机场附近<br>◆ 易受天气影响 | ◆ 中长途小件物资<br>◆ 贵重物品运输<br>◆ 保鲜物资运输 |

第三方物流管理制度样例，扫描下方二维码即可查看。

### 8.3.2　配送路线规划

配送路线是否合理，对配送的速度、成本、效益影响很大。因此，要合理规划配送路线，实现科学组织、合理调配资源，达到既能满足用户要求又能使总费用最省、车辆充分利用、效益最好的目的。

1．确定配送路线目标

（1）以效益最高为目标，即计算时以利润的数值最大为目标值。

（2）以成本最低为目标，实际上也是选择了以效益为目标。

（3）以路程最短为目标。

（4）以准确性最高为目标，它是配送中心重要的服务指标。

2．确定配送路线约束条件

（1）满足所有收货人对物资品种、规格、数量的要求。

（2）满足收货人对收到物资时间范围的要求。

（3）在允许通行的时间内进行配送。

（4）各配送路线的物资量不超过车辆容积和载重量的限制。

（5）在配送中心现有运力允许的范围内。

配送订单信息管理制度样例，扫描下方二维码即可查看。

### 8.3.3 配送成本核算

配送成本是在配送过程中发生的费用。企业通过配送成本核算，可以合理地制订配送计划，更好地进行配送管理，并优化配送环节。

**1. 配送成本的核算内容**

配送成本主要包括人工成本、营运成本和其他成本，具体如表8-7所示。

表8-7　配送成本的核算内容

| 成本大项 | 具体细分 | 概述 |
|---|---|---|
| 人工成本 | 职工工资与福利费 | 支付给配送驾驶员的工资、津贴及按规定比例计提的职工福利费 |
| 营运成本 | 燃料费 | 配送过程中，运输工具所耗费的燃料，如汽油、柴油等 |
| | 维修费 | 配送过程中，运输工具进行保养与维修所发生的工料费 |
| | 折旧费 | 运输工具按规定计提的折旧费 |
| | 运输管理费 | 按规定向运输管理部门缴纳的营运车辆管理费 |
| 其他成本 | 车船使用税 | 按规定向税务部门缴纳的营运车辆使用税 |
| | 行车事故损失 | 运输工具在配送过程中因事故所发生的损失 |
| | 营运间接费用 | 为管理和组织配送运输所发生的各项管理费与业务费 |

**2. 配送成本的计算**

配送成本的计算公式为：配送成本 = 人工成本 + 营运成本 + 其他成本。相关人员在进行配送成本核算时，要避免配送成本项目重复交叉，使配送成本核算有误，不利于配送作业的成本管理。

### 8.3.4 配送问题处理

物资从出入库到送到客户手中，会经历检查到物流配送的过程。当前很多企业存在配送方面的问题，如配送信息化程度低、配送中心设施落后、配送中心选址不科学、配送人员素质不高等。针对以上问题，可采取的处理方式如下。

**1. 采取物流配送新技术，加强配送信息化建设**

物流配送新技术有地理信息系统（Geographic Information System，GIS）、全球卫星定位系统（Global Positioning System，GPS）、电子数据交换（Electronic Data Interchange，

EDI）、条码（Bar Code）技术、射频识别（Radio Frequency Identification，RFID）技术等。

企业要建立完善的配送管理系统，充分利用计算机网络技术、数据管理技术和物流新技术，构造现代化的配送管理平台，改进动态配送调度。

**2．分析自身情况，选择合适的配送模式**

目前的配送行业中，有自营配送、配送中心配送、供应商配送、第三方物流配送和共同配送五种模式。各种配送模式各有特色，企业应根据不同阶段和规模选择合适的配送模式。

（1）自营模式和配送中心配送模式适合实力比较强、资金比较雄厚的企业，可以通过发展自身物流提高企业的核心竞争力。

（2）供应商配送模式主要适用于店铺规模大、采购规模大的大卖场及综合超市企业。

（3）第三方物流配送模式主要适用于要求物流市场比较成熟、信息化程度较高的连锁企业。

（4）共同配送模式可以提高车辆利用率，降低成本，提升服务水平，比较适合规模小、资金紧张的中小型连锁企业。

**3．加强人才培养力度，培养现代物流理念**

企业应重视人才培养和建设。人才是实现配送系统高效化、现代化的保证，企业可以通过优惠的政策和有竞争力的待遇吸引人才，建立培训体系，着重进行人才培养工作。

**4．加强配送中心建设，提高配送效率**

配送中心的建设主要分为两步。第一步是配送中心建设的标准化。配送中心要逐渐实现装卸搬运机械化，推进配送中心的配车计划与车辆调度计算机管理系统的使用，缩短配车计划编制时间，合理地安排配送区域和路线，提高车辆的利用率并减少等候时间。第二步是配送中心选址的科学化。这不仅可以提高配送效率、节省流通费用，而且可以提高配送中心的服务质量。

企业通过建立配送中心，统一库存，统一配送，使得物资配送的时间缩短，配送中心运作成本下降，从而提高送货业务效率，降低送货成本。

## 8.3.5　配送安全管理

配送作业安全是保证仓储工作高效运转的重要内容。企业要加强配送安全管理，及时发现并消除安全隐患，防止安全事故，保护人、财、物的安全。

**1．配送车辆安全**

（1）定期检查车辆燃油、机油、冷却水是否充足，有无渗漏情况。检查仪表盘、喇叭、照明设施、雨刮器的正常运作情况，发现问题应及时处理。

（2）仓库值班人员应加强停车场夜间巡查，杜绝各类事故。

（3）加强配送车辆 GPS 监控与督察，及时通报处理各类违章行为。

2．配送人员安全

（1）加强配送人员安全教育与培训，防止各类违章、事故的发生。

（2）强化配送人员安全意识，根据季节、节日特点，签订交通安全保证书或安全协议书。

（3）配送人员应严格遵守交通规则，服从交警管理，严禁酒后驾驶，严禁带故障出车，严禁开赌气车，确保行车安全。

# 第9章

## 智慧仓储

## 9.1 智慧仓储系统

### 9.1.1 仓库管理系统

仓库管理系统（Warehouse Management System，WMS）是一套对智能化仓库进行管理的应用型操作软件，是高效地执行任务和规划流程策略的系统。企业可以配合货位管理、条码管理、6S 管理等，大大提高作业效率与资源利用率。

#### 1．WMS 的构成

仓储管理人员运用 WMS，可以实现仓库的精细化、半自动化管理，全面提升仓库管理水平，通过接收 ERP 下达的入库、出库、调拨等业务数据，生成任务并执行，反馈执行结果数据，提升 ERP 运用效能。WMS 构成如表 9-1 所示。

表 9-1  WMS 构成

| WMS | ◆ 入库管理子系统<br>◆ 条码打印及管理<br>◆ 物资装盘及托盘数据登录（录入）<br>◆ 货位分配及入库指令的发出<br>◆ 占用的货位重新分配<br>◆ 入库成功确认<br>◆ 入库单据打印 | 入库单据处理（录入） |
| --- | --- | --- |

（续表）

| WMS | | | 出库单据处理（录入） |
|---|---|---|---|
| | ◆ 出库管理子系统<br>◆ 出库项内容生成及出库指令发出<br>◆ 错误物资或倒空的货位重新分配<br>◆ 出库成功确认<br>◆ 出库单据打印 | | |
| | | | |
| | | | |
| | | | |
| | 数据管理子系统 | 库存管理 | 货位管理查询 |
| | | | 物资编码查询 |
| | | | 入库时间查询 |
| | | | 盘点作业 |
| | | 数据管理 | 物资编码管理 |
| | | | 安全库存量管理 |
| | | | 供应商数据管理 |
| | | | 使用部门数据管理 |
| | | | 未被确认操作的查询和处理 |
| | | | 数据库与实际不符记录的查询和处理 |
| | ◆ 系统管理子系统<br>◆ 数据库备份作业<br>◆ 系统通信开始和结束<br>◆ 系统的登入和退出 | | 使用者及其权限设置 |
| | | | |
| | | | |
| | | | |

## 2. WMS 的功能

WMS 可提供入库管理、出库管理、移库管理、库存调整、条形码打印等功能，支持产品的批次管理、有效期管理、多包装规格、多包装条码等，能够实现完善的仓储物流信息管理。WMS 的功能如表 9-2 所示。

表 9-2　WMS 的功能

| 功能 | 具体介绍 |
|---|---|
| 仓库建模 | 对仓库进行初始化建模，创建仓库、库区、货架、库位及托盘等工装器具数字化管理 |
| 供应商门户 | 和 ERP 系统集成，将采购订单同步到供应商门户中，供应商登录门户站点后可实时查询订单信息、实时打印物资标签与"送货单"，实现采供一体化协同 |
| 来料质检 | 供应商来料后，质检员基于 WMS 系统移动端在线质检，扫描送货单查询采购明细与实际到货进行对比，同时根据质检标准与来料检验，在线录入检验信息 |
| 上架管理 | 根据物资属性及库存管理策略，WMS 系统自动推荐上架货位信息 |
| 拣选管理 | 扫描"出库拣选单"，系统自动指导对应的拣选库位，同时可在库位亮灯提醒 |

（续表）

| 功能 | 具体介绍 |
|---|---|
| 库存预警 | 对每个品类或某种物资设置最高库存量与最低库存量，当库存高于或等于设置的阈值时，无特殊情况禁止再次采购，低于设置的阈值，系统自动预警 |
| 出入库管理 | 拣选完成之后，扫描物资条码或单据编码，实现快速出入库管理 |
| 产线配送 | 建立产线与仓库数据协同，产线物资消耗数据实时推送到仓库，仓库根据看板指示定点、定时、按需配送到产线 |
| 数据报表 | 自动统计与分析库存数据，并采用列表和图表方式进行图文并茂直观展示，支持数据导出 |

## 9.1.2　仓储控制系统

仓储控制系统（Warehouse Control System，WCS）是介于 WMS 和底层物流设备之间的一层管理控制系统。

WCS 可以将任务分解到分拣机、输送机、堆垛机等设备，作业队列可监控；任务执行流程及状态、所有作业及指令历史记录都可追溯。

### 1．WCS 的工作原理

WCS 的目标是通过与物流设备建立通信协议协调，调动自动仓储系统中的物流设备，要达成此目标，需和这些设备建立通信协议。WCS 的工作原理如图 9-1 所示。

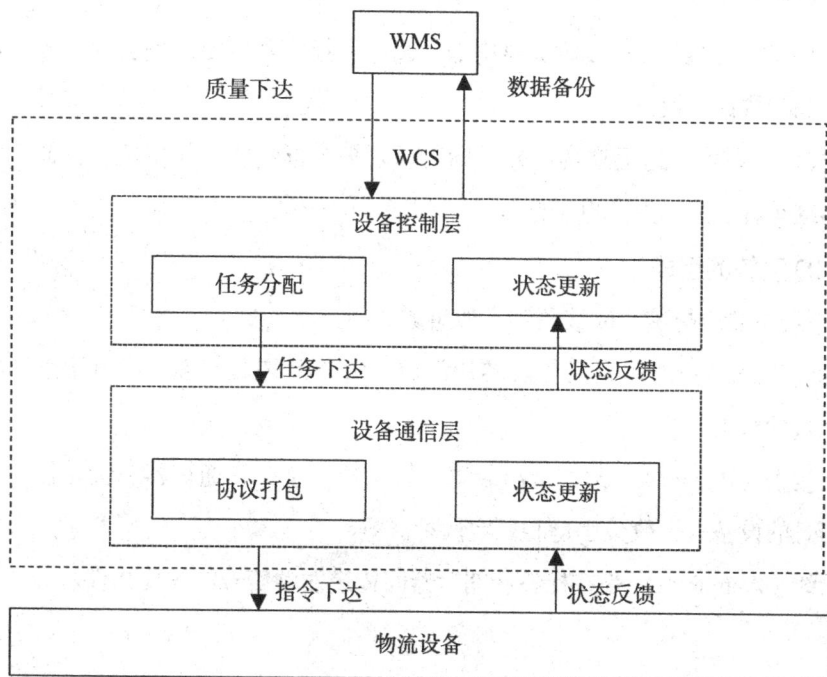

图 9-1　WCS 的工作原理

## 2．WCS 的功能

WCS 的智能仓储管理的功能如下。

（1）对接仓库内系统，实现功能交互

WCS 需要对接 WMS、MES、ERP 等主要企业管理软件。WCS 在整个企业信息流中属于最底层的执行层系统，它需要向上获取上层系统的指令，指导仓库作业。

（2）对接现场自动化设备

WCS 通过通信协议和硬件设备的底层 PLC 对硬件设备进行对接，控制设备的前进、后退等动作。WCS 一般需要对接的硬件设备有堆垛机、四项车、AGV 小车、料箱车、输送线、机械臂、贴标机、读码器等。

（3）仓库现场监控与反馈

WCS 相当于仓库现场的监控器，它能直观、准确地获取立体仓库内所有硬件设备的状态、位置、预警状态及执行任务情况，可以直观地将仓库现场情况，利用可视化的形态展示在仓库管理员面前。

（4）仓库安全管理

WCS 规划了设备安全、仓库内产品安全、设备防碰措施、路径等问题，全方位提高了自动化立体仓库的安全水平。

## 9．1．3　RFID 系统

RFID 是一种非接触式的自动识别技术，通过射频信号自动识别目标对象，可快速地进行物品追踪和数据交换。

RFID 技术可识别高速运动物体并可同时识别多个标签，操作快捷、方便。它是传统条码技术的继承者，又称为"电子标签"。

### 1．RFID 系统的组成

RFID 系统主要由标签、阅读器和天线组成。

（1）标签（Tag）：由耦合元件及芯片组成，每个标签具有唯一的电子编码，附着在物体上标识目标对象。

（2）阅读器（Reader）：又称读出装置、扫描器、读头、通信器、读写器，是读取或写入标签信息的设备，一般分手持和固定两种。

（3）天线（Antenna）：是在标签和阅读器间传递射频信号的重要构件。

## 2．RFID 系统的模块

### （1）功能权限设定模块

功能权限设定模块主要是创建用户并赋予该用户使用权限，如添加、删除、审核、设置、不能使用某些功能等。

### （2）基本资料模块

基本资料模块主要是日常会用到的操作数据，如仓库、员工、物资名称、种类、规格、型号、金额、供应商、库位等。同时可对每批产品、库位生成唯一的基本 RFID 标签，以确保后续的扫描作业。

### （3）采购模块

采购模块主要是用来创建采购订单，完成日常的采购作业。

### （4）仓库模块

仓库模块包括物资入库、物资出库、物资存储、特殊品存储、物资调拨、物资盘点、物资批次溯源和物资批次管理。

### （5）报表模块

报表模块包含入库明细、出库明细、库存明细、调拨明细、盘点数据、库存汇总等多样化报表自动生成功能。

### （6）查询功能

查询功能包括采购单查询、销售单查询、单个产品查询、库存查询等。这些都是按照条形码序列号、出库日期、出库客户等内容进行的查询。

### （7）历史查询功能

通过历史查询功能，可以查看以往的仓库操作记录、供应商记录、客户记录等。

## 3．RFID 系统工作原理

电子标签进入磁场后，会接收阅读器发出的射频信号，并且凭借感应电流获得的能量发送存储在芯片中的物品信息，或者主动发送某一频率的信号；阅读器读取信息并解码后，发送一定工作频率的无线电波方式自动读写标签内的数据信息后，送至中央计算机系统进行有关数据处理。

## 4．RFID 系统功能

RFID 系统功能主要包括图 9-2 所示的四个方面。

| 1 | 自动查询物资信息，自动提交出入库信息，自动反馈现场作业，无需各种单据交接，实现出入库自动化 |
|---|---|
| 2 | 自动记忆库位信息，快速查询物资信息，实现高效理货 |
| 3 | 自动汇总物资信息，实现精准盘点 |
| 4 | 实现仓储管理标准化，提升作业效率 |

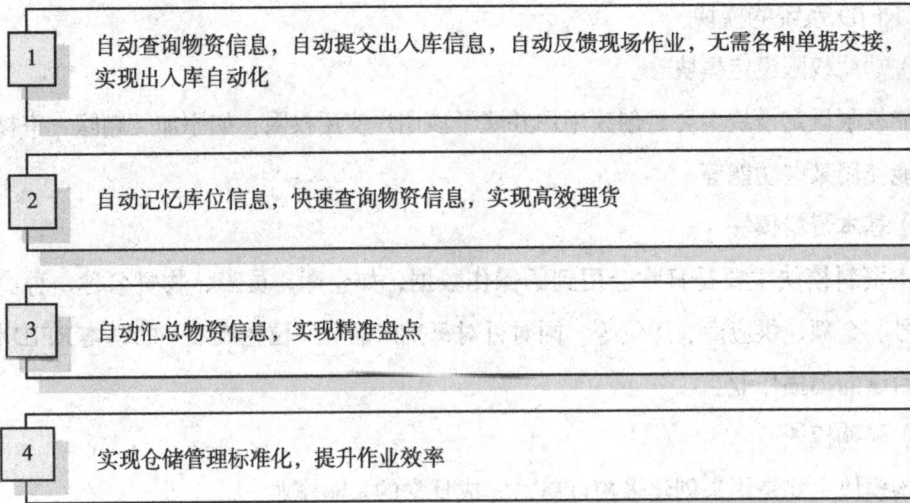

图 9-2　RFID 系统功能

# 9.2　硬件设施

## 9.2.1　自动化存储系统

自动化存储系统又称自动化立体仓库，是现代仓储的重要组成部分。自动化存储系统可以充分利用储存空间，通过 WMS 实现设备的联机控制，准确处理货品，合理实施库存数据管理。

### 1. 自动化存储系统的构成

自动化存储系统是由立体货架、巷道式堆垛机、出入库输送系统、周边设备、自动控制系统和仓储管理系统组成的智能化系统，具体如表 9-3 所示。

表 9-3　自动化存储系统的构成

| 系统构成 | 具体说明 |
|---|---|
| 立体货架 | ◆ 充分利用立体空间，实现物资存储功能，并起到支撑堆垛机的作用<br>◆ 根据物资承载单元的不同，立体货架又分为托盘货架系统和周转箱货架系统 |
| 巷道式堆垛机 | ◆ 是自动化立体仓库的核心起重及运输设备，在高层货架的巷道内沿着轨道运行，实现取送物资的功能<br>◆ 主要分为单立柱堆垛机和双立柱堆垛机 |
| 出入库输送系统 | 物资存储单元在巷道外的出入库需要通过出入库输送系统完成 |
| 周边设备 | 包括自动识别系统、自动分拣系统等 |

（续表）

| 系统构成 | 具体说明 |
|---|---|
| 自动控制系统 | 自动控制系统是整个自动化存储系统设备执行的控制核心，向上连接物流调度系统，接受物料的输送指令；向下连接输送设备，实现底层输送设备的驱动、输送物料的检测与识别；完成物料输送及过程控制信息的传递 |
| 仓储管理系统 | 仓储管理系统是对订单、需求、出入库、货位、不合格品、库存状态等各类仓储信息的分析和管理。该系统是自动化立体仓库系统的核心，是保证立体库更好使用的关键 |

### 2. 自动化存储系统的功能

自动化存储系统的功能主要包括入库、储存、取货、发货和信息查询，具体如图 9-3 所示。

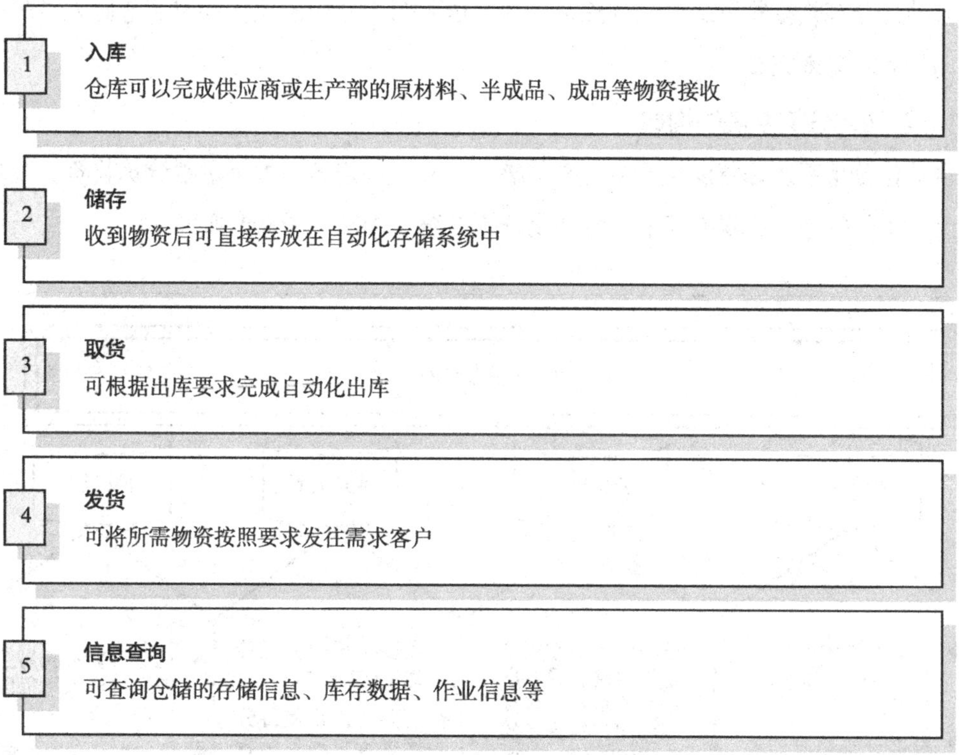

1
入库
仓库可以完成供应商或生产部的原材料、半成品、成品等物资接收
2
储存
收到物资后可直接存放在自动化存储系统中
3
取货
可根据出库要求完成自动化出库
4
发货
可将所需物资按照要求发往需求客户
5
信息查询
可查询仓储的存储信息、库存数据、作业信息等


图 9-3 自动化存储系统的功能

## 9. 2. 2 自动化运输系统

自动化运输系统主要包括皮带输送线、滚筒输送线和托盘输送线，主要用于纸箱和周转箱的运输，具体使用说明和适用范围如表 9-4 所示。

表 9-4　自动化运输系统常用工具

| 运输工具 | 使用说明 | 适用范围 |
|---|---|---|
| 皮带输送线 | ◆ 是利用输送带承载和牵引物资的运输机<br>◆ 能够水平输送，也可以倾斜输送，但倾斜的角度不能大于 15°，避免物资从皮带上滑落 | ◆ 能够用于输送各种类型的物资，包括小零件的运输<br>◆ 常应用于物流中心或配送中心 |
| 滚筒输送线 | 可以运输重量大的单件物资或承受较大冲击载荷的机械 | 适用于各类箱、包、托盘等的运输 |
| 托盘输送线 | 在驱动装置的驱动下，利用滚筒或链条，对托盘及上的物资进行运输 | 适用于食品、药品、化妆品等物资运输 |

### 9.2.3　自动化分拣系统

自动化分拣是指物资从进入分拣系统到被送到指定分配位置，都按照仓储人员的指令靠自动分拣装置来完成。

#### 1. 自动化分拣系统的构成

自动化分拣系统是智能物流装备中的核心部件，能连续、大批量地分拣物资，基本实现了无人操作排序，错误率极低。自动化分拣系统的构成如图 9-4 所示。

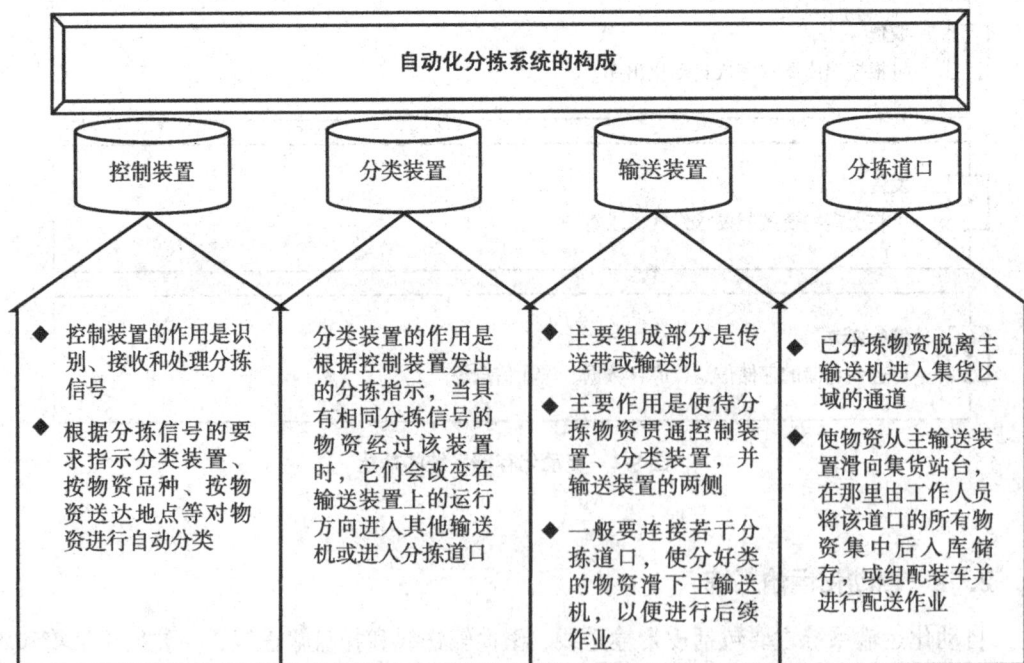

图 9-4　自动化分拣系统的构成

### 2．自动化分拣系统的特点

（1）连续、大批量分拣物资

自动化分拣系统采用流水线式自动作业。它不受人力、气候、时间等因素影响，可以做到连续运行，工作效率高于人工分拣。

（2）分拣误差率低

自动化分拣系统分拣误差率的大小主要取决于所输入分拣信息的准确程度，同时还取决于分拣信息的输入机制，如果采用人工键盘或语音识别方式输入，那么误差率在 3% 以上；如果采用条形码扫描输入，除非条形码本身印刷有误，否则不会出错。

（3）分拣作业实现无人化

自动化分拣系统进行分拣作业时无须人员操作，基本可以做到无人化。

## 9.2.4　自动化码垛系统

自动化码垛系统最常用的工具有高位码垛机和机器人码垛系统，其使用方法和适用范围如表 9-5 所示。

表 9-5　自动化码垛系统常用的工具

| 自动化码垛系统常用的工具 | 使用方法 | 适用范围 |
| --- | --- | --- |
| 高位码垛机 | 将经过包装或未经包装的规则物品按一定顺序排列码放在托盘上，进行自动堆码，可堆码多层，然后运出，以便于进行下一步包装 | 用于石化、食品、医药、饲料、粮食、有色矿物和建材等行业中的粉末状、粒状物资及规则有一定体积物品的全自动码垛 |
| 机器人码垛系统 | 机器人可将袋子、盒子或木板箱堆成码垛，放置在输送设备上运输到特定位置，装好的托物盘可以用堆高机进行堆叠，或安全、轻便地通过滚筒输送设备进行储存或转运 | 用于纸箱、袋装、罐装、箱体、瓶装等各种形状的包装成品的码垛作业 |

## 9.2.5　机器人分拣系统

机器人分拣系统是一种具备了传感器技术、物镜技术和电子光学技术的系统，通过它可以快速进行物资分拣。该系统综合了计算机技术、控制论、机构学、信息学和传感技术及人工智能等多学科知识。

机器人分拣系统的具体工作流程如下。

### 1．命令识别

机器人分拣系统运用 RFID 定位技术，通过在仓库位置、分拣位置、调度位置、货架位置用电子标签写入工作命令，使机器人根据识别标签，按路径行驶，完成搬运分拣工作。

### 2．路径分析

仓库管理员在调度口处设置天线信号范围，使机器人按规划路径行驶，使同时间段内运行的机器人做到互不干扰，并且通过控制系统监控行驶位置，保证分拣机器人能按顺序行驶并运输物资。

### 3．智能通信

自动分拣机器人通过 RFID 技术与地面电子标签通过电感耦合方式进行通信，当机器人识别到电子标签发出的直行、转弯或停止动作时，会按规定完成相应工作。

### 4．上架装车

机器人分拣系统通过电子标签识别货架位置信息，当机器人接收到命令后，会自动行驶到相应货架进行物资搬运，并送至指定位置或进行装车动作。

## 9．2．6　货到人拣选系统

货到人拣选系统，即在物流拣选过程中，人不动，物资被自动输送到拣选人面前，供人拣选。货到人拣选是物流配送中心重要的拣选方式之一，与其对应的拣选方式是人到货拣选。货到人拣选系统主要由储存系统、输送系统和拣选工作站三部分组成。

### 1．储存系统

目前的储存系统拥有多种储存方式，包括平面储存、立体储存、密集储存等。储存形式也由过去主要以托盘储存转变为主要以料箱（或纸箱）储存。为了实现快速储存，发展了许多储存技术，具体如表 9-6 所示。

表 9-6　储存系统介绍

| 存储系统 | 具体说明 |
|---|---|
| 自动仓储系统（AS/RS） | ◆ 最传统的储存方式，主要以托盘储存为主，如单深度和多深度立体库、长大件立体库、桥式堆垛立体库等<br>◆ 主要用于整件拣选，很少用于拆零拣选 |
| 料箱式堆垛机自动化仓库（Miniload） | 以料箱储存为对象的自动化储存系统，有很多种形式，其货叉和载货台形式多达数十种，其存取能力最高可达每小时 250 次 |
| 垂直旋转式货柜 | ◆ 这是一种更加"迷你"的货到人拣选储存系统，其形式有数十种之多，受限于其存取能力和储存能力<br>◆ 在工厂的应用最为广泛 |

（续表）

| 存储系统 | 具体说明 |
| --- | --- |
| 自动引导车系统（AGVS） | ◆ 开始是作为一种输送系统存在的，广泛应用于汽车装配、烟草等制造企业及港口等场合<br>◆ 随着 AGV 技术的不断发展，AGVS 的应用从单纯的输送转变为一个集存取与输送于一体的货到人系统 |
| 多层穿梭车（Multi Shuttle） | ◆ 取代 Miniload 完成存取作业，以满足每小时多达 1 000 次的存取作业的需求<br>◆ 相似的技术有旋转货架系统、Autostore 系统、纵向穿梭车系统等 |
| 2D 和 3D 密集储存系统 | ◆ 一个集 Miniload、穿梭车、提升机等多种系统于一体的全新一代储存系统，主要分为托盘和料箱两种方式<br>◆ 其储存效率是传统立体库储存的 1.5 ～ 3 倍 |

#### 2．输送系统

货到人拣选技术的关键点是解决快速储存与快速输送之间的匹配问题。其采用多层输送系统和并行子输送系统的方式，可完成多达每小时 3 000 次以上的输送任务，面对更大需求量可配合 3D 密集储存系统等。

#### 3．拣选工作站

一个拣选工作站要完成每小时多达 1 000 次的拣选任务，依靠传统的方法是无法想象的。目前设计的拣选工作站采用电子标签、照相、RFID、称重、快速输送等一系列技术，已经完全可以满足实际需求。

### 9．2．7　语音自动化拣选系统

语音自动化拣选技术是指作业系统将任务指令转化为语音播报给操作员，利用电子技术将操作员与系统的信息交流转化为实际操作的一种先进技术。

#### 1．语音自动化拣选系统操作步骤

语音自动化拣选系统操作步骤如下。

（1）语音指示

操作员听到语音指示给出一个巷道号和货位号，要求他说出货位校验号。

（2）系统校验

操作员会将这个货位校验号读给系统听，当得到确认后，系统会告诉他所需选取的物资和数量。

（3）系统拣选

操作员从货位上拿下物资，然后进入下一个作业环节。

在实际作业中，操作员通过语音密码登录自己的语音终端，系统将其引导至第一个拣货位，当听到系统语音指示（任务）后，操作员说出货位校验号，若确认无误，按系统提示的物资及其数量进行拣选，否则重新找货位。完成一项拣选任务后，操作员再继续获取下一个语音指示。

### 2．语音自动化拣选系统效果评价

通过语音自动化拣选系统，可以达到提高员工工作效率、降低订单错误率等效果，其效果评价如图9-5所示。

| | |
|---|---|
| 操作效率高 | 语音拣选技术具有高效拣货的优势，可以使操作人员避开纸、笔、标签、扫描器、显示器等的羁绊，连续、高效、专心地操作，以提升作业效率 |
| 订单错误率低 | 语音系统中的校验码可以保证操作员进行高准确率拣选。校验码是指贴在各拣货位的数字标识码，当操作员读出与后台系统中的校验码相符合的数字时，系统将指示操作员在该货位拣取相应数量的物资，否则系统将告知操作员"位置错误" |
| 培训费用低 | 对相关人员进行语音拣选技术的培训时间短，主要是训练其准确听、说需要用到的关键词汇，人员培训费用低 |
| 员工满意度高 | 语音拣选技术降低了工作劳动强度和难度，增加了工作的趣味性，提高了工作安全度和员工满意度 |

图9-5 语音自动化拣选系统效果评价

## 9.3 技术应用

### 9.3.1 大数据技术

目前，大数据技术在各行各业中都发挥着重要的作用。大数据技术主要运用在仓储的五个方面。

#### 1．仓库选址

运用大数据技术，以历史数据信息为基础，对仓库服务范围内不同地区的未来需求进行预测；根据备选仓库地址和物资需求地点的位置信息，以不同地区对物资的需求量和配送时限性要求为权重，运用重心法确定运输成本最低的位置。

### 2. 仓区与库位规划

仓库管理员可以利用大数据技术对历史库存数据进行统计分析，对未来仓库物资类型组成及数量进行趋势预测。同时，结合各类物资的规格尺寸和作业要求，制定标准化储位和合理的仓储分区，以提高空间利用率。

根据物资出入库频率，仓库管理员对各类物资进行聚类分析，及时调整库位分布，将出入库频繁的物资放置于靠近仓库出入口的位置，以提高作业效率。

### 3. 设备配置

仓库管理员利用大数据技术，可以对仓库现有库存量和历史库存量进行分析，了解物资自身属性和存放方式，采集物资库内作业频率等数据，综合考虑采购成本和单位时间内完成的工作量，以选取合适类型及合理数量的仓储物流设施设备。

仓库管理员也可以在自动化设备（如 AGV）库内作业数据采集基础上，统计分析其运行轨迹，为每一台设备设计其库内作业的最短路径，降低能源消耗，提高作业效率。

### 4. 库存管理

仓库管理员可以通过统计历史物资出库数据，分析投资额、项目类型、工程进度与物资需求的关联性，构建基于物资分类的需求预测模型，预测具体物资未来一个库存周转周期的需求量。

同时综合考虑需求的不确定性、供给的不确定性和服务水平系数，确定安全库存；在库存定额管理思想的指导下，建立动态库存模型，在库存（不计安全库存）不满足未来一个库存周转周期消耗时，及时安排物资补库，从而降低库存成本。

### 5. 人员配置

通过对不同类型物资出入库工作量的数据分析，并通过算法预测下月的到货和发货高峰期，提前做好人员安排和出入库准备工作。

## 9. 3. 2　RFID 技术

RFID 技术贯穿仓储物资管理的整个过程，如应用在物资的采购、供应商供应物资、物资的仓储管理及配送管理等各环节中。

条形码技术和 RFID 技术是目前应用最广泛的两种自动识别技术。它们能够有力地促进物资物流体系各环节的自动化，为物资物流各环节的信息化管理提供基础性前提条件。RFID 技术在仓储管理方面的应用如下。

### 1. 物资采购

当物资采购合同生效后，可在采购合同上生成带相应的合同编号信息的条形码，通过终端扫描连接信息系统后可快速地查询相关订单信息。

### 2. 物资入库

物资出入库时，扫描物资码、物资身份码，通过 ERP 系统模块，显示物资基本信息、对应的采购订单信息，核对收发货信息，确认收发货数量，协助完成库存物资收发货的系统操作。

### 3. 仓区与库位识别

仓库按仓区和货架的实际划分情况，依据货位码的编码规则，对实体货位进行编码，建立库位与物资的对应关系。

### 4. 物资收发与盘点

进行物资收发货和盘点操作时，通过扫描库位码和物资码，可快速查询库位基本信息及储存物资信息。

## 9.3.3 AR 技术

AR 技术是仓储管理应用的新技术之一，具有提升员工培训体验、提高生产力和准确性、减少停机时间、实现纸质流程自动化、进行有效的仓库管理的特点。其在仓储管理中的应用主要体现在以下四个方面。

### 1. 路线导航

仓库管理员可以通过使用 AR 智能设备打开物品清单，然后应用软件分析清单，将其与最新的仓库布局数据进行比较，并为收集所有项目创建最方便的路线。

创建路线后，员工会以指向箭头的形式接收指令，这些箭头可在屏幕上显示，从而为仓库管理员提供指引。

### 2. 位置指引

AR 增强现实应用程序包含有关仓库布局和物资放置的数据。仓库管理员通过内部系统加载项目列表、应用程序分析列表中的项目代码组后，AR 可以指向存储代码组项目的位置。

仓库管理员挑选物品后，该应用程序会读取物品条形码，对其进行验证，以最大限度地减少错误。

### 3. 条码读取

使用条码扫描器功能，仓库管理员可以将最基本的智能设备变成条码扫描器，即只需在设备上轻轻一点，便可扫描整架产品，轻松查找、跟踪和解码多个条形码。

AR 应用程序会在智能设备屏幕上生成覆盖图，显示所需物品的位置。这使得仓库工作人员能够快速完成订单。

4．系统数据同步

扫描物品的条形码后，应用程序与集成系统通信，以接收物品的详细信息。因此，数据始终是完整的、最新的和准确的。

## 9.3.4　AGV 技术

仓储 AGV 技术作为一种无人操作的运输装备技术，可根据规划路线进行自动行驶，并能完成取货、送货及充电等一系列作业。它具有可持续性强、工作负荷高和自动化程度高等特点。AGV 技术在仓储管理中主要有两方面的应用。

1．通信传输

仓库管理员可运用网络让计算机和仓位调度两者之间的联系保持紧密，并且可以实时进行接收调度任务，相关结果也能及时进行报告。

2．控制管理

（1）实现对 AGV 小车整个进程情况和具体命令的执行情况的检查。

（2）对数据采集系统的信号进行实时且准确的查询。

（3）实施对无线电通信情况的监测。

（4）对 AGV 小车中途停止状态下的信息进行实时查询。

AGV 技术不论对交通管理和导航的定位，还是对信号采集车辆的调度和故障的诊断等，都能实现它们的自动化和信息化。仓储可以通过 AGV 技术实现物资的空间效益和时间效益。

## 9.3.5　物联网技术

物联网从技术角度划分，可以分为感知层、网络层和应用层。感知层包括一些感知终端，是由各种各样的传感器和网关组成的。网络层包括互联网、局域网、无线网络等网络形式，以及网络信息处理和管理系统、云计算平台等。应用层就是连接物联网和用户的接口，用户既可以是人，也可以是其他系统。

物联网技术在仓储管理中的应用主要体现在入库、出库与盘点方面，具体如下。

1．入库

物资入库是将需要入库的产品整理好，贴上电子标签，或者放入贴有电子标签的托盘中，然后用叉车等工具将它们放到指定位置，当产品通过装有读写器的库门时，产品信息被采集传输到系统里，或者产品直接运输至货架上，通过货架上的阅读器采集记录产品位置和详细信息。

### 2．出库

当收到出货通知时，仓库管理员需要将物资放入带有出货信息 RFID 标签的托盘中；当物资离开货架时，货架中的阅读器或者手持型阅读器就会记录物资移动的信息，并且通过网络传送到 ERP 管理系统数据库中。

当物资从仓库的一个位置移动到另一个位置时，通过阅读器的识读，可以对物资位置进行再次定位。当物资离开仓库时，阅读器会将物资信息传送到系统中，这时系统会自动生成一个出货的单据。

### 3．盘点

采购管理人员通过使用 RFID 电子标签，可以在平时的仓储作业中实时记录每次作业的信息，这样只需要在系统中将数据进行归类，就可以查看全面的出入库记录，准确地了解库存状态，为仓储空间的合理配置、库存结构的优化提供了极大的方便，同时降低了仓储管理的成本。

## 9．3．6　无人仓技术

无人仓是通过使用多种仓储自动化设备，来实现仓储无人化作业。自动化设备将替代以往人工作业模式，并高效完成和提升仓储作业效率。

### 1．无人仓的构成

无人仓的构成包括硬件设备与软件设备两大部分。

（1）硬件设备

硬件设备包括储存、搬运、拣选、包装等环节的各类自动化物流设备。

其中，储存设备的典型代表是自动化立体库；搬运设备主要有输送线、AGV、穿梭车、类 kiva 机器人、无人叉车等；拣选设备主要有机械臂、分拣机等；包装设备主要有自动称重复核机、自动包装机、自动贴标机等。

（2）软件设备

软件设备主要包括仓库控制系统和仓库管理系统。

### 2．无人仓技术应用

随着各类自动化物流设备的快速普及应用，机器代人的成本越来越低，各行各业对于无人仓的需求越来越强烈。无人仓技术主要应用于以下行业。

（1）劳动密集型且生产波动比较明显的行业，如电商仓储物流行业。

（2）劳动强度比较大或劳动环境恶劣的行业，如港口物流行业、化工行业。

（3）物流用地成本相对较高的行业，如城市中心地带的快消品批发中心。

（4）作业流程标准化程度较高的行业，如烟草、汽配行业。

（5）对于管理精细化要求比较高的行业，如医药行业、精密仪器行业。

# 第10章
# 供应链环境下的仓储管理

## 10.1 供应链仓储功能管理

### 10.1.1 供应链仓储管理目标

企业实施供应链仓储管理是为了使企业以最低费用、理想且简单的流程减少物资损耗，发挥物资最高价值。供应链仓储管理目标如图 10-1 所示。

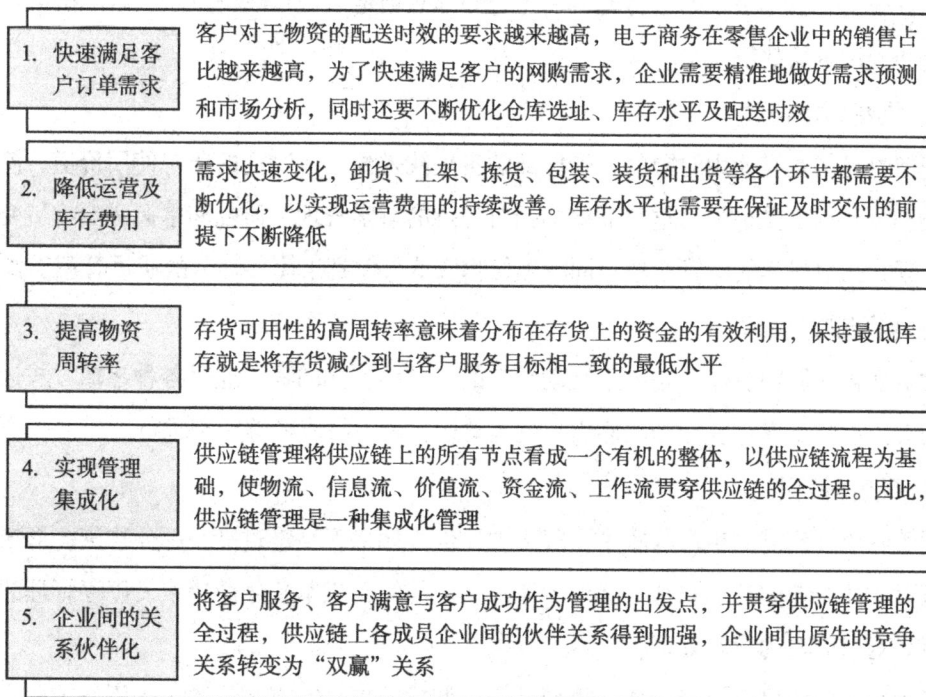

| | |
|---|---|
| 1. 快速满足客户订单需求 | 客户对于物资的配送时效的要求越来越高，电子商务在零售企业中的销售占比越来越大，为了快速满足客户的网购需求，企业需要精准地做好需求预测和市场分析，同时还要不断优化仓库选址、库存水平及配送时效 |
| 2. 降低运营及库存费用 | 需求快速变化，卸货、上架、拣货、包装、装货和出货等各个环节都需要不断优化，以实现运营费用的持续改善。库存水平也需要在保证及时交付的前提下不断降低 |
| 3. 提高物资周转率 | 存货可用性的高周转率意味着分布在存货上的资金的有效利用，保持最低库存就是将存货减少到与客户服务目标相一致的最低水平 |
| 4. 实现管理集成化 | 供应链管理将供应链上的所有节点看成一个有机的整体，以供应链流程为基础，使物流、信息流、价值流、资金流、工作流贯穿供应链的全过程。因此，供应链管理是一种集成化管理 |
| 5. 企业间的关系伙伴化 | 将客户服务、客户满意与客户成功作为管理的出发点，并贯穿供应链管理的全过程，供应链上各成员企业间的伙伴关系得到加强，企业间由原先的竞争关系转变为"双赢"关系 |

图 10-1 供应链仓储管理目标

### 10．1．2  供应链仓储基本功能

供应链仓储管理活动主要是在物资流通过程中对物资储存环节的经营管理，其管理的内容有技术的也有经济的。其主要功能包括七个方面。

**1．需求计划管理**

企业供应链与仓储精益化管理的目标是保障企业运营的物资需求。仓储管理部应根据企业运营或生产部的需要，在不增加额外库存且资金占用尽量少的前提下，为各部门提供所需的物资。

**2．库存量管理**

维持适当的库存量是物资与仓储管理所要实现的目标之一。物资在仓库的长期储存，必然会占用流动资金，造成价值损耗。因此，企业必须对库存量进行合理设计。

一般来说，在确保生产所需物资量的前提下，库存量越少越合理。零库存管理是目前企业较为推崇的库存管理方式。

**3．采购成本管理**

如果仓储部能够最大限度地降低产品的采购价格，产品的生产成本就能相应降低，产品竞争力也会随之增强，企业经济效益也就能够得到大幅度提高。因此，强化采购管理也成为仓储管理的功能之一。

**4．物资盘点管理**

物资采购一般都是定期进行的，因此仓储部必须定期进行物资盘点，以准确掌握现有库存量和预期采购数量。

**5．物资质量管理**

任何物品都是有使用时限的，仓储部的责任就是要保持物资的原有使用价值，使物资的品质和数量都不受损失。这就需要加强对物资的科学管理，研究和掌握影响物资变化的各种因素，采取科学的保管方法，同时做好物资从入库到出库各环节的质量管理工作。

**6．物资储存管理**

物资在供应链中总体上是处于流动状态的，各种各样的物资通过各种运输方式运送到不同的客户手中。库存管理的功能之一就是储运，确保物流能够顺利进行。

**7．呆废料处理**

由于物资在产品的生产成本中占很大的比例，如果库存量过高，部分物资会形成呆废料，进而占用企业的流动资金，无形中增加企业的经营成本和生产成本。库存管理的另一功能就是对呆废料的及时处理。

处理呆废料时可以选择售卖、重新利用、调拨、报废等方式，避免呆废料长期存于仓

库占用库存空间与库存资金。

### 10.1.3　供应链仓储增值功能

供应链仓储除具备上述基本功能外，还具有以下增值功能，从而发挥其他功效。

#### 1．物资整合

当仓库从多个供应商处收到物资时，其可以通过整合，将零碎散装物资整合成批量物资运输至批发、零售商客户，以此来降低成本。

#### 2．交叉转运

交叉转运，即物资由送货车辆运输至配送中心，然后不进行仓库储存，而是把物资直接放置在即将进行配送的车辆中，以提高运转效率，减少储存成本和操作费用。

#### 3．延迟策略

延迟策略，即企业将产品的生产过程分为通用化阶段与差异化阶段。企业先生产通用化的部件，将产品差异化的生产环节尽量向后推迟，等到客户对产品的外观或功能提出要求后，再完成产品的差异化制造。

延迟策略可以帮助企业减少需求的不确定性，排出需求的优先级。这时，仓储就是实施延迟化操作的场所。

## 10.2　供应链仓储全流程管理

### 10.2.1　物资与信息管理

供应链管理过程中产生的信息包含物资及其流通信息和供应链环境信息。这些信息主要包括供应源信息、生产信息、配送和零售信息、需求信息。供应链对物资及信息管理的内容如下。

#### 1．供应链仓储的物资管理

不同的阶段对物资的管理维度有所不同。在采购阶段，就是选物资并将物资买入，涉及选品、竞价、毛利管理等。采购阶段的业务关键点在于，在合适的时间买入合适的物资，在合适的时间淘汰滞销物资，确保企业可以获利。

（1）物资生命周期管理

物资在引入时，基于当时其他竞品的营销等，会存在一个预期定位。在实际的运营过程中，可能会因为客户群体不同或销售策略不同而无法达到预期，甚至随着时间的推移，因为物资的销量下滑而被淘汰。因此，需要提前设定物资生命周期并及时推出新产品。

（2）物资周转管理

库存周转率的计算公式为：库存周转率=（周期内）平均库存/平均销量×100%。

从公式中可看出，为降低库存周转率，需要降低平均库存，提高平均销量。要实现此目标，必须做到：降低供应商提前期；提高销售预测的准确性，减少波动；使用预售等营销手段；通过供应商谈判、多品类集中采购等方式缓冲起送量带来的冲击。

## 2．供应链仓储的信息管理

供应链管理者可以运用供应链各个节点的信息做出供应链中各种重要的决策。设定库存水平时需要考虑客户需求、供应商的供货能力，以及现有库存水平等有关因素。

制定运输策略时需要了解线路、成本、时间及运输数量的信息。制定设施决策时既要了解供需信息，又要了解供应商内部的生产能力、收益及成本的相关信息。

制定供应链决策时，有用的信息必须具有以下特征。

（1）信息必须是正确的

对于没有真实描述供应链状况的信息，我们很难据此做出科学决策。这并非要求所有信息都百分之百正确，而是要求所有得到的信息描述的事实至少没有方向性的错误。

（2）信息必须恰好是及时且可利用的

准确的信息常常存在，但这些信息要么已经过时，要么其形式已不适用。要做出科学的决策，管理者需要的是及时且可利用的信息。

（3）信息必须是能够利用的

通常企业会收到大量与业务无关的信息，因此企业必须考虑哪些信息应该保留，以便使宝贵的资源不要浪费在收集无用的信息上。

# 10．2．2　采购与订单管理

制订准确的物资采购计划，可以缩短客户订单履行周期，提高客户订单交付的及时性，增加销售机会，降低采购成本。及时下达采购订单并跟踪采购订单的执行，可以避免生产时发生缺货，保证生产的连续性。

## 1．供应链仓储的采购管理

供应链环境下采购管理的特点体现在六个方面。

（1）订单驱动采购

在供应链管理模式下，采购活动是以订单驱动的。制造订单驱动采购订单，采购订单驱动供应商。

（2）外部资源管理

供应链管理中的外部资源管理是指将供应商的生产制造过程看作采购企业的一个延伸部分，采购企业可以直接参与供应商的生产和制造流程，从而确保采购物资质量的一种做法。

（3）战略伙伴关系

基于战略伙伴关系的采购方式使供应商与需求方之间不只是单一的买卖关系，而是全局性和战略性关系。

战略伙伴关系可以解决供应商与需求方之间的库存问题、风险问题、合作伙伴关系问题、采购成本降低问题和准时采购问题。

（4）采购业务外包管理

现代企业经营所需物品越来越多，采购途径和体系也越来越复杂，使得企业采购成本越来越高。为了改善这种状况，越来越多的企业将采购外包给承包商或第三方企业，从而简化采购流程，降低采购成本。

（5）电子商务采购

在传统采购模式下，供应商多方竞争，采购方主要进行价格方面的比较，然后选择价格最低者。

在供应链管理模式下，电子商务采购已普遍得到运用。采购方将相关信息发布在采购系统中，利用电子银行结算，并借助现代物流系统来完成物资的采购。

（6）采购方式多元化

在供应链环境下，采购渠道拓宽，企业可采用全球化采购与本地化采购相结合的方式，进行综合判断，制定采购策略。

**2．供应链仓储的订单管理**

在供应链范畴里，订单是一个非常特殊的环节，它不但联系着市场和供应链条，还关联着供应链条上的每一个环节。可以说，没有订单，也就没有所谓的供应链高级管理决策工具（S&OP），更不会有分解出来的其他各种要素。

（1）订单分类

目前，常见的供应链订单有采购订单、生产订单、销售订单和特殊订单，具体如图10-2 所示。

| 1. 采购订单 | ◆ 是企业或者组织通过采购部向另一方下发的具有法律效应的文书<br>◆ 这类订单一般包含产品型号、数量、价格、交货时间和地点、收货人和联系方式等信息 |
|---|---|
| 2. 生产订单 | ◆ 是企业内部的协作符号，包含生产某些数量的产品的信息<br>◆ 这类订单一般不涉及价格，但却是财务核算成本的重要依据，即每个生产步骤需要耗费的平均成本 |
| 3. 销售订单 | ◆ 是连接生产、物流和客户的重要纽带。一般产品生产完毕进行物流运输时，会生成销售订单并发送给客户<br>◆ 其信息和采购订单相对接近，但它会结合运作的系统产生一些代码 |
| 4. 特殊订单 | 是一类订单的合集，这类订单的一个共同特点是，一般要求短时间内处理完毕 |

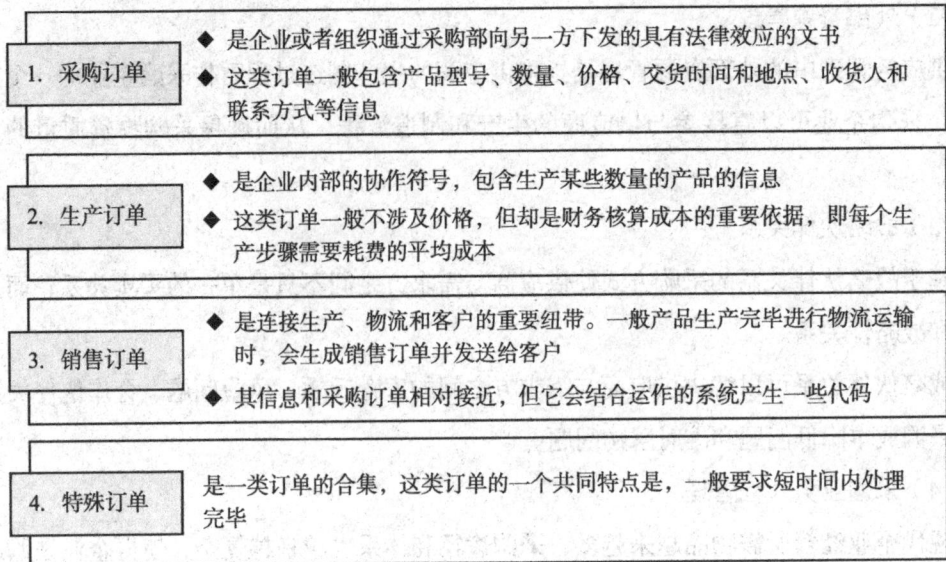

图 10-2　订单分类

（2）订单管理

对订单进行分类后，首先，我们可建立汇总表格，表格内容包括订单的基本信息，如订单号、型号、数量、金额、发货日期、收货地址、收货人等。

其次，要处理一些重要的或者紧急的订单。

最后，在订单执行过程中或者结单后，及时核对订单细节，主要包括型号、数量和金额。

## 10.2.3 库存与物流管理

供应链的库存管理不是简单地进行需求预测与补给，而是要通过库存管理获得客户服务与利润的优化。供应链的物流管理是为了实现快速准时交货、低成本准时的物资采购供应与物流信息的准确输送、信息反馈与共享及供需协调无缝连接。

### 1. 供应链仓储的库存管理

供应链仓储的库存管理的主要内容包括采用先进的商业建模技术来评价库存策略、提前期和运输变化的准确效果。库存管理的方法主要有四种。

（1）供应商管理库存

供应商管理库存（Vendor Managed Inventory，VMI）是一种在供应链环境下的库存运作模式。VMI是以客户和供应商双方都获得最低成本为目的，在一份共同的协议下由供应商管理库存，并且监督协议执行情况，根据客户数据和库存情况制定库存策略与补货计划的一种库存管理策略。

实施供应商管理库存，需建立适合其运营的组织结构、管理模式和数据系统。供应商管理库存的实施步骤如表 10-1 所示。

表 10-1　供应商管理库存的实施步骤

| 步骤 | 具体内容 |
| --- | --- |
| 建立库存数据系统 | 供应商需要及时掌握企业的需求变化，建立库存数据系统，将企业的需求预测及分析功能集中到数据库系统中 |
| 建立网络管理系统 | ◆ 供应商只有保证产品物流数据及需求数据在供应链中的畅通，才能做好库存管理工作<br>◆ 企业可以使用 MRP 或 ERP 系统建立完善的网络管理系统 |
| 建立合作双方的框架协议 | 合作双方共同确定订单处理的具体业务流程、库存控制的相关参数及库存数据的传递方式等，以此来制定框架协议 |
| 组织机构变革 | 实施供应商管理库存会改变供应商的组织模式，部门负责人员负责客户库存的控制、库存补给等 |

（2）联合管理库存

联合管理库存（Joint Managed Inventory，JMI）是一种由供应商和客户共担风险对库存进行管理的模式。联合管理库存不仅可以减少分销商与客户库存，还可以将责任与风险转嫁给供应商。

联合管理库存的实施步骤如表 10-2 所示。

表 10-2　联合管理库存的实施步骤

| 步骤 | 具体内容 |
| --- | --- |
| 建立供需协调管理机制 | 制造商要担负起责任，提供必要的资源与担保，使经销商相信承诺；协调经销商的工作，本着互利互惠的原则，建立共同的合作目标和利益分配、激励机制；在各经销商之间创造风险共担和资源共享的机会 |
| 建立数据沟通渠道 | 建立一种数据沟通的渠道或系统，以保证需求数据在供应链中的畅通和准确性；提高供应链各方对需求数据获得的及时性和透明性；提升供应链各方的协作效率，降低成本，提高质量 |
| 建立快速响应系统 | 快速响应系统可以减少库存、简化中间环节，最大限度地提高供应链的运作效率 |
| 发挥第三方物流系统的作用 | 将库存管理的部分功能委托给第三方物流企业，使企业更加集中于自己的核心业务，提升了供应链的敏捷性和协调性，提高了服务水平和运作效率 |

（3）第三方物流供应商库存管理

第三方物流（Third-Party Logistics，3PL）起到了连接供应商与客户之间桥梁纽带的作用，减少了双方库存，增强了供应链的竞争力。

（4）协同规划、预测和补给

协同规划、预测和补给（Collaborative Planning，Forecasting and Replenishment，CPFR）是一种协同式的供应链库存管理技术，能同时降低销售商的存货量，增加供应商的销售量，从全局观点出发，达到双赢的效果。CPFR既是面向客户需求的合作框架，也是基于销售预测报告的生产计划。

CPFR供应链的实施步骤包括制定框架协议、协同制定商务方案、销售预测、鉴别预测异常、协商解决异常、订单预测、生产计划生成。

### 2.供应链仓储的物流管理

供应链仓储的物流管理包含供应商挑选、购置、物资方案、原材料生产加工、订单信息解决、库存管理、包装、运送、仓储物流与客户服务等内容。

在供应链物流管理中，最重要的是货品的追踪，现阶段供应链管理系统软件中广泛选用的信息内容标志追踪技术是RFID技术。

RFID技术是一种射频数据收集技术，是最好的物资跟踪方式，它能够在全部供应链管理上追踪货品，即时地把握产品处在供应链管理的哪一个阶段。

执行RFID标签系统软件计划方案能够完成下列总体目标：简化工作流程，改进汇总工作品质，扩大物流配送中心的货运量，减少运行花费，实现供应链管理上的物流追踪，提升供应链管理的透明度水平，信息内容的传输更为快速、精确、安全。

## 10.2.4 销售与财务管理

在企业的生产经营活动中，销售和财务是紧密联系的，供应链管理物资从入到出的全流程，涉及物流、资金流和信息流。

供应链环境下的仓储销售管理是以供应链一体化为基础，以关键客户的需要为起点，以满足客户需求最大化为目标的全方位、全流程的互动活动。财务管理则是在一定的整体目标下，对于资产的购置（投资）、资金的融通（筹资）和经营中现金流量（营运资金）及利润分配的管理。

### 1.供应链环境下的仓储销售管理

供应链环境下的仓储销售管理需要直面终端客户，对其提供个性化服务。因此，通过异业结盟、协同服务等方式可以实现客户价值最大化，让供应链成为客户化定制的生产线，通过现代信息技术提高客户价值。

供应链环境下的仓储销售管理主要包括三种销售模式。

（1）推测型营销模式

推测型营销模式能够在规模经济的条件下，创造更大的利益。推测型营销模式可以实现少品种大量生产、大量仓储与配送，并且按市场预测进行生产。

（2）实时型营销模式

实时型营销模式是企业基于对市场预测的把握，根据产品的创新程度、线上与线下的推广程度和营销渠道的数量进行生产与推广。实时型营销模式可以做到多品种少量生产、高频度少量配送。

（3）供应链营销模式

供应链营销模式是与供应商建立长期、互惠互利的战略合作伙伴关系，提高采购品的质量和售后服务水平，使企业最终建立质量、成本、时间优势，并获得新的市场竞争力。

### 2．供应链环境下的仓储财务管理

供应链环境下的仓储财务管理是指运用信息技术手段，对供应链上下游业务进行整合，优化收付流程，减少支付成本，有效管理企业的营运资本占用。

供应链环境下的仓储财务管理的主要目标是优化流程、改善营运资本管理、提高资金的透明度。供应链环境下的仓储财务管理包含表 10-3 所示的四个模块。

表 10-3　供应链环境下的仓储财务管理的四个模块

| 管理模块 | 具体说明 |
| --- | --- |
| 采购管理模块 | 该模块在采购预算范围内，提供一系列采购活动的物流和信息流，以及供应商的付款折扣和付款期限 |
| 销售管理模块 | 该模块在销售预算范围内，提供一系列销售活动的物流和信息流，以及客户的信用期限和付款期限 |
| 库存和存货管理模块 | ◆ 营运资金的一大组成部分就是存货，库存量的高低不仅影响着单一企业的综合成本，而且也制约着整条供应链的性能<br>◆ 该模块必须能及时提供物资的入库、出库、盘点、报废、结存、在产品、产成品等方面信息，并配合各种存货的最高库存量、存货最长储存期等标准做好控制 |
| 财务模块 | 该模块应下设三大子功能模块，即财务会计模块、成本会计模块和管理会计模块<br>◆ 财务会计模块借鉴现代企业管理理念，面向业务流程收集所有财务信息，使得企业各项经营业务的财务信息能够及时得到准确反映<br>◆ 成本会计模块实现动态获取成本中心信息、作业的信息，并配合材料成本、产品成本和作业成本等标准实现成本控制的目的<br>◆ 管理会计模块主要实现内部管理和控制职能，该子功能模块根据其他功能模块的基础数据，提供销售预测、销售定价、筹资决策等决策支持信息和全面预算、成本控制等控制支持信息 |

## 10.3 仓储与供应链的协同管理

### 10.3.1 选址协同

仓储是在特定的场所储存物品的行为，即利用仓库及相关设施设备进行物品的入库、储存、出库作业及相关的管理活动。仓库选址是仓储首先需要确定的内容，以下因素在选址决策中起着重要的作用。

**1. 经济协同**

供应链仓储在选址过程中，尽量使运输距离最短，尽量减少运输过程的中间环节，以降低建设成本和管理成本。

**2. 生产协同**

企业对于原材料的供应要求一般都比较严格，仓库选址时一般选在原材料附近，以减少生产过程中的资源损耗。

**3. 技术协同**

从工程技术角度考虑，要分析和评价仓库建筑地点的地理、水文、气候等自然条件和交通运输、水电供应、安全等环境条件。

**4. 服务协同**

为了能够更好地服务客户，提高客户需求的响应速度，企业可将仓库建在服务区域附近。

**5. 竞品分析协同**

竞争对手的仓库选址对企业的选址工作也有一定的影响，如何实施与竞争对手的竞争策略、与竞争对手的差异管理等，都会影响企业的仓库选址工作。

### 10.3.2 库存协同

库存是供应链驱动的重要因素之一，库存费用是构成供应链成本的主体。为了使供应链环境下的库存管理水平达到最优，企业可以采取以下策略。

**1. 柔性化组织管理**

企业的柔性化组织通过快速调整生产达到高效运作，以支持其企业和分销网络，避免企业陷入困境并加速产品上市。

**2. 外包非核心业务**

企业将非核心业务承包给第三方企业，该企业以更专业性的仓储标准和仓储规模为委托企业服务，实现企业与第三方企业的双赢。

### 3. 加强预警时间

当企业发现某批"批量库存"需要补充时，其会向物流企业发出"警告指示"，要求物流企业立即运送下一批批量库存来补充。在此过程中，企业应该何时发出送货指示便成为关键。

### 4. 完善基础管理

企业需要用当代科学、合理、有效的现代化管理方法和技术，如系统工程的组织管理方法和技术，来提高企业的整体素质和质量管理水平，实现质量管理现代化。

### 5. 加强信息系统建设

由于库存控制方法具有很强的实时性，因此物流企业与企业必须紧密合作，只有这样才能保证物资的及时送达。

企业首先应做好信息化建设，将信息以"电子流"的方式传递，以提高信息流通的速度，降低双方的交易成本。

### 6. 采用 CPFR 模式

CPFR 是一种协同式的供应链库存管理技术，建立在 JMI 和 VMI 的最佳分级实践基础上，同时弥补了二者缺乏供应链集成等主要缺点，能降低分销商的存货量，增加供应商的销售量。

CPFR 坚持以共赢为原则，始终从全局的观点出发，制定统一的管理目标及实施方案，以库存管理为核心，兼顾供应链上其他方面的管理。

因此，CPFR 更有利于实现伙伴间深入的合作，帮助制定面向客户的合作框架，进而消除供应链过程约束等。

## 10.3.3　订货协同

供应链的订货协同即订货过程中要考虑多方面因素，将生产、销售等供应链节点的问题考虑在内。

订货系统中的供应链管理是基于信息技术进行规划，使供应链运作达到最优化，以最少的成本，获得订单利益的最大化。

订货系统的供应链不仅要注重流程的优化，还要注重外部资源的管理，增强与供应商和需求方的信息沟通与市场分析，加强供应商的质量管理。

供应链订单管理提高了节点企业和最终客户的重视程度。不再为了补充库存储备量而进行采购，而是围绕着最终客户的实际需求来决定订单。不仅能及时满足客户需求，还在提高各环节预测工作的准确性和应变能力的同时大大降低了成本。

订货系统中的信息流管理方式的改变，使供应链中的各单元之间的连接更为稳定，使与供应商之间的关系从短期合作向长期合作转换，同时共享库存量和订单需求信息，共同优化整体策略，以最佳的成本进行生产和销售，从而紧密合作，共担风险，共享利益，将相互合作和双赢关系提高到全局性、战略性的高度。

## 10.3.4　配送协同

在大数据和工业互联网的加持下，客户可直接通过销售平台下单，企业需要对客户的个性化需求订单做出反应，并根据需求设计、采购、生产、发货，对供应链提出"小单快反"的高难度要求。

为应对"多品种、小批量、多批次、短周期"的要求，企业的仓储管理需要由物流服务向供应链服务转型，其实现方式主要有三种形式。

### 1．库存可视化管理

仓储企业可通过供应链协同系统实现物资全局库存的可视化，通过物流供应链管理系统掌握库存总量、分布情况，并进行库存周转控制、库存调拨管理、库存出入库量管理。

供应链协同系统可做到全面支持多仓库管理要求，快速实现对分布于全国的客户仓库网络进行集中管理，有效地为大量不同的仓库提供差异化供应链物流管理系统服务。

### 2．一站式交易闭环

通过供应链协同系统提供的物资信息、在线询价管理、订单管理、支付管理、电子合同、评价体系等全流程数字化管理，简化供、采双方交易路径，实现交易智能化，帮助企业建立 B2B 供应链交易闭环系统。

### 3．RFID 数据采集作业

企业通过采用先进的 RFID 数据采集作业方式，可以实现仓储管理系统中各关键作业环节数据的快速、准确采集。供应链协同系统使企业能及时、准确地掌握库存的真实数据，为企业决策提供有效依据。

# 第11章
# 电子商务环境下的仓储管理

## 11.1 电子商务企业仓库分类管理

### 11.1.1 食品仓库管理

由于食品具有有效期、安全性等特殊性质，因此对于食品仓库的管理一直以来是仓储管理中难度较高的品类。备货量多、复杂的 SKU 号、精准的有效期管理、快速的发货效率、先进先出的管理等特点，都是造成食品仓库管理难度过高的重要因素。

#### 1. 食品仓库管理的难点

食品仓库管理的难点如图 11-1 所示。

| | |
|---|---|
| 1. 有效期 | 所有的食品都有保质期，所以企业要确保食品的安全性，保证送到客户手里的食品是安全可靠的、健康的 |
| 2. 品类多 | 食品种类繁多，规格不齐，导致食品在储存、包装和运输方面比其他产品更加复杂，也给食品挑选、配送增加了许多难题 |
| 3. 难储存 | 食品行业中有许多品种易碎、易破、易变质等，需要特别的储存和运输方式，这就对仓储行业提出了更高的技术要求 |
| 4. 发货时效要求高 | 随着电商、直播带货的兴起，仓储物流的效率对购物体验的影响程度日益加深 |
| 5. 淡旺季明显 | 很多食品淡旺季比较明显，企业会面临淡季仓库、人员闲置，旺季仓库人手不够用的难题 |

图 11-1　食品仓库管理的难点

### 2．食品仓库管理的注意事项

（1）食品要全部放置在垫板上，严禁将食品放置在地面上。同类食品要放在一起，禁止混放、错放。

（2）码放食物类物资的仓库内不允许放置其他杂物、药品，以及亚硝酸盐、除虫剂、农药等有毒、有害物品。

（3）对仓库内的食品进行定期检查，一旦发现有霉变、包装破损、胀气等情况，就需及时将其搬运到专门放置变质食品的区域，然后进行登记。

（4）保持仓库内的卫生清洁、空气流通，对仓库内的温度进行实时监控。

（5）仓库内需要配备消防设施，并保证消防通道畅通。

（6）必须将对温度敏感的食品储存在恒温仓、冷冻仓，并做好相应的管理，防止季节性温度过高或过低使食品发生变质。

## 11．1．2　服饰仓库管理

服装产品一直是我国电商市场的第一大品类，也是电商市场最成熟、最具代表性的品类。由于服装有不同的款式、颜色、尺码，而由它们组合起来的 SKU 数以万计，致使电商服饰仓库的管理颇具难度。

### 1．服饰仓库管理的难点

服饰仓库管理的难点如图 11-2 所示。

| | |
|---|---|
| 1．生命周期短、季节性强 | 服装产品的生命周期很短，季节性很强，所以仓储管理要支持不同季节的仓储管理切换 |
| 2．SKU多 | 服装SKU多，一个款式有几个甚至几十个规格和型号，入库时效慢，库存盘点差异大 |
| 3．管理效率低 | 电商服饰仓库管理效率低下，难以控制成本，企业利润空间被压缩 |
| 4．退换货率较高 | 服装退换货率较高，特别是女装，如果处理不及时，容易导致店铺评分低，影响店铺参加平台活动 |
| 5．淡旺季明显 | 很多卖家的服饰仓库面积固定，旺季时不够用，淡季时闲置浪费 |

图 11-2　服饰仓库管理的难点

### 2．服饰仓库管理的注意事项

（1）对服装进行分类，应分为爆款产品和非爆款产品两大类，其中爆款产品应放在拣货区的出入口处。

（2）针对不同的服饰仓库配置需求，实施小货架、高位货架、全自动化立体仓库等多种储存方案。

（3）设立库存预警，以免缺货出现超卖、囤货过多出现滞销的情况，产生资金压力。

（4）服装入库时，应先入待检区，未经检验合格不准入库，更不准发货出库使用。仓储管理员要根据"入库单"核对物资的名称、款式、数量、规格及包装是否一致。

（5）服装摆放的原则是在摆放合理、安全、可靠的前提下，推行五五堆放，根据物资特点，必须做到过目见数，检点方便，成行成列，文明整齐。仓库管理员必须严格执行一物一卡一位原则，及时填写"储存卡"。

（6）对于退回来的服饰，要检查包装是否完好，数量是否准确。退货有异常的要及时向客服人员反馈，并跟踪解决。对于没有问题但需换包装的退货，要换完包装后再整理上架。

## 11.1.3　日化品仓库管理

在电商业蓬勃发展的今天，日化品电商给行业带来了传统电商不可比拟的流量和成交额，同时由于其产品种类多、对保存温湿度及光照的要求较高，因此又对日化品仓储物流管理提出了新的要求。

### 1．日化品仓库管理的难点

日化品仓库管理的难点如图 11-3 所示。

| | |
|---|---|
| 1．品类多且杂 | 产品品类多且杂，每一品类又包含多个 SKU，对于产品的批号、日期、规格等容易混淆 |
| 2．仓储环境要求高 | 日化品的仓储对环境要求较高，仓库要解决温度、湿度和光照三个问题 |
| 3．有效期管理难 | 如果有效期管控不当，那么会造成库存过期，导致产品无法销售 |
| 4．易受外界因素影响 | 化妆品易受季节、宣传、潮流、品牌等因素的影响，如大促期间订单急剧暴增，爆仓现象屡见不鲜 |
| 5．包装要求高 | 日化品对包装要求高，对时效要求也非常高 |
| 6．退货率高 | 与其他产品相比，日化品的退货率比较高。特别是电商大促或直播带货之后，退货集中且杂乱，需要快速整理入库 |

图 11-3　日化品仓库管理的难点

### 2．日化品仓库管理的注意事项

（1）对入库的日化品要做到认真核对信息（包括签证、验收单等），只有质量符合要求，才能验收入库。

（2）日化品入库后要及时摆放整齐，及时将信息录入系统。

（3）要注意日化品的储存标准（如环境、湿度等），避免高温、避免阳光或者灯光直射等。

（4）日化品摆放的时候不能挤压，防止因挤压而造成包装损坏，从而导致产品氧化或污染。

（5）用瓷器或者玻璃容器储存的产品要摆放到货架上，并且做到轻拿轻放。

（6）日化品通常有保质期要求，不宜长期存放，以免失效。因此，企业每月要对日化品仓库库存进行一次盘点，并且遵循先进先出原则，避免出现呆滞品。

## 11．1．4　数码产品仓库管理

数码产品基本都是电子产品，这类产品体积小、怕磕碰，在仓储时不是只进行存放就行，需要给予特殊的保护。因为数码产品比较"脆弱"，一旦出现问题，就将直接转化为经济损失，甚至给品牌带来不利影响。

### 1．数码产品仓库管理的难点

数码产品仓库管理的难点如图 11-4 所示。

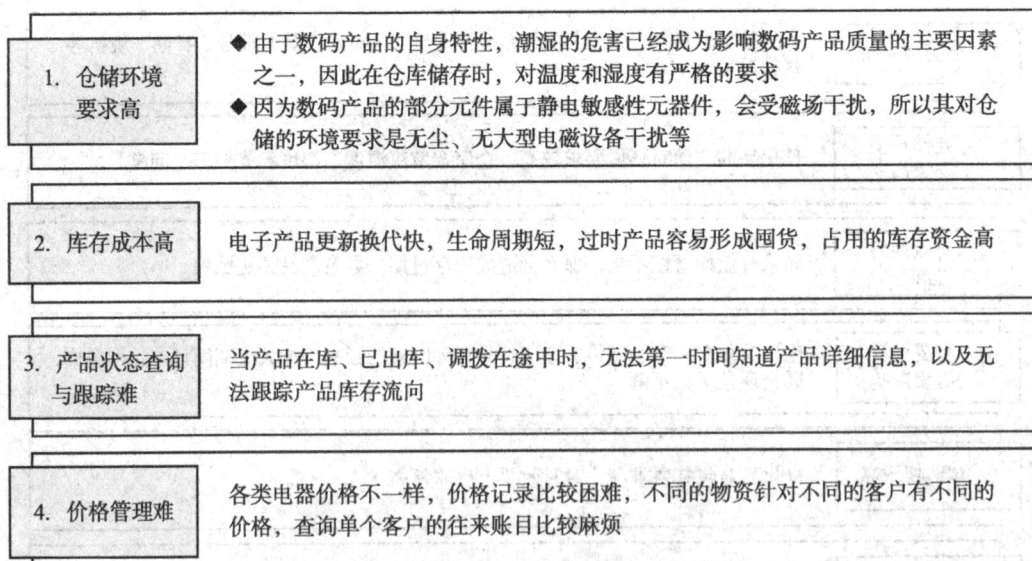

| 1．仓储环境要求高 | ◆由于数码产品的自身特性，潮湿的危害已经成为影响数码产品质量的主要因素之一，因此在仓库储存时，对温度和湿度有严格的要求<br>◆因为数码产品的部分元件属于静电敏感性元器件，会受磁场干扰，所以其对仓储的环境要求是无尘、无大型电磁设备干扰等 |
| --- | --- |
| 2．库存成本高 | 电子产品更新换代快，生命周期短，过时产品容易形成囤货，占用的库存资金高 |
| 3．产品状态查询与跟踪难 | 当产品在库、已出库、调拨在途中时，无法第一时间知道产品详细信息，以及无法跟踪产品库存流向 |
| 4．价格管理难 | 各类电器价格不一样，价格记录比较困难，不同的物资针对不同的客户有不同的价格，查询单个客户的往来账目比较麻烦 |

图 11-4　数码产品仓库管理的难点

## 2．数码产品仓库管理的注意事项

（1）数码产品要储存在清洁、通风、无腐蚀性气体的仓库内，不要和其他化工产品存放在同一仓库，以免发生泄漏。

（2）对于数码产品，要做到轻拿轻放。

（3）有些数码产品物资价值高，应赋唯一码，以方便追溯管理。

（4）在数码产品入库前，要对其进行质检，质量合格后方可入库。

## 11．1．5　奢侈品仓库管理

随着经济的不断发展和进步，人们的消费行为和消费观念发生了改变，全球奢侈品线上销售发展迅速，奢侈品电商化成为行业发展趋势。随之而来的是奢侈品的仓库管理问题。

### 1．奢侈品仓库管理的难点

奢侈品仓库管理的难点如图 11-5 所示。

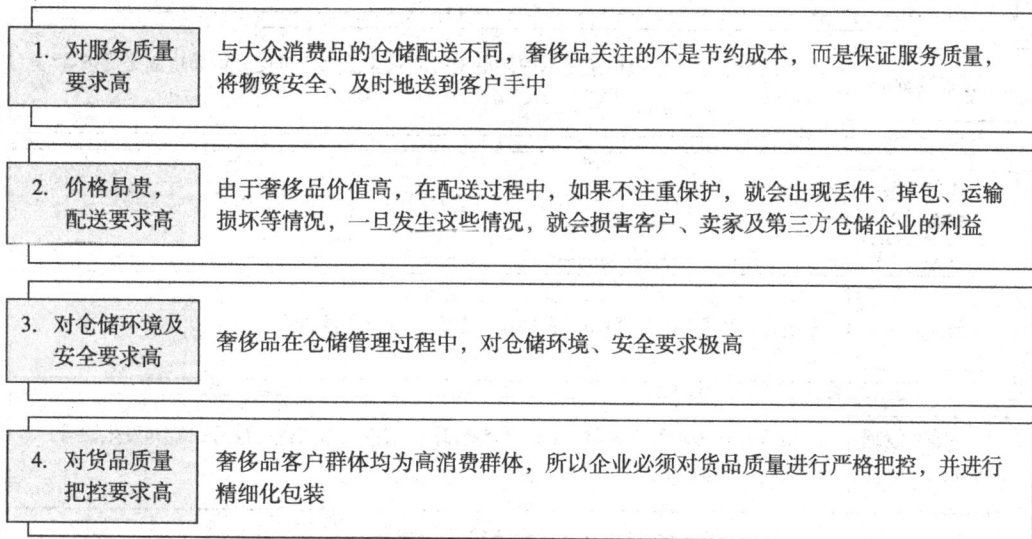

| | |
|---|---|
| 1．对服务质量要求高 | 与大众消费品的仓储配送不同，奢侈品关注的不是节约成本，而是保证服务质量，将物资安全、及时地送到客户手中 |
| 2．价格昂贵，配送要求高 | 由于奢侈品价值高，在配送过程中，如果不注重保护，就会出现丢件、掉包、运输损坏等情况，一旦发生这些情况，就会损害客户、卖家及第三方仓储企业的利益 |
| 3．对仓储环境及安全要求高 | 奢侈品在仓储管理过程中，对仓储环境、安全要求极高 |
| 4．对货品质量把控要求高 | 奢侈品客户群体均为高消费群体，所以企业必须对货品质量进行严格把控，并进行精细化包装 |

图 11-5　奢侈品仓库管理的难点

### 2．奢侈品仓库管理的注意事项

（1）奢侈品客户属于高消费群体，所以企业应针对客户的业务特性，最好提供一对一服务，并制定可行性流程，以确保每一个环节顺畅进行。

（2）严格把控入库环节，制定详细的产品入库检查细则，指定专人负责入库质检，不让任何瑕疵产品入库销售，极力避免因产品质量问题导致的客户投诉。

（3）提高仓储环境标准，如设置恒温仓库、环氧无尘地坪，保洁人员要定期进行清洁，全方位对仓库内的奢侈品进行保护。

（4）为珠宝首饰等奢侈品设置专门的储存区域，严格货品出入管理，使用保险柜储存，设密码锁，进行 24 小时监控等，确保货品万无一失。

（5）对作业人员进行培训，由奢侈品仓库的作业人员用定制的包装盒（根据客户要求）进行精细化包装。

### 11.1.6 电器仓库管理

由于电器具有产品种类多、销售季节性强、技术创新快等特点，因此其仓库管理就显得尤为重要。做好电器仓库的管理工作，可以有效提升工作效率，降低运营成本。

1．电器仓库管理的难点

电器仓库管理的难点如图 11-6 所示。

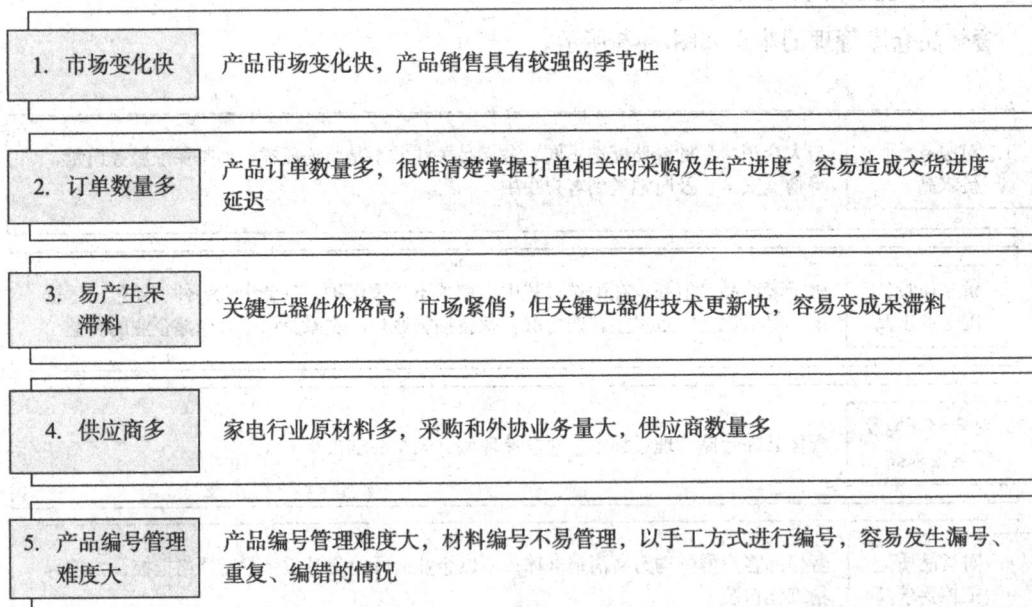

| 1. 市场变化快 | 产品市场变化快，产品销售具有较强的季节性 |
|---|---|
| 2. 订单数量多 | 产品订单数量多，很难清楚掌握订单相关的采购及生产进度，容易造成交货进度延迟 |
| 3. 易产生呆滞料 | 关键元器件价格高，市场紧俏，但关键元器件技术更新快，容易变成呆滞料 |
| 4. 供应商多 | 家电行业原材料多，采购和外协业务量大，供应商数量多 |
| 5. 产品编号管理难度大 | 产品编号管理难度大，材料编号不易管理，以手工方式进行编号，容易发生漏号、重复、编错的情况 |

图 11-6　电器仓库管理的难点

2．电器仓库管理的注意事项

（1）对于不合格品，应隔离堆放，严禁投产使用或者流向客户。

（2）物资堆放的原则是在堆垛合理、安全、可靠的前提下，推行五五堆放，根据物资特点，必须做到过目见数，检点方便，成行成列，文明整齐。

（3）发料必须与领料人和接料车间办理交接，当面点交清楚，防止出现差错。

（4）定期清查账实是否相符，允许范围内的误差、合理的自然损耗所引起的盘盈盘亏，每月都应上报，以便做到账、卡、物、资金一致。

## 11.1.7 母婴用品仓库管理

不管是多大规模的母婴用品仓库，从采购到仓储发货都非常容易出现损耗。母婴用品属于短周期的品类，如何分类储存母婴用品并保证母婴用品不轻易变质，如何快速分拣配送，都是母婴用品仓库管理中需要考虑的问题。

### 1．母婴用品仓库管理的难点

母婴用品仓库管理的难点如图 11-7 所示。

| | |
|---|---|
| 1．对仓储环境要求高 | 母婴用品对仓储环境要求较高，要避免强光长期直射，要防潮、防水，不能挤压易碎的饼干、零食，个别食物需冷藏等。另外，不规范的仓储作业也有可能导致产品质量问题 |
| 2．需要有效期管控 | 母婴用品对于有效期的要求极高，有效管理生产批次，上架时不同批次分区排放，出货时遵循先进先出的原则，避免产品过期，产生呆滞品 |
| 3．大促订单处理能力 | 对于促销期间的大量订单处理，非常考验仓储物流综合运营实力和大促应对能力。运营不到位很容易出现发货慢、错漏发、爆仓等问题 |
| 4．对发货时效要求高 | 大部分母婴用品买家对发货的时效要求高，非常关心快递包裹的配送效率 |

图 11-7　母婴用品仓库管理的难点

### 2．母婴用品仓库管理的注意事项

（1）母婴用品仓库管理要突出重点，兼顾一般，即确定重点物资，如对贵重、易损、易漏物资进行重点管理，并实行定期盘点、定期整理。

（2）要依据物资的特性分类存放，如奶粉、饼干等要分类存放，与物资陈列的分类原则相同。

（3）同一种母婴用品要集中存放，不同的单品不得混放在一起，即遵循唯一区域的原则或某一小范围内唯一区域的原则。

（4）所有的母婴用品的包装上都需要标明到货日期等内容，在出库的时候要遵循先进先出的原则，特别是食品类，以免出现货品过期。

（5）单量大的母婴用品要存放在靠近通道的位置。

（6）定期清查盘点库存，并定期对仓库、设备进行清洁。

# 11．2　电子商务环境下的库存管理

## 11．2．1　电子商务环境下的库存管理特点和方式

库存管理是企业管理中最重要的环节，企业的库存管理实际上就是对物资移动的管理。因此，使用合理的库存管理方法，可以使库存量保持合理的水平。

### 1．电子商务环境下的库存管理特点

电子商务企业运营中，由于物资的销售和发货在时间、空间上是异步进行的，即客户在网站前台下订单、商家发货、客户收货，存在着空间和时间上的间隔。这种异步销售过程使得电子商务企业的库存管理也具有独特的特点，具体如图 11-8 所示。

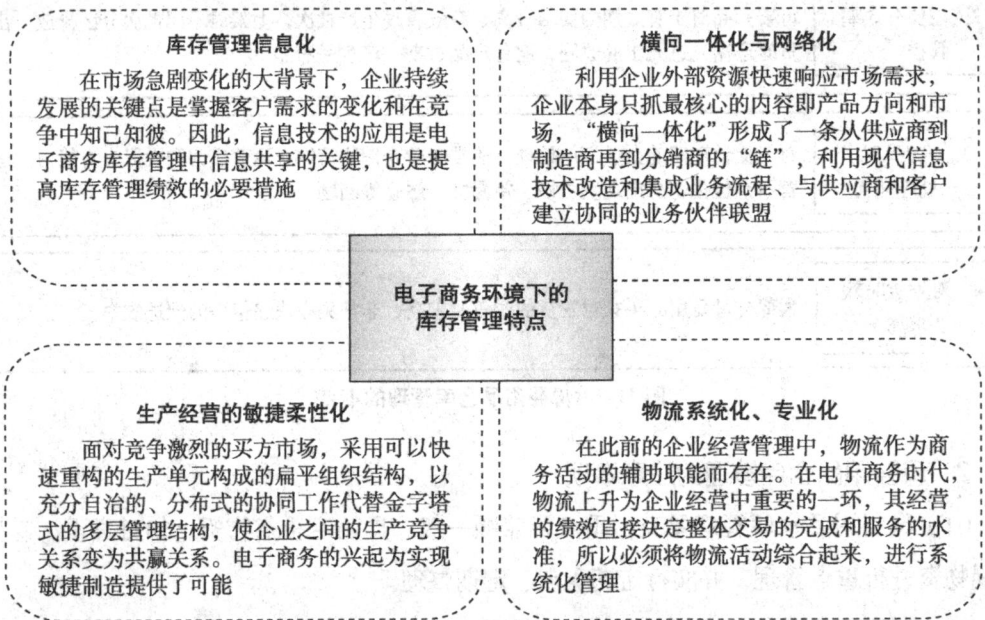

**库存管理信息化**

在市场急剧变化的大背景下，企业持续发展的关键点是掌握客户需求的变化和在竞争中知己知彼。因此，信息技术的应用是电子商务库存管理中信息共享的关键，也是提高库存管理绩效的必要措施

**横向一体化与网络化**

利用企业外部资源快速响应市场需求，企业本身只抓最核心的内容即产品方向和市场，"横向一体化"形成了一条从供应商到制造商再到分销商的"链"，利用现代信息技术改造和集成业务流程、与供应商和客户建立协同的业务伙伴联盟

**电子商务环境下的库存管理特点**

**生产经营的敏捷柔性化**

面对竞争激烈的买方市场，采用可以快速重构的生产单元构成的扁平组织结构，以充分自治的、分布式的协同工作代替金字塔式的多层管理结构，使企业之间的生产竞争关系变为共赢关系。电子商务的兴起为实现敏捷制造提供了可能

**物流系统化、专业化**

在此前的企业经营管理中，物流作为商务活动的辅助职能而存在。在电子商务时代，物流上升为企业经营中重要的一环，其经营的绩效直接决定整体交易的完成和服务的水准，所以必须将物流活动综合起来，进行系统化管理

图 11-8　电子商务环境下的库存管理特点

### 2．电子商务环境下的库存管理方式

电子商务环境下的库存管理方式如表 11-1 所示。

表 11-1　电子商务环境下的库存管理方式

| 管理方式 | 具体说明 | 特点 |
| --- | --- | --- |
| 配送方式 | 根据电子商务的特点，对整个物流配送体系实行统一的信息管理和调度，按照采购方订货要求，在物流基地进行理货工作，并将配好的物资送交采购方 | 可以有效地降低企业物流成本、优化库存配置，保证及时供应，使企业实现零库存 |

（续表）

| 管理方式 | 具体说明 | 特点 |
|---|---|---|
| 委托保管方式 | 通过一定的程序，企业将所属物资交给专门的企业保管，但须向受托方支付一定的代管费用，使自己不再保有库存，实现零库存 | 受托方利用其专业的优势，可以实现较高水平和较低费用的库存管理，企业不再设库，可以集中力量用于生产经营 |
| 即时供应体系 | 在即时供应体系下，企业可以随时提出购入要求，采取需要多少就购入多少的方式，供应者以自己的库存和有效供应系统承担即时供应的责任，使采购方实现零库存 | 对信息环境的要求较高，要求供求双方的业务系统是完全自动化、端到端的集成，只有这样，才能最大限度地体现这种库存方式的优越性 |

## 11.2.2　电子商务企业的退换货管理

电子商务企业的退换货管理工作具有一定的复杂性。一方面，由于退回来的包裹没有经过专业打包处理，可能在运输过程中损坏，进而造成产品损坏。另一方面，退回来的物资需要进行质验，以确认是否影响二次销售，无形中会增加大量工作和潜在的成本。因此，针对退换货中常见的问题，企业应采取一定的管理措施。

### 1. 电子商务企业退换货中常见的问题

（1）不合适的包装导致物资损坏严重

客户在退换货时，往往会将原来的包装扔掉，然后随便找个袋子包装，直接退回。物资由于失去了原本适合的包装的保护，很可能会造成一定程度的损坏，从而影响二次销售。

（2）物资被拆解

除运输过程中由于包装损坏而影响二次销售外，还有一种最常见的方法就是客户拆包裹甚至已经使用了物资，这种退货不仅影响二次销售，而且无法直接入库。严重的还需要退回工厂进行二次包装，甚至作为废品，这对商家而言就会造成直接损失。

（3）责任认定难

很多电商企业对于退换货业务没有指定专门的负责人，如果物资损坏，无法二次销售，责任认定比较困难，从而造成一定的损失。

### 2. 采取的管理措施

（1）安排专人负责

指定相应仓储人员负责，责任到人，确保不会出现找不到负责人的情况。

（2）针对退货进行 ABC 处理

对于退回仓库的产品采取 ABC 处理措施，具体如图 11-9 所示。

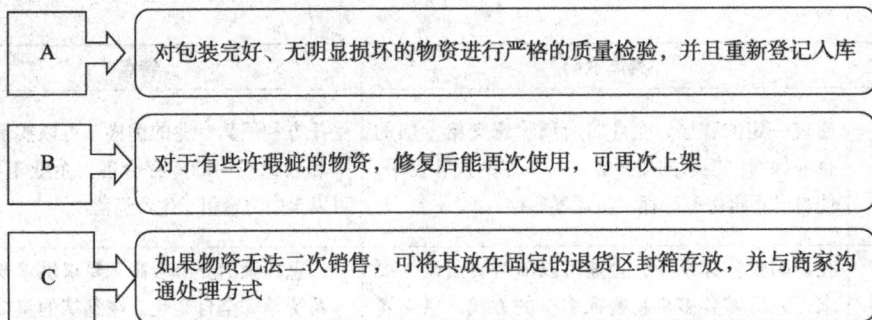

| A | 对包装完好、无明显损坏的物资进行严格的质量检验，并且重新登记入库 |
| B | 对于有些许瑕疵的物资，修复后能再次使用，可再次上架 |
| C | 如果物资无法二次销售，可将其放在固定的退货区封箱存放，并与商家沟通处理方式 |

图 11-9　ABC 处理措施

## 11.2.3　退换货管理制度

企业应针对退换货情况制定一套管理制度，以规范退换货工作流程，规避工作人员在处理退换货时出现的错误，提高仓储管理的工作效率，降低仓储管理成本。下面是一则电子商务企业退换货管理制度，仅供参考。

| 电子商务企业退换货管理制度 |
| --- |
| **第1章　总则** |
| 第1条　为了规范售后服务的工作程序，建立完善的管理体系，使售后退换货工作有章可循，特制定本制度。 |
| 第2条　本制度适用于对因产品质量问题、终止业务、快递企业未曾妥投而退回等原因引起的退换货产品的管理。 |
| 第3条　电子商务企业退换货产品范围定义如下。 |
| 1. 自退件，客户因质量问题退回的产品。 |
| 2. 在途退件，快递企业未曾妥投而退回的产品。 |
| 3. 拒收件，客户拒收而退回的产品。 |
| 第4条　针对客户退换货，各部门的权责如下。 |
| 1. 客服部负责客户退件的受理、处理过程的跟进。 |
| 2. 仓储部负责退货数量的清点、质量问题的判定及处理方法的选择和处理后货品的发运，以及退库、出库、调库手续的办理。 |
| 3. 质检部负责退换货产品的质量检验工作。 |
| 4. 物流部负责退换货产品的发货、物流信息跟踪工作。 |
| 5. 财务部负责处理退款。 |
| **第2章　退货管理** |
| 第5条　客服部在收到客户自退件的退货申请后，应先与客户沟通，了解客户申请退货的原因。 |
| 第6条　对于确认需要退货的客户，客服部应做好安抚工作，指导客户填写"退货申请表"。 |
| 第7条　客服部填好"退货记录表"后发送给仓库管理员。 |
| 第8条　物流部跟单员根据仓储部提供的"退货记录表"进行订单信息跟踪，收到货后将其登记到"退件表"中。 |
| 第9条　仓库管理员收到产品后进行拆包并标识客户名称。 |
| 第10条　仓库管理员将退货产品移至待处理区，做初次检验并记录在册。 |

（续）

第 11 条　质检员依检验标准进行二次检验并将检验结果反馈给客服部。

第 12 条　质检员对退货不良品标识不良因素。

第 13 条　客服部根据"退货质量检查表"做出退货处理，若因产品本身问题造成退货，则良品再次入库，不良品入不良区。若因客户人为原因造成质量问题产生的退货，客服部可直接拒绝客户的退货申请。

第 14 条　确认可以退货的订单，由客服部通知财务部进行退款操作。

第 15 条　对在途退件的货品采取如下措施。

1. 收到在途退件的货品后，物流跟单员根据客户资料马上换"快递单"补发。

2. 接到异地在途退件的信息后，跟单员先行安排补发货品，等货品退回后，再将新"快递单"送到财务部，并且将旧"快递单"进行废弃处理。

第 16 条　对客户拒收件的退货采取如下措施。

1. 物流跟单员在"用户拒收件表"中进行记录。

2. 仓库管理员进行拆包并标识客户名称。

3. 将货品移至待处理区，仓库管理员做初次检验并记录在册。

4. 质检员依检验标准进行二次检验。

5. 良品再次入库，不良品入不良区。

6. 财务部根据客服部的通知进行退款操作。

### 第 3 章　换货管理

第 17 条　客服部收到客户换货申请后，了解客户换货原因，并填写"客户换货申请表"，记录客户换货需求，包括型号、款式、颜色等。

都 18 条　物流跟单员收到客户需更换的物资后通知客服部。

第 19 条　仓库管理员拆包检查并标识客户名称及换货需求。

第 20 条　客服部根据仓库管理员的反馈，对订单进行更新。

第 21 条　客服部将更新后的订单发送给仓库，仓库重新给客户发货。

第 22 条　客户寄回的产品经过两道检验工序后，确认是良品的，仓库登记入库，确认是不良品的，入不良区并采取不良品处理措施。

第 23 条　非因产品质量原因产生的退货或换货，应由客户承担运费。

### 第 4 章　退换货回访总结

第 24 条　退换货流程结束后，应对客户进行回访，回访工作如下。

1. 退换货工作结束后，客服部应对客户进行回访，调查客户对企业产品和服务的满意度，及时处理客户反馈的问题，防止客户流失。

2. 客服部负责整理、分析回访资料，并将分析结果交售后服务主管审核，同时将售后退货换货的相关资料进行整理、归档，为企业产品和服务质量的改进提供依据。

3. 售后服务主管负责组织对客户的退货换货原因进行讨论、分析，并且提出有效的处理意见和纠正预防措施，报客服经理及客服总监审批后组织落实。

第 25 条　对于有以下情形之一的，企业应一律不予接收客户的退换货申请。

1. 未向客服部申请退换货而自行将产品退回的。

2. 未详细说明退换货原因及所购产品明细的。

3. 超过企业规定退换货期限的。

### 第 5 章　附则

第 26 条　本制度由客服部制定，报总经理核准，修改时亦同。

第 27 条　本制度自 20×× 年 ×× 月 ×× 日起生效。

# 11.3 跨境电商与保税仓库

## 11.3.1 国际物流管理

国际物流管理是指在现代信息技术基础上,合理、高效地组织国家(地区)之间的物资流动,以客户满意的价格提供优质的产品和服务的活动。它应以最低的成本、最优的服务质量保证国际贸易和国际化生产高效、有序地进行,最大限度地在供应链中创造价值。

国际物流管理的内容包罗万象,主要包括国际物流业务管理、国际物流操作管理、国际物流货运保险管理、国际物流保险仓库管理和国际物流成本管理,具体如表11-2所示。

表 11-2  国际物流管理内容

| 管理内容 | 具体说明 |
| --- | --- |
| 国际物流业务管理 | ◆ 进行物流国际业务战略布局,制定并实施国际物流业务拓展战略及计划<br>◆ 接受客户询价及委托,安排物资发运事宜,确保物资发运工作顺利进行<br>◆ 及时与客户沟通,掌握客户需求,保持良好的客户关系<br>◆ 将客户资料进行汇总、整理、分析并归档 |
| 国际物流操作管理 | ◆ 制订并实施物资发运计划,根据发运条件的变化等及时调整发运计划<br>◆ 根据物资总量、交付时间、交付地点等因素,选择合适的装箱和运输方式<br>◆ 根据物资发运计划及客户委托要求,向承运人订舱,并领取订舱回单<br>◆ 根据订舱回单及截止日期要求,安排物资装运等有关事宜 |
| 国际物流货运保险管理 | ◆ 根据客户要求联系保险企业,对客户发运物资进行投保<br>◆ 根据投保险种及保险费率计算保险费并及时缴纳<br>◆ 发运的物资遭受损失后,根据保险协议向保险人提出索赔 |
| 国际物流保险仓库管理 | ◆ 对保税仓库需求进行调查,并到仓库进行实地考察<br>◆ 根据调查结果,向政府有关部门提出保税仓库设立申请<br>◆ 保税仓库设立后,制定保税仓库管理制度,对保税业务进行管理和控制 |
| 国际物流成本管理 | ◆ 编制国际物流实施预算,合理分配资金,确保发运工作按时、保质完成<br>◆ 制定国际物流成本控制办法、流程,落实成本控制措施<br>◆ 对国际物流费用支出情况进行评估,提出成本降低措施并落实 |

## 11.3.2 集装箱堆场

集装箱堆场管理工作对集装箱作业的安全性、高效率、准确率等有重要影响,仓库管理员需要从多个方面入手,提升集装箱堆场管理的水平,具体如表11-3所示。

表 11-3  集装箱堆场管理内容

| 管理内容 | 具体说明 |
| --- | --- |
| 堆箱规则 | 堆箱规则要与装卸设备及装卸工艺系统相匹配。在装卸工艺系统确定的情况下,才能制定对应的符合高效运作要求的堆箱规则 |

（续表）

| 管理内容 | 具体说明 |
|---|---|
| 堆场分区 | 对集装箱堆场进行分区时，要综合考虑堆场的空间、作业设备、作业方式等多种因素，具体如下：<br>◆ 按进出口业务区分为进口箱区和出口箱区<br>◆ 按集装箱内是否装有物资区分为重箱区和空箱区<br>◆ 按箱体的质量区分为良品区和残品区 |
| 出口箱的堆放 | ◆ 为了充分利用堆场空间，通常集装箱码头在出口箱装船前三天开始受理重箱进场业务<br>◆ 出口箱的堆放一般要考虑三个因素：<br>　◇ 货船的停泊位置及作业路线：出口箱应尽量靠近停泊位，以减少搬运距离<br>　◇ 货船的稳定性、吃水差规范等条件及沿线货场的靠港停泊作业要求：将不同卸港、不同吨级、不同箱型尺寸的集装箱分区存放<br>　◇ 各种影响作业效率的因素：制定作业及堆箱方案，最好由软件系统根据出口箱的综合信息自动给出最优建议方案 |
| 进口箱的堆放 | 进口箱卸船后，不会立即被客户提走，因此进口箱的堆放要兼顾货船的卸船作业和货主的提箱作业两个方面<br>◆ 要指定合理的堆放区，考虑货船停靠的泊位和作业路线，提高卸船的效率<br>◆ 要尽量确定合适的分区堆放标准，集中堆放，以提高机械作业的效率 |
| 集装箱的搬移 | 堆场内的集装箱不一定始终处于精准的进出预测范围内，可能会涉及二次或多次的搬移，要根据堆场空间的利用率最大化和搬运效率的最优化等原则，对各种因素进行综合考虑后，做出集装箱搬移作业的合理规划 |

## 11.3.3　保税仓库管理的四大问题

保税仓库建立的积极意义显而易见，但由于海关赋予了保税仓库一系列的特权和优惠政策，如保税仓库的物资可以免交关税或少交关税，可以不受许可证管理的约束等条件，同时对保税仓库实施的又大多是监管职能，就容易使保税仓库经营人利用手中的特权从事一些非法的活动，从而产生相应的问题。

保税仓库管理的常见问题如下。

（1）将一般贸易物资或国内贸易物资与保税物资混库存放。当保税仓库的空间闲置较多时，仓库经营人往往为了扩大自己的经济利益，在未经海关批准的情况下，自行决定暂存非保税物资或将部分空间出租给他人。

（2）保税仓库未经海关批准擅自出库保税物资。例如，将保税物资出库转入国内销售却不向海关报核，以缓缴应纳税款，或保税仓库利用税率差异，先出库、后申报，通过税额的差异达到偷逃税款的目的。

（3）个别保税仓库利用假企业和假单证进行走私。例如，保税仓库与不法企业勾结，在外地注册虚假企业，利用假单证等手续，采用异地报关的方式，向海关申请出库，从而达到提货变现的目的。

（4）保税仓库对仓储物资的时效管理缺失。对于保存一年期限的物资在时效管理上存在纰漏，并且不能及时发现，或对已超期的物资未按规定的程序进行变卖。

# 11.4 电子商务仓储创新管理

## 11.4.1 仓储管理技术创新

在仓储管理工作中，技术的不断创新与应用是提高盈利能力、保持竞争力的关键。管理技术的创新可以降低成本，提高效率，简化操作，从而确保物资的流动。随着仓储管理技术的不断更新迭代，采用合适的技术将是仓库和供应链顺利运作的关键。

仓储管理中使用的创新技术如表11-4所示。

表11-4 仓储管理中使用的创新技术

| 创新技术 | 具体说明 | 特点 |
| --- | --- | --- |
| 机器到机器技术 | ◆ 帮助监控和简化仓库运营的所有自动化流程<br>◆ 与仓库管理系统结合使用时，可以更容易控制仓库内订单履行过程中至关重要的所有设备 | 有助于收集交易信息，为仓库管理员提供可操作的信息数据，从而验证操作程序并加快决策速度 |
| 订单履行优化技术 | 可最大限度地提高订单拣选效率和准确性，有助于实现仓库流程的自动化，提供比手动拣选方法更高效、成本更低的解决方案 | — |
| 捡光系统 | 该系统使用特定的光显示器指导仓库管理员找到产品的确切位置，有助于仓库管理员快速、准确地进行仓储产品的拣选 | ◆ 具有较强的灵活性<br>◆ 实现订单快速分拣功能<br>◆ 有效降低运营成本 |
| 仓库机器人技术 | ◆ 通过创建定制软件和智能机器人，帮助管理仓库库存的移动、存储和分类<br>◆ 有效应对订单数量的持续增长，高度个性化的订单包装和更快的运输需求<br>◆ 以更少的劳动力和更低的成本执行更多的任务 | ◆ 降低运营成本和人力成本<br>◆ 提高生产力<br>◆ 更高的订单精度<br>◆ 更快的循环时间<br>◆ 减少安全事故 |
| 语音拣选技术 | 使用口头命令进行拣选、放入、接收、补充和装运 | ◆ 提高生产力<br>◆ 需要培训<br>◆ 实时数据分析和通信 |
| 条形码技术 | ◆ 使用条形码及相关配套设施对物资进行各种作业管理的技术<br>◆ 是目前电子商务与供应链管理的重要支撑技术 | ◆ 通过条形码可以标识物资的生产地、制造厂家、名称、生产日期等信息<br>◆ 通过条形码可以识别物资在仓库内的各种信息，如名称、数量、货位、批次、出入库情况等信息 |

（续表）

| 创新技术 | 具体说明 | 特点 |
|---|---|---|
| 射频识别技术 | 一种非接触式的自动识别技术。该技术通过视频自动识别目标对象并读／写相关数据，而无须在识别系统与特定目标之间建立机械或光学接触 | 可以有效解决库存不准确、货位不准确、分拣效率低、分拣准确率低等问题 |

## 11.4.2　云仓案例

云仓是物流仓储的一种，是利用云计算及现代管理方式，依托仓储设施使物资流通的全新物流仓储体系产品。云仓的类型主要有三种，分别是电商平台类仓储云仓、物流快递类仓储云仓和互联网化第三方仓储云仓，前两种直接为商家提供云仓服务，而互联网化第三方仓储云仓致力于云仓供应链的解决方案。下面以服装仓储外包为云仓案例进行示范。

**服装云仓案例**

**一、案例背景**

A 是在某电商直播平台拥有 1 000 多万粉丝的大 V，其主要生产高端女装，销售渠道以该平台直播带货为主，单次直播订单量平均在 2 000 单以上，客户群体大部分是职场女性，客单价比较高，以预售为主。

**二、存在的问题**

1. 供应商较多，到仓库的物资没有统一的箱规，混箱来货，不易清点。

2. 个性化需求多，需要入库质检、剪线头和大烫等。

3. 由于采取的是预售模式，因此物资到货时间不可控，导致入库和发货时间紧张，经常出现延迟发货的情况。

4. 客户群体以职场精英女性为主，对服装的质量和包装有很高的要求。

5. 整体退货率较高，并且退货流程和退货物资处理比较烦琐。

6. 渠道为某电商直播平台直播带货，单量爆发性很强，容易出现发货超时、错发漏发、库存差异大等问题，导致店铺降权，售后问题多，平台限流。

针对上述问题，A 决定选择与某电商平台类的云仓合作。某电商平台类的云仓针对 A 的痛点，为其量身定制了个性化的仓配解决方案。

**三、云仓解决方案**

（一）服装拣货方案

1. 为客户提供入库、质检、库存、发货、退货全流程服务，各环节相互协助，环环相扣，保证每一个环节的服务质量。

（续）

2. 为客户提供入库全检（清点＋质检）、剪线头、大烫、挂式储存、二次包装等服务，以满足客户的个性化需求。

（二）服装包装方案

1. 根据不同服装品类，提供不同的包装方案，如飞机盒＋PE袋、气泡袋＋PE袋等多种组合方式的包装，提升客户的收货体验。

2. 针对不同产品价值，提供顺丰＋其他快递的两套方案，如果物流出现异常，则由专业的客服团队协调处理。

（三）服装云仓增值服务

除了为客户提供常规的仓储服务外，该云仓还为客户提供相应的增值服务，大大提升了客户服务质量。

1. 该云仓自主研发来货预约系统，提前做好入库计划，做到当天到货，当天入库。

2. 该云仓自主研发退货系统，关于退货信息登录系统即可实时可查，制定标准的退货流程，24小时内处理完毕。

3. 及时与客户沟通，提前做好直播和促销计划，提前做好预包装和发货当天人员安排，避免出现发货超时的问题。

4. 该云仓自主研发的灯光拣选系统，有效解决了服装SKU多、拣货难、易出错的难题，大大提升了服装的拣选效率，发货错误率由之前的千分之五降至万分之一。

# 第 12 章
# 第三方仓储业务与运营

## 12．1 第三方仓储服务商管理

### 12．1．1 仓储运营模式制定

随着电商平台及商家之间竞争的日益激烈，消费者对物流配送体验的要求日渐提高，为了降低发货成本，提高发货效率，越来越多的企业选择与第三方仓储企业合作，将仓储和配送服务托管给第三方仓储来运营。

第三方仓储运营模式可以使供应链运作更高效，更好地为企业提供专业的仓储服务，为企业节省更多的时间、精力和资源，成为供应链中可信的合作伙伴。

第三方仓储运营模式主要分为全托管模式、半托管模式和临时托管模式，具体如表 12-1 所示。企业可以根据实际情况选择适合自己的仓储运营模式。

表 12-1　仓储运营模式

| 运营模式 | 具体说明 | 优点 |
| --- | --- | --- |
| 全托管模式 | 将仓储和配送服务全部托管给第三方仓储服务商的运营模式，适用于发货量和产品数量较少、规模较小的商家 | ◆ 有效降低运营成本<br>◆ 省时、省力、省成本，能提高发货效率和买家的收货体验 |
| 半托管模式 | 从仓储和配送两个全托的角度，电商卖家根据自己的需求，选择其中的一个环节进行合作 | ◆ 降低仓储运营成本<br>◆ 可以为电商卖家提供更多的选择 |
| 临时托管模式 | 将订单量较大或爆款产品托管到第三方仓库中，避免爆仓情况的发生，适用于一些大促活动时，出现人手不足、订单量过大而直接爆仓的情况，如"618""双十一"活动等 | 在确保不爆仓的同时，能进一步保障发货的时效性 |

## 12. 1. 2　仓储服务商选择标准

随着社会分工及供应链的精细化运作，越来越多的企业选择将仓储业务外包给专业的第三方仓储服务商，从而将更多的精力和资源投入到研发、生产、销售等方面。

对任何企业而言，都没有完全合适的第三方物流企业，因此要不断寻找最佳的组合方案，并在不断磨合中取得最佳效果。

仓储服务商有很多，每个仓储服务商都具备自己独特的优势。因此，企业选择第三方仓储服务商时，应针对自身的实际情况，参照表12-2所示的六个标准进行筛选。

表12-2　仓储服务商选择标准

| 选择标准 | 具体要求 |
|---|---|
| 选择能满足仓储服务的需求与目标的服务商 | ◆ 明确企业仓储物流的需求与目标，据此选择合适的物流服务商。不同类型的产品，对仓储物流服务需求会有所不同<br>◆ 客户服务水平层次需求<br>◆ 仓储成本控制的范围 |
| 选择与企业适配度高的服务商 | ◆ 结合自己的业务特点选择合适的服务商，达到 1+1>2 的效果，而不是盲目地去追求服务商的品牌和知名度<br>◆ 根据自身的规模、发货量大小、客户分布和需求选择仓储服务商，规模不能太小，否则风险不好控，服务意识较差，治理能力提升空间有限，没有合同履约观念和能力；也不能选择规模大的，自身业务量在对方处占比太小，物流服务商资源集中度不够，后续服务保障和沟通成本会很大 |
| 选择口碑好的服务商 | 选择服务提供商时，还应调查其公众口碑情况，如能否按时交货或是否能够及时补偿损坏和丢失的物资，作为评估标准 |
| 选择业务灵活的服务商 | 应考虑目标客户对物流的期望，假如某些客户对收货时间、交货地点和交货方式有个性化要求，企业在选择仓储服务商时应考虑是否可以提供个性化服务以满足客户的需求 |
| 选择信息化水平较高的服务商 | ◆ 移动互联网时代，选择仓储服务商时，应充分考虑其信息化水平<br>◆ 可视化和物资运输的透明性<br>◆ 可以随时检查库存并签收物资，以便更快地做出决策 |
| 选择具有丰富经验的服务商 | 服务商要具有相同类型或类似行业的服务经验，可以提供相关的客户服务案例以供参考 |

## 12. 1. 3　仓储服务商评价体系

建立第三方仓储服务商评价体系是为了驱动合作双方更好地合作，为第三方仓储服务指明方向。系统、明晰的评价指标可以让仓储服务商明确考核的内容，并对操作环节不断优化。评价指标要尽可能量化，以客观地评价当前业务的状态，同时对标同行业查漏补缺，提升企业的竞争力。

## 1．仓储服务评价体系建立原则

在建立第三方仓储服务商评价体系时，企业一般应遵循以下原则。

（1）系统性原则

第三方仓储企业须针对内外的各种情况设立相应的指标，科学、系统地反映第三方仓储企业的全貌，达到对企业整体的科学评价。

（2）层次性原则

指标应分出评价层次，在每一层次的指标选取中应突出重点，并对关键绩效指标进行重点分析。

（3）可比性原则

评价体系所涉及的经济内容、时空范围、计算口径和方法都应具有可比性，所以在建立评价体系时要参照国际和国内同行业的物流管理基准。

（4）通用性原则

评价体系在第三方仓储企业中具有普遍适用性，同时在理论和实践的发展变化中也具有相对的稳定性。

（5）经济性原则

评价体系应当考虑操作时的成本收益，选择具有较强代表性且能综合反映第三方仓储企业整体水平的指标，以达到既能减少工作量和误差，又能降低成本、提高效率的目的。

（6）定量与定性相结合的原则

由于第三方仓储服务商的绩效涉及客户满意度等，很难进行量化，因此评价体系的建立除了要对仓储管理的绩效进行量化外，还应当使用一些定性指标对定量指标进行修正。

（7）动态长期原则

由于选择第三方仓储服务商后，货主方与仓储服务商之间是战略伙伴的关系，因此对第三方仓储企业的评价不应只局限于目前的企业状况，还应考虑第三方仓储企业的长远发展潜力和为企业带来的长期利益。

## 2．仓储服务商评价体系的建立

对第三方仓储服务商进行评价，旨在选择适合企业自身特点的合格服务商。因此，在建立第三方仓储服务商评价体系时，要遵循系统性、层次性、可比性、通用性及动态长期等原则，选择有代表性的仓储系统特征值指标，对其进行详细的划分，并突出重点。

企业可选取仓储能力、库存管理、信息化水平、企业发展潜力四类关键指标来构建第三方仓储服务商评价体系，具体如表 12-3 所示。

表 12-3　第三方仓储服务商评价体系指标

| 指标体系 | 具体指标 | 内容说明 |
|---|---|---|
| 仓储能力 | 仓库吞吐能力实现率 | $仓库吞吐能力实现率 = \dfrac{评价期内实际吞吐量}{仓库计划吞吐量} \times 100\%$ |
| | 年仓储费用预算比 | $年仓储费用预算比 = \dfrac{年生产费用}{年预算}$ |
| | 物品盈亏率 | $物品盈亏率 = \dfrac{年物品盘盈额 + 年物品盘亏额}{年物品收入总额 + 年物品发出总额} \times 100\%$ |
| | 出库差错率 | ◆ 指考核期内发货累计差错件数占发货总件数的比率<br>◆ $出库差错率 = \dfrac{发货累计差错件数}{发货总件数} \times 100\%$ |
| | 设施空间利用率 | ◆ $单位面积保管量 = \dfrac{平均库存量}{可储存面积}$<br>◆ $平均每项所占货位数 = \dfrac{货架货位数}{总品项数}$ |
| | 仓容面积利用率 | $仓容面积利用率 = \dfrac{年储存物品实际数量或容积}{年可储存物品数量或容积} \times 100\%$ |
| | 人均年物品周转量 | ◆ 是反映仓库工作情况的数量指标，是仓储服务商评价中计算其他指标的依据<br>◆ 人均年物品周转量 = 评价期物资总进库量 + 评价期物资总出库量 + 评价期物资直拨量（指在车站、码头、机场、供货单位等提货点直接将物资从提货点分拨转运给用户的数量） |
| | 物品完好率 | ◆ 指评价期内，由于作业不善造成的物品霉变、残损、丢失、短少等损失的件数占期内库存总件数的比率<br>◆ $物品完好率 = \left(1 - \dfrac{年物品损坏变质金额}{年储备总金额}\right) \times 100\%$<br>◆ 要求物品完好率 ≥ 99.95% |
| 库存管理 | 库存周转率 | $库存周转率 = \dfrac{物资销售成本}{库存平均余额} \times 100\%$ |
| | 呆废品率 | ◆ $呆废品率 = \dfrac{呆废品数量}{平均库存量} \times 100\%$<br>◆ 要求呆废品率 ≤ 0.05% |
| | 库存结构合理性 | ◆ 指不同层次的各类物品所占的库存比例都在合理范围内<br>◆ $库存结构合理性 = \left(1 - \dfrac{一年以上无需求动态物品额 + 积压物品额}{库存物品总额}\right) \times 100\%$ |
| | 供应计划实现率 | $供应计划实现率 = \dfrac{实际供应额}{计划供应额} \times 100\%$ |
| | 账货相符率 | ◆ 指经盘点，库存物品账货相符的笔数与储存物品总笔数的比率<br>◆ $账货相符率 = \dfrac{账货相符的笔数}{储存物品总笔数} \times 100\%$<br>◆ 同一品种、规格（批次）为一笔<br>◆ 要求账货相符率 ≥ 95% |

（续表）

| 指标体系 | 具体指标 | 内容说明 |
|---|---|---|
| 信息化水平 | 客户变动完成率 | 客户变动完成率 $= \dfrac{\text{实际完成变动次数}}{\text{客户提出的变动次数}} \times 100\%$ |
| | 传输错误率 | 传输错误率 $= \dfrac{\text{传输错误的信息条数}}{\text{传输总信息条数}} \times 100\%$ |
| | 实时信息的传输率 | ◆ 指考核期内按时向客户传输数据、信息的次数占传输总次数的比率<br>◆ 实时信息的传输率 $= \dfrac{\text{按时向客户传输数据、信息的次数}}{\text{传输总次数}} \times 100\%$ |
| | 网络覆盖率 | 网络覆盖率 $= \dfrac{\text{网络覆盖面积}}{\text{仓库总面积}} \times 100\%$ |
| 企业发展潜力 | 订单按时完成率 | ◆ 指考核期内按时完成客户订单数占订单总数的比率<br>◆ 订单按时完成率 $= \dfrac{\text{按时完成订单数}}{\text{订单总数}} \times 100\%$<br>◆ 要求订单按时完成率 ≥ 95% |
| | 利润总额 | 利润总额 = 仓库营业收入 - 储存成本和费用 - 税金 + 其他业务利润 ± 营业外收支净额 |
| | 资金周转率 | 资金周转率 $= \dfrac{\text{仓库产值}}{\text{仓库资产总值}} \times 100\%$ |
| | 市场占有率 | 市场占有率的大小在一定程度上反映了企业的规模、盈利能力等 |
| | 客户满意率 | ◆ 客户满意率 $= \dfrac{\text{满意客户数}}{\text{客户总数}} \times 100\%$<br>◆ 要求客户满意率 ≥ 95% |

## 12．1．4　仓储服务商评价报告

以 X 仓储服务企业为例，通过对该企业的服务质量、消防安全、存在的问题等进行评价，我们编写了如下评价报告。

---

### 仓储服务商评价报告

**一、评价目的**

通过对仓储服务商的服务质量、安全风险及仓储活动中潜在的危险进行评价，提出合理、可行的应对措施，指导第三方仓储危险源监控和事故预防，提升服务质量，为企业第三方仓储服务商的选择提供决策参考和依据。

**二、评价依据**

本评价报告依据企业外委服务项目管理办法及招标时双方在合作协议中的相关约定，对服务期满一年的第三方仓储服务商进行综合考评。

---

### 三、评价范围

本评价报告的评价范围仅限于对 X 仓储服务企业仓储环境、服务质量进行评价。

### 四、仓储服务商基本情况

**1. 基本情况**

X 仓储服务企业位于 ×× 市物流港北区，属于 ×× 市发展对外经济和 ×× 保税区实现"区港合一"的重要门户，依托特殊的区位优势、得天独厚的仓储地理环境和日益发展成熟的仓储市场。

X 仓储服务企业占地面积共计 7 000 平方米，建筑面积约 2 000 平方米，是一家综合型仓储企业，固定资产约 1 500 万元，年营业额 800 万元，建筑项目属自有性质。

**2. 消防设施情况**

X 仓储服务企业消防设施情况如表 1 所示。

表 1　X 仓储服务企业消防设施情况

| 名称 | 规格/型号 | 数量 | 工作状态 |
|---|---|---|---|
| 自动消防系统 | / | 1 | 正常 |
| 消火栓 | 室内减压消防栓 | 11 | 正常 |
| 灭火器 | 干粉 | 16 | 正常 |
| | 泡沫 | 20 | 正常 |
| 警报器 | / | 若干 | 正常 |
| 消防水泵 | / | 3 | 正常 |
| 消防水池 | 350 平方米 | 1 | 有充足水 |
| 水带 | / | 6 | 正常 |
| 水枪 | / | 6 | 正常 |
| 消防水桶及铁锹、斧子、梯子等 | / | 若干 | 正常 |

**3. 安全管理现况**

X 仓储服务企业建有比较完善的安全管理制度体系，制定了消防安全管理制度、灭火和应急疏散预案、储运工艺技术方案、环境保护应急措施、防火防爆安全管理制度、动火制度、装卸搬运安全操作规程等。

**4. 存储产品及存储环境**

存储产品为美妆产品，依据双方合作协议，X 仓储服务企业应为我方产品提供恒温仓及冷冻仓，并能做到避光。经评估，X 仓储服务企业的仓储环境如下。

（续）

（1）恒温仓、冷冻仓库位齐全

有恒温仓、冷冻仓等库位可供选择，化妆品库位的四面窗户都采用的是避光玻璃，可以保证物资不会受到阳光直射，确保了仓库环境的安全性。

（2）监控设备、防霉防潮设备、仓储设备齐全

仓库中的各个角落均安装了高清摄像头，24 小时全方位监控，地面采用专业级别的环氧地坪，防霉、防潮效果好。

（3）产品摆放整齐平稳，依分区及编号顺序存放

产品摆放整齐平稳，禁止出现安全隐患，同时，根据物资的分类分区存储，并将货架按照顺序摆放，确保同类物资存放在同一区域。

### 五、仓储服务商服务质量评价

仓储服务商服务质量评价如表 2 所示。

表 2　仓储服务商服务质量评价

| 序号 | 评价项目 | 评价内容 | 标准分 | 实得分 | 备注 |
|---|---|---|---|---|---|
| 1 | 质量管理 | 具有完善的质量控制体系 | 10 | / | 技术部分三人打分取平均值 |
| | | 质保期内无质量问题 | 10 | | |
| 2 | 存储服务 | 能及时响应服务需求 | 5 | | |
| | | 对服务过程中的技术问题能够进行有效处理 | 5 | | |
| | | 产品发货出错率 | 10 | | |
| | | 存储品管理符合规范 | 10 | | |
| 3 | 安全管理 | 具有完善的安全控制措施 | 10 | | |
| | | 服务过程中无安全事故或隐患 | 10 | | |
| 4 | 技术支持 | 存储设备及装卸搬运设备的配置 | 10 | | |
| | | 实现仓储管理信息化 | 10 | | |
| 5 | 商务服务 | 合约履约情况 | 5 | / | 商务部分两人打分取平均值 |
| | | 经营状况 | 5 | | |

### 六、存在的问题

1. 仓库布局现状

仓库管理员在出入库作业时仅遵循先进先出的原则，物资出入库位置依据保管员个人经验随机安排，库内只有主通道一条运输通道，库房空间利用率不高。

企业在 X 仓储服务企业储存的产品共占用两个库房，仓储作业平均每天出库 1

次，2～3天入库一次。库房内部设置为U型通道结构，主运输通道呈U型，物资从一侧门入库，从同侧另一侧门出库，库房内沿库房长度方向有三条作业通道、沿宽度方向有一条作业通道，库房有效空间利用率不足。

2. 拣选作业环节

仓库内由八名拣货员负责整个仓库的拣货作业，实行按单拣选。由于仓储产品为美妆产品，体积小，种类、数量繁多，分布零散，拣货员在货架中穿梭，日作业量巨大，无效作业多，单个拣货员作业效率较低。

仓库内的拣选路线无规划，也没有具体的拣选策略，八名拣货员作业时经常出现拣选路线交叉、相互等待、拣选车碰撞等现象，同时由于拣选员分别作业，出入库作业频繁，难以保证先进先出。

七、评价结论

通过对X仓储服务企业在仓储服务质量、仓储环境、仓储安全风险、存在的问题、商务管理等方面进行综合考评，最终确定该企业的评价结果为优秀，可进行持续性合作。

××（报告人/部门）

20××年××月××日

# 12.2 第三方仓储服务管理

## 12.2.1 合同管理

企业在与第三方仓储服务商合作时，应与保管方签订第三方仓储服务合同，合同内容包括但不限于仓库地址、仓储物资类型、仓储条件、仓储期限、仓储价格、付款方式、损耗要求、争议解决、物资保险、保密责任、退换货等条款。

第三方仓储服务合同管理内容如表12-4所示。

表12-4 合同管理内容

| 内容 | 具体说明 |
|---|---|
| 仓库地址 | ◆ 合同审查人员在拿到第三方仓储服务协议时应询问清楚，该仓库是否存在多个库址或者自家物资会存放在哪些库址中，以便在合同中清晰列示<br>◆ 如果仓库有多个库址，可能还会存在本库与外协库之分，本库为自有仓库，外协库为租用的其他仓库的部分库址但受仓库管理<br>◆ 需要在合同中明确，无论存放在什么库址，日常管理及损失赔偿都由签订合同的仓库执行 |

（续表）

| 内容 | 具体说明 |
|---|---|
| 仓储物资类型 | 仓储的物资类型应在合同中注明，如是否是危险品、生鲜或贵重物品 |
| 双方联系方式或送达方式 | ◆ 在第三方仓储服务合同中，由于涉及货权转移、收发货等，双方指定联系人和指定联系方式十分重要，最好单列一条<br>◆ 合同审查人员需要针对以上事项向业务部门确认，并在合同中明确有效的单据送达方式 |
| 仓储条件 | ◆ 根据不同的物资属性，一般需要不同的仓储条件<br>◆ 有些物资可以置于室外存放，有些物资对存放环境的湿度、温度、光照有要求，适宜在室内储存<br>◆ 如果存放的物资对存放环境有特殊要求，一定要在合同中明确约定 |
| 费用及附加服务 | ◆ 合同管理中的费用主要包括仓储费、货转费<br>◆ 如果需要用到仓储以外的其他服务，也需要在合同中约定，如装卸、报关、运输服务等，如果并非主要业务，也不确定是否以后会用到这些附加服务，可以仅约定费用和基本的权利与义务 |
| 违约赔偿责任 | 在合同中约定双方的权利与义务或违约责任时，通常会约定仓库方的赔偿责任及免责事项 |
| 合同延期管理 | ◆ 为避免仓储协议内容与存货方内控规则相冲突，应在合同中约定合同到期后双方无异议是否自动延期或到期后对仓储服务进行评估，评估通过后才能继续合作等事宜<br>◆ 如果仓库发生了重大风险事件，存货方有权要求终止合作 |
| 物资保险 | 关于保险购买责任及保险理赔的配合要求方面也可以在仓储协议中明确 |
| 争议解决 | ◆ 争议解决条款为合同的常规条款，根据双方协商约定<br>◆ 如果约定仓库所在地人民法院诉讼解决的，要注意多库址的情况，尽量明确具体的法院 |
| 保密责任 | 有些存货方体量较大，库存及出入库情况有可能对市场造成影响，甚至属于商业机密。此时就需要在合同中约定第三方仓储托管企业的保密义务，要求不得泄露保密信息给其他第三方 |
| 指定印鉴、提单样本 | 如果有自己的提单样本或者特殊的提货章、运输章等专用印鉴，那么在仓储协议最后还应当约定存货方的指定文书样本，如提货委托书、货权转让单等，同时加盖双方的指定印鉴 |

## 12.2.2  货品保管服务管理

第三方仓储货品保管服务管理是指企业将自己的产品委托给仓储管理企业管理，并对其服务内容进行规范化管理的过程，具体如表 12-5 所示。

表 12-5  货品保管服务管理内容

| 内容 | 具体说明 |
|---|---|
| 作业准备 | 应按委托方提供的存储信息或货品单证，编制保管计划，提前确定库区、货位、作业时间，准备装卸机具，安排作业人员 |
| 初步检查 | ◆ 收货时应进行初步查验，将单证齐全并符合要求、包装完好、牢固的物资，送达入库区域<br>◆ 初步查验发现单证票据不齐全、外包装破损等异常情况的，应做好文字、照片记录，并与委托方沟通协商处理方法或按合同约定提出返货申请 |

（续表）

| 内容 | 具体说明 |
|------|----------|
| 入库验收 | ◆ 对于经初验后符合要求的货品，核对物资单证，进行储存条件信息确认<br>◆ 对货品的品种、规格、数量、质量、物资条码等进行检查，对包装异样的物资进行拆包抽样检查，查看质量保证书、检验合格证等<br>◆ 经查"验货单"一致且符合入库条件的，应填写"入库验收单"，并在仓库管理系统中录入相关信息；如发现不符合约定入库条件的，应第一时间与委托方协商处理 |
| 在库保管 | ◆ 按委托方的储存要求进行存放，保证仓库内的温度、湿度、光线、通风等设施的正常运行，防止货品受潮、变质、物理损伤等事故发生，确保货品状态完好<br>◆ 定期或按委托要求对库存进行盘点，核查在库货品实物、账目、票据和电子信息的符合性<br>◆ 货品临近保质期的，应预警提示委托方 |

## 12.2.3 订单发货服务管理

第三方仓储订单发货服务管理是指仓库系统获取订单信息后，根据订单进行分拣打包发货并配送到客户手中的过程。了解第三方仓储的订单发货流程，并针对其制定一系列的管理措施是订单发货服务管理的主要目的，具体如表 12-6 所示。

表 12-6　订单发货服务管理内容

| 内容 | 具体说明 |
|------|----------|
| 发货订单生成 | 应按委托方的电子商务交易订单生成"仓库发货订单"，或接收委托方生成的仓库发货订单信息 |
| 订单拣货 | ◆ 按发货订单，从库位中拣出货品<br>◆ 按发货订单的货品种类或数量，完成订单货品拣取<br>◆ 有合同约定的增值服务，应履约完成，如个性化标签制作、个性化吊牌更换等 |
| 复核核验 | 对拣货完毕的，应进行人工或自动识别复核，核验货品和单证的一致性，当出现不一致的情况时，应予以纠正并重新验证 |
| 打包包装 | ◆ 对拣取核验完毕的货品进行打包，外包装上应打码贴标，对于易碎等特殊物品，应在货品外包装上粘贴"易碎品""小心轻放"等标识<br>◆ 对于特殊物品，应根据货品特点使用防护材料 |
| 出库发货 | 对包装完成的货品，应通过信息系统推送相关信息给运输方，等运输方对发货信息确认后再进行配送，"配送单"或"运单"应粘贴在货品外包装上 |
| 退换货代理 | ◆ 核对仓库发货订单与退（换）货信息，核实退货或换货的真实性<br>◆ 对退回的货品应进行拆包核对，货品状态完好不影响二次销售的，可重新入库，货品有质量问题的，应立即与委托方联系，确认处理方式<br>◆ 符合换货条件的进行换货处理 |

## 12.2.4 信息化服务管理

第三方仓储服务商的信息化水平是提升仓储服务质量、服务水平的重要保证。因此，企业对第三方仓储服务的信息管理应按表 12-7 所示的内容进行。

表 12-7　信息化服务管理内容

| 内容 | 具体说明 |
| --- | --- |
| 仓储管理信息系统 | 是否配备满足服务需求的仓储管理信息系统，能够实现与电子商务平台、服务对象、运输方等进行信息系统对接和数据交换功能 |
| 视频监控系统 | 应配备视频监控系统，对重点作业场所的作业过程进行全程监控 |
| 信息技术措施 | 应具备技术措施以确保信息安全，防止信息泄露、丢失，满足委托方的信息保密要求 |
| 信息数据增值服务 | 可按委托方要求开展库存分析、有效期预警、溯源管理等信息数据增值服务 |

## 12.2.5　投诉处理

第三方仓储服务的投诉处理主要是处理与仓储相关的客户投诉，核实责任人，按照企业相关规定采取正确的处理措施，具体如表 12-8 所示。

表 12-8　投诉处理内容

| 内容 | 具体说明 |
| --- | --- |
| 投诉信息收集 | 相关部门工作人员在处理客户投诉时须收集客户投诉内容、投诉原因，订单号，产品的名称、型号、数量等 |
| 投诉责任划分 | 相关部门收到投诉后，应对投诉内容进行分析，确认是否是第三方仓储少发、漏发或将有质量问题的产品发出导致的投诉 |
| 投诉处理 | ◆ 根据投诉责任划分结果，对投诉进行处理，若是第三方仓储的原因，通知其重新给客户补发或退货，并根据合同约定对第三方仓储服务商采取处罚措施<br>◆ 接到投诉，应在承诺的期限内进行投诉处理，并将相关信息录入信息系统 |
| 投诉结果跟踪 | 对投诉处理结果进行跟踪，采取预防措施以防止类似事件再次发生 |